2014年陕西师范大学教师教育项目专项资助

教师专业发展与职业道德修养

(第三版)

名誉主编 栗洪武
主　　编 龙宝新

编委委员

胡金木　李　菲　刘　涛
龙宝新　王鹏炜　张　斌

陕西师范大学出版总社　西安

图书代号　JC23N1360

图书在版编目(CIP)数据

教师专业发展与职业道德修养/龙宝新主编. —3版. —西安：陕西师范大学出版总社有限公司, 2023.8(2025.1重印)
ISBN 978-7-5695-3678-2

Ⅰ. ①教… Ⅱ. ①龙… Ⅲ. ①师资培养—高等学校—教材 ②师德—高等学校—教材 Ⅳ. ①G451

中国国家版本馆CIP数据核字(2023)第110393号

教师专业发展与职业道德修养（第三版）
JIAOSHI ZHUANYE FAZHAN YU ZHIYE DAODE XIUYANG
龙宝新　主编

出版筹统 /	雷永利
责任编辑 /	古　洁
责任校对 /	刘金茹
封面设计 /	张　田
出版发行 /	陕西师范大学出版总社
	（西安市长安南路199号　邮编 710062）
网　　址 /	http://www.snupg.com
印　　刷 /	西安市建明工贸有限责任公司
开　　本 /	787 mm×1092 mm　1/16
印　　张 /	15.75
字　　数 /	301千
版　　次 /	2023年8月第3版
印　　次 /	2025年1月第4次印刷
书　　号 /	ISBN 978-7-5695-3678-2
定　　价 /	48.00元

读者购书、书店添货如发现印刷装订问题，请与本社高教出版分社联系调换。
电　话：(029)85303622（传真）　85307826

《教师专业发展与职业道德》慕课课程

第三版前言

近年来,我国教师教育改革领域风起云涌、变革提速:《中国教育现代化2035》颁布、《强师计划》出台、《新时代中小学教师职业行为十项准则》印发、《中华人民共和国家庭教育促进法》面世、"双减"政策(《关于进一步减轻义务教育阶段学生作业负担和校外培训负担的意见》)全方位付诸实施……这一系列的教育变革敦促本教材及时升级、与时俱进,确保教材建设紧跟时代步伐。尤其是2022年10月,党的二十大在北京召开,习近平总书记作了题为《高举中国特色社会主义伟大旗帜 为全面建设社会主义现代化国家而团结奋斗》的重要报告,在全国各界,包括教育界引起了强烈反响。党的二十大报告指明了中国式教师教育现代化的改革方向,吹响了我国新一轮教师教育改革的号角!面对新形势,《教师专业发展与职业道德修养》教材编写组启动了第三次修订工作,积极响应教育改革时代的新特点、新要求,确保教材知识体系及时实现迭代升级。

总观近年我国教师教育领域的新变化,集中体现在三个方面:一是日益重视教师师德师风建设;二是致力于打造创新型、专业化、高素质教师队伍;三是更加重视教育法律法规更新升级工作。针对这些变化来升级教材理念,调整教材内容,调整教材架构,是持续提升教材建设品位、增强教材专业属性的客观要求。具体而言,本次修订重点改动了三个方面内容:一是融入党和国家的最新教育精神、教育政策、教育理念,尤其是党的二十大报告、全国教育大会(2018)、《中国教育现代化2035》中提出的最新教师培养理念;二是对照各类教育法律与相关法律,如《中华人民共和国民法典》的最新修订版做了相应细节性调适;三是重新规划教材结构版块,突出了对现代教师核心职业素养培养的要求。

我们相信:这些调整必将有助于实现教育知识生产与教材内容体系间的同步互动,有助于充分发挥教材的助学、促学与导学功能,有助于全面彰显教材建设的时代意义与现实价值。希望新版教材不负众望,也希望读者使用中向编写组提出宝贵建设性意见!

2023 年 3 月 14 日

序 言

进入21世纪之后,教师专业化发展已成为我国教师教育改革的主流与主题,制定教师专业标准和教师教育课程标准、建立教师资格证"国考"制度等一系列重要举措,便是这一改革主流的明证。

对于身处这一改革时代而愿意从教的大学生而言,只有经过专业化的训练,才能成长为符合当代基础教育改革需要的高素质教师;只有具备完备、开放的专业知识结构,才能面对现实教育情境而游刃有余;只有具备较高的职业道德素养,才能在课堂中赢得"教育者"的美称。

正是基于这些理念,我们组编了这部教材,以尽力适应新时期我国教师教育改革专业化的要求。

在具体编写过程中,我们遵循了这样四条原则:

一是,严格遵循教师教育领域中的系列国家标准,力求使教材内容的选择与取舍更符合国标精神,梳理出当代教师行业对一般教师提出的公共专业知识要求,努力克服一般教材编写中出现的"就地取材、随意选材"的倾向,以确保所有学习者能够获得各种国家法定的从教知识、专业技能与职业品行。

二是,教材内容的呈现尽可能简化、实用、线条化,全面统摄教师专业发展中所需要的基础知识、基本技能,揭示出教师学这一学科的基本结构,为教师入职教育提供一个基本蓝图与学习框架。

三是,以知识模块为单位组织教育内容,尽可能展示各个教师知识模块的知识结构,促使学习者在学习目标的统领下,利用教材、解读教材、学活教材,体现教材作为学习辅助品的基本功能,尽可能释放学习者作为学习主体的强大功能。

四是，注重从知识向能力的转化。在每一章中都配有同步练习题与参考答案，帮助学习者在训练中形成知识积累和能力生成，促进理论与实践间的有机结合与相互转化。

本教材是陕西师范大学教育学院的教师合作研究的成果，编写组聚集了一批我院教师教育研究领域中的优秀中青年学者，整个编写工作是由栗洪武教授全程指导，在龙宝新教授直接组织下完成的。

各个章节的具体编写分工如下：第一、二章由龙宝新、胡金木承担，第三、四章由李菲负责，第五章由胡金木、王鹏炜负责，第六章由张斌与西安外国语大学教师刘涛负责，第七、八章由马红亮、许楠负责，第九章由戴妍、龙宝新承担。全书由龙宝新负责规划、统稿，栗洪武教授负责审定与质量把关。

本书在编写中，难免会出现一些不太准确与完善的表述或欠缺，读者如若发现问题，还望海涵并及时指出，以便在以后的修订中予以补救。同时，借此机会对陕西师范大学出版总社的编辑同志致以最诚挚的谢意，对广大读者的厚爱与关注深表敬意！

栗洪武　龙宝新

2015 年 10 月

目 录

第一编　教师专业发展

第一章　教师专业素养……………………………………………（ 2 ）
　第一节　教师专业素养结构……………………………………（ 2 ）
　第二节　现代教师的理念素养…………………………………（ 12 ）

第二章　教师专业发展……………………………………………（ 32 ）
　第一节　教师专业发展概述……………………………………（ 32 ）
　第二节　教师专业发展的途径与方法…………………………（ 35 ）

第二编　教师职业道德规范

第三章　教师职业道德……………………………………………（ 45 ）
　第一节　教师职业道德概述……………………………………（ 45 ）
　第二节　《中小学教师职业道德规范》的基本内容……………（ 55 ）
　第三节　《中小学班主任工作规定》的精神与基本内容………（ 66 ）
　第四节　教师践行职业道德时应遵守的行为准则……………（ 73 ）

第四章　教师职业行为……………………………………………（ 82 ）
　第一节　教师职业道德规范的主要内容………………………（ 82 ）
　第二节　教师职业活动中的基本关系及其行为规范…………（ 88 ）

第三编　教育法律法规

第五章　教育法律法规……………………………………………（106）
　第一节　教育法律法规概述……………………………………（106）
　第二节　主要法律法规解读……………………………………（119）
　第三节　教师的权利与义务……………………………………（143）
　第四节　学生的权利及保护……………………………………（152）

第四编　教育研究方法

第六章　教育研究方法 (164)
- 第一节　教育研究的内涵、类型与意义 (164)
- 第二节　教育研究的主要过程 (169)
- 第三节　教育研究的主要方法 (179)
- 第四节　教育研究成果的表述 (193)

第五编　教师语言

第七章　教师的语言 (202)
- 第一节　教师语言的内涵与性质 (202)
- 第二节　教师的教学语言 (214)
- 第三节　教师的教育语言 (228)
- 第四节　教师的书面语 (234)

参考文献 (238)

第一编 教师专业发展

【学习目标】

【教育观】

1. 理解国家实施素质教育的基本要求并掌握在学校教育中开展素质教育的途径和方法。

2. 能够依据国家实施素质教育的基本要求分析和评判教育现象。

【学生观】

3. 掌握"人的全面发展"与"以人为本"的含义,在教育教学活动中做到以学生的全面发展为本。

4. 坚持"以人为本"的学生观,在教育教学活动中公正地对待每一个学生,不因性别、民族、地域、经济状况、家庭背景和身心缺陷等因素歧视学生。

5. 能够设计或选择丰富多样、适当的教育教学方式对学生进行因材施教,以促进学生个性的全面、持续发展。

【职业观】

6. 了解教师专业发展的要求,具备终身学习的意识。

7. 在教育教学过程中运用多种方式和手段促进自身的专业发展。

8. 理解教师职业的责任与价值,具有从事教育工作的热情与决心。

【知识导航仪】

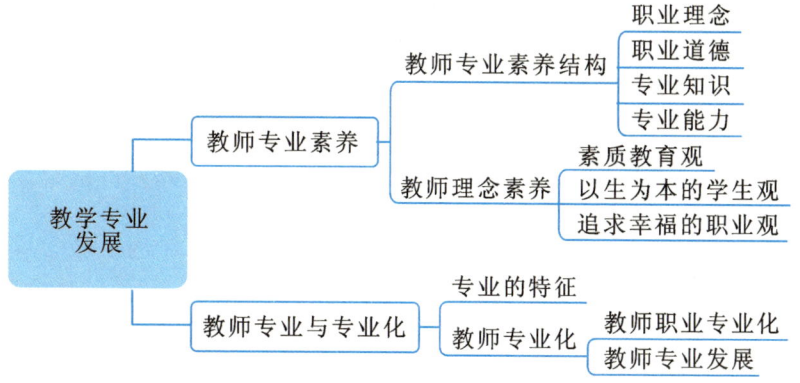

教师行业是专门性专业,教师是专业人员,只有具备相应专业资质,教师才能够胜任这一教书育人职业。2012 年教育部印发《中学教师专业标准(试行)》,2021 年教育部办公厅印发《中学教育专业师范生教师职业能力标准(试行)》,标志着我国教师专业标

准体系基本建成。当代社会需要的是专业化的中学教师,社会、行业要求中学教师具备一定的专业素养结构,更新教育观念、投入专业发展实践是中学教师成长的必经之路。本篇将重点探讨中学教师的专业素养结构,中学教师专业发展的内涵、途径与方法等问题。

第一章 教师专业素养

专业素养是一名专任教师必须具备的教育素养,它有其独特的内容及构成。教师专业素养涉及中学教育教学实践中的多个领域,中学教师只有不断整合、优化、拓展、丰富自身的专业素养,才能够胜任中学教师这一专门职业。中学教师的专业素养具有多样化的构成与内容,而"三观",即教育观、学生观与教师职业观则是其核心内容。

▶▶ 第一节 教师专业素养结构

> **智慧起点**
>
> 有两个人同时在堆砌砖头,有人问道:"你们在做什么?"一个回答说:"我正在砌砖头。"另一个则说:"我正在建大厦。"
>
> 第一个人是普普通通的泥水匠,第二个人则具有大艺术家或大建筑师的胸怀与风范;前者所从事的是一种"职业",后者所从事的就是"专业"。
>
> 请问:"专业"与"职业"的区别到底在哪里?教师职业是一门"专业"吗?

一、教师专业与教师专业化

任何一个行业,都会延伸出专业与职业的相关问题,教师专业与教师职业亦是如此。教师职业专业化正是当代教师教育改革的主题。《教育现代化2035》指出,"夯实教师专业发展体系","建立健全教师专业化发展的激励机制,推动教师终身学习和专业自主发展",促使教师专业素养持续、稳步提高,适应中国式基础教育现代化建设的要求。

（一）专业与职业的区别

1. 职业的一般特征

社会各行各业由形形色色的职业构成，进入一定职业是人实现社会化生存的需要，专业的前身正是职业。作为一种职业，其一般特征有四个：

（1）属于重复性工作。一种职业的从业者所干的工作往往是重复性的，其中蕴含的创造性、变化性、智慧性成分较弱。例如，一名建筑职工所从事的工作是周而复始地重复那些诸如机械搬运、机器操作等内容，这些工作无须每次都进行缜密的筹划与构思。

（2）以获取报酬为主要目的。一个人从事一种职业的主要目的是获取一定酬劳，满足自己的生活需要，从业者的工作期待停留在一般层次的物质或精神需要上。

（3）只需参加简单培训。一种职业的从业者所从事的工作没有太多的技术含量与特殊资质要求，这就决定了从业者只需参加短期培训即可获得这些职业技能或知识。例如，打字员的培训就较为简单，数日或数月内即可完成。

（4）具有基本智力与体力的人均可胜任。一种职业对其从业者的要求也较为基本，它往往只需从业者具备基本的智力与体力即可，无须丰富的知识与精专的技能来支持。可以说，一般人就具备这些从业资质要求，无须过多的智力和创造性付出。

2. 专业的基本特征

作为一门专业，它对从业者，即专业人员的要求较为精细、全面、独特，由此构成了一门专业的基本特征：

（1）常人不可替代。一个人可能适于从事某一职业，但不一定适合从事特定的专业，这就是专业的不可替代性特征。例如，一个人可能会动手解剖一只青蛙，但不一定适合对病人实施手术。后一工作只有具备医师资格的专门医生才能开展。

（2）工作价值无法精确衡量。一个普通职业工作者的劳动价值可以用产量、产值或工资来衡量，而一名专业人员的劳动价值则难以衡量。例如，一名律师在官司中为一个企业挽回的经济损失或品牌形象损失常常是难以直接量化的，甚至可以说是无价的。

（3）具有深厚的专业知识。专业人员所从事的工作一般需要个人长期的知识、经验积累，只有具备深厚、丰富的专业知识才能完成。这些专业知识是其专业实践获得成功的保证，是其他个人条件无法取代的。

（4）具备专项的专业能力。每一专业的从业者一般必须具备特定的专业能力，如律师的辩才、医生的手术实施能力等。这些能力是专业人员在工作中之所以能够游刃有余地处置特殊问题的实践条件。

（5）承担一定的专业责任。专业人员对其工作所承担的责任,是其他人难以承担的。例如,医生对病人生命安全所承担的风险与责任,是其他人没有能力与可能去承担的。

（6）需要接受系统化、长期化的培训。对专业人员的资质要求较高,专业方面的知识、技能、人格等要求,决定了不经过一段时间的专业学习或培训,无法达到预定的各项要求。

（7）具备一定的专业道德、专业精神与专业情感。对专业人员而言,专业道德、专业精神、专业情感对他们的约束要比制度、经济、法律等方面的约束重要得多,专业人员对该行业的热爱,是促使他们不断进取、钻研提高的关键因素。

（8）具有相应专业协会组织。"专业"的含义是"专门性职业",这就决定了直接管理该行业的不是一般的公共管理机构,而是由专业人员组成的各种"专业协会",它是最有权利、资格与条件去管理并管理好该专门行业的组织。

> **小知识**
>
> 1966年,联合国教科文组织在《关于教师地位的建议》中明确提出:教师工作应视为一种专门职业,是一种要求教师具备经过严格训练和持续不断地研究才能获得并维持专业知识、专门技能的职业。
>
> 1986年6月21日,我国国家统计局和国家标准局发布的《中华人民共和国国家标准职业分类与代码》将所有职业分为8大类、63个分类和303个小类,教师被列入"专业、技术人员"这一类别。

（二）教师职业专业化的内容

广义的教师专业化是在两个层面上讲的,即教师行业的专业化与教师个体的专业化。前者简称为"教师职业专业化",后者简称为"教师个体专业化",即一般所言的教师专业发展。为了加速教师行业的专业化转变,国家、社会、行业一般会采取以下举措:

1.建立教师专业资格证书制度

自我国颁布《中华人民共和国教师法》(以下简称《教师法》)、《中华人民共和国教育法》(以下简称《教育法》)、《中学教师资格条例》、《中学教师专业标准(试行)》和《师范类专业认证标准(试行)》以来,我国中学教师行业已经步入了专业化的轨道,它正在被作为一种专业来精心培育。近年来,我国围绕教师专业资格证的有效性问题,如融通性、时效性与(空间)流通性等展开完善与改进工作。例如,建立国家层面的教师资格考试制度,就是提高中学教师专业资格证有效性的重大举措。

> **小知识**
>
> 1. 2015年,教师资格证考试改革正式实施,打破教师终身制且五年一审,改革后将实行国考制,考试内容增加、难度加大。在校专科生、本科生都能报考。
> 2. 教师资格证国考分笔试与面试两个环节,面试分说课、试讲两种,笔试成绩两年有效。
> 3. 2020年教育部出台《教育类研究生和公费师范生免试认定中小学教师资格改革实施方案》。

2. 提高教师行业的任职条件

中学教师的专业性实质上是不可替代性,提高该行业的任职条件也是一条重要举措。例如,提高中学教师的学历要求、道德要求与技能要求,这正是提高中学教师专业性的重要路径。

3. 开展专业培训

实施各种层次的教师培训活动,是提高在职中学教师专业化水平的常规途径,我国正在开展的各级各类教师培训活动,如"国培"、"省培"、校本培训等,都是提高该行业专业性的有效方式。

4. 强化专业组织的职能

推进中学教师行业的专业协会、专业联盟等专业组织建设,建立中学教师行业的专业过滤机制与行业标准,是构建中学教师行业的自律机制,也是持续提高教师行业任职标准的组织保障。在我国,专业组织正处在培育之中,它理应是我国中学教师专业化建设的重要方向。

5. 学校建立专业发展制度

教师任职的每一所中学都是中学教师专业发展的"第二学校"与日常平台,每一个教学名师、好校长都是中学教师的专业发展导引者与实践导师。为此,每所中学都应该积极建立、健全校本研修制度、教师专业发展制度、教研组活动制度,让学校教研活动、观课研课活动、集体备课活动等蔚然成风,成为中学教师专业发展重要的制度化平台。

6. 培育专业文化

专业文化是专业组织内部认同的专业信念、专业精神、专业理念与专业行为方式等构成的有机体,是一道保护专业组织的无形屏障,是中学教师行业自然净化的保护膜。专业文化建设是中学教师专业建设的一项长期性任务,是渐进式推进中学教师行业进化的着手点。中学教师专业文化培育的方向,是倡导一种热爱学生、热爱专业、终身学习、勇于开拓、崇尚创新的新型教师文化。

二、教师专业素养

教师专业素养,是指教师顺利从事教育教学活动所必需的基本品质或基础条件。一名现代中学教师应该具备以下基本专业素养,具备良好的教师专业素养结构,以胜任复杂、多变、多面的教育教学工作。

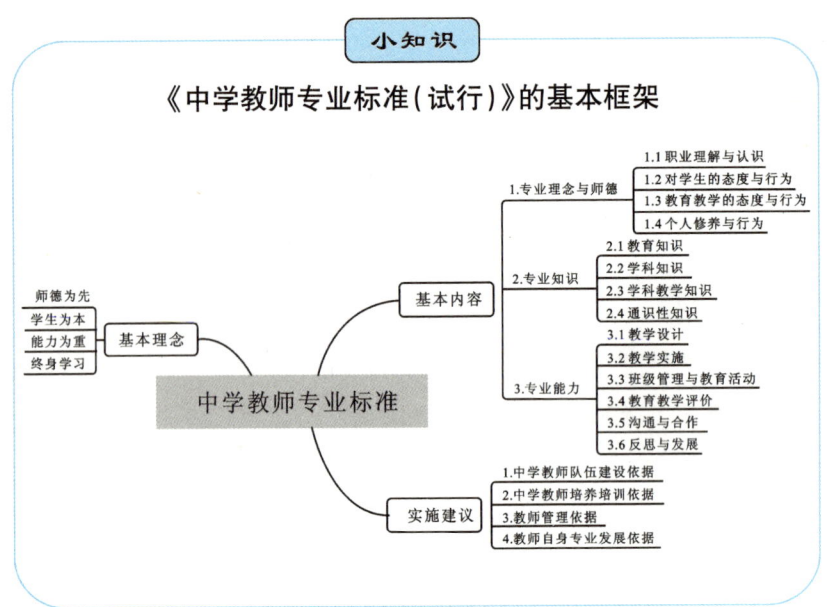

当代教师的专业素养结构主要包括职业理念、职业道德、专业知识和专业能力四部分。

(一)职业理念

职业理念是教师在教育职业上,依据社会要求、个人条件与工作要求而形成的职业奋斗目标与事业追求,是他们在职业实践中渴望达到的理想职业境界。教师的职业理念是教师献身于教育工作的根本动力,其核心是教师对学生、对教育事业的热爱,堪称教师的师魂。

当代中学教师应该具备的职业理念,主要有教书育人、热爱专业、终身发展这三个方面。

1. 教书育人

教书育人是中学教师的主业，教好书、育好人是中学教师的核心职业理念与专业素养。在育人方面，中学教师要自觉树立"育人为本、德育为先、教学中心、学生为本"的理念，为中学生的知识学习、能力发展与品德养成等提供专业服务和教育支持，全力促进中学生全面发展。在教书方面，中学教师要尊重教育规律和中学生身心发展规律，结合中学生年龄特征与个体差异，为每一个中学生提供适合而有效的教育；要引导中学生走进知识海洋，体验学习乐趣，保护中学生的求知欲和好奇心，培养中学生的广泛兴趣、动手能力和探究精神；要引导中学生学会学习，热爱学习，养成良好的学习习惯，让学习成为他们一生乐于从事的一项实践。

2. 热爱专业

热爱是将一项工作做到极致、做到一定境界的情感动力。中学教师应该理解中学教育工作的意义，热爱中学教育事业，具有专业理想、敬业精神与研究精神，勤于学习、不断进取，做好终生从事中学教育事业的心理准备，把教育工作变成一生的事业追求与乐此不疲的专业实践。

3. 终身发展

专业发展是中学教师终身面对的课题与使命，确保专业的持续、快速、健康发展，是教师专业发展的最终目标。中学教师应该自觉认同中学教师的专业性和独特性，把握教师专业的特殊要求，注重自身专业发展，不断完善自我，增强自身的专业知识能力，提高专业发展的自觉性，确保自身专业上的可持续发展。

（二）职业道德

教师工作的主题是立德树人，中学教师自身的师德修养尤为关键，而且，师德修养本身就是一部培养、教育、感化中学生的生动育人教材。2020年，教育部颁布《新时代中小学教师职业行为十项准则》，对中小学教师提出了较为具体的师德规范要求。2022年，党的二十大胜利召开，习近平总书记提出要"加强师德师风建设，培养高素质教师队伍，弘扬尊师重教社会风尚"，将教师社会地位提高到新水平。当代中学教师应该具备以下职业道德：

1. 爱国守法

这是教师职业的基本要求。"爱国"要求教师对祖国怀有深刻的爱国主义情感，并将之传达给学生；"守法"要求教师贯彻党和国家教育方针政策，遵守教育法律法规，自觉做到依法执教，学会用法律规范来处理自己在教育实践中遇到的问题与难题。

2. 爱岗敬业

这是教师职业的本质要求。没有职业感情就做不好教育工作,就无法将教育工作升格为自己一生的教育事业,追求至高的教育境界。新时代中学教师应始终牢记自己的神圣职责,志存高远、牢记使命、甘为人梯,坚守立德树人的初心,把个人职业命运同社会主义伟大事业、中华民族伟大复兴关联起来,让自己的职业人生充满光彩。

3. 关爱学生

这是新时代师德的灵魂。古训言道:亲其师,信其道。没有爱,就没有教育。当代中学教师要心系学生健康、心系学生发展,用爱感化、感染每一位学生,唤醒他们对人生梦想、学习人生的觉醒意识。在工作中,教师必须呵护学生独立人格的成长,维护他们的合法权益,平等对待每一位学生,做到不讽刺、不挖苦、不歧视学生,不体罚或变相体罚学生。

4. 教书育人

这是教师的天职。一方面,中学教师要做好"经师",自觉遵循教育规律,实施素质教育,对学生循循善诱、诲人不倦、因材施教,促使每个学生自由、充分、全面、个性化地发展;另一方面,中学教师要做好"人师",善于培养学生良好品行,激发学生创新精神,促进引导学生追求理想、形成砥砺前行的品格,成长为中国特色社会主义事业的建设者与接班人。

5. 为人师表

这是教师职业的内在要求。中学教师必须为中学生树立美的形象,为人师表是中学教师工作的基本专业素养要求。当代中学教师应该在学生面前衣着整洁得体、语言规范健康、举止文明礼貌,努力向中学生展示出优雅、高尚、纯洁的职业形象,潜在地导引中学生的身心发展与健康成长。

6. 终身学习

这是教师专业发展不竭的动力。当代社会是一个学习型社会,教师专业是一种发展型专业,终身学习是时代发展与教师专业自身的要求。为此,中学教师必须树立终身学习理念,拓宽知识视野,自觉提高自身的学习意识、学习理念,让专业学习伴随自己整个职业人生。

(三)专业知识

专业知识是中学教师开展专业工作的重要条件,形成合理的专业知识结构,有助于中学教师的专业发展。按照《中学教师专业标准(试行)》的要求,中学教师要形成合理的专业知识结构,就应具备以下知识:

1. 教育知识

按照《中学教师专业标准(试行)》精神,中学教师应该具体掌握以下专业教育知识:掌握中学教育的基本原理和主要方法;掌握班级、共青团、少先队建设与管理的原则与方法;掌握教育心理学的基本原理和方法,了解中学生身心发展的一般规律与特点;了解中学生世界观、人生观、价值观形成的过程及其教育方法;了解中学生思维能力、创新能力和实践能力发展的过程与特点;了解中学生群体文化特点与行为方式。中学教师所需的这一类知识可以归结为:教育理论知识,即中学教师要掌握中学教育教学基本理论;德育理论知识,即中学教师应掌握中学生品行养成的特点和规律;认知发展知识,即中学教师要掌握不同年龄中学生的认知规律;等等。

2. 学科知识

在学科知识方面,中学教师应该具备三方面知识:学科知识体系知识,即理解所教学科的知识体系、基本思想与方法;学科基本内容知识,即掌握所教学科内容的基本知识、基本原理与技能;学科联系知识,即了解所教学科与其他学科的联系,了解所教学科与社会实践及共青团、少先队活动的联系。

3. 学科教学知识

中学教师学习这一类知识要达到的目标是:掌握所教学科的课程标准;掌握所教学科课程资源开发与校本课程开发的主要方法与策略;了解中学生在学习具体学科内容时的认知特点;掌握针对具体学科内容进行教学和研究性学习的方法与策略。与之相应,中学教师应该具备以下知识:所教学科的课程标准知识、课程资源开发知识、中学生学科学习方面的相关知识等。

4. 通识性知识

对中学教师而言,这一知识类型主要包括四类:人文科技常识,即具有相应的自然科学和人文社会科学知识;国情知识,即了解中国教育基本情况;艺术知识,即具有相应的艺术欣赏与表现知识;教育技术知识,即具有适应教育内容、教学手段和方法现代化的信息技术知识。

通识性知识也可以分为以下四类:

第一类是本体性知识。它是指教师任教学科的知识,即教什么的知识。本体性知识对师范生的重要性就在于,它是教师从业的资本和基础,是中学教师作为专业人员应该具备的起码条件、基本知识。

第二类是条件性知识。它是中学教师在顺利从事教育教学工作时所必需的专门知识,是区别于其他行业人员的教师所特有的知识类型,是如何教的知识,是直接服务于教师的教学活动设计和展开的知识,其主体构成是学科教学论知识、一般教学法知识、教育心理学知识等。

第三类是工具性知识。工具性知识学习解决的则是教师用什么工具和媒介来实现知识教授的问题。教师在知识教授中至少需要四大工具：语言、教育技术、课程开发和教育研究。这些知识的共同特点是，它们都不直接参与教师的教学活动，只是教师开展教学活动、提高教学活动效能的工具而已，故称之为工具性知识。

第四类是实践性知识。它是指教师利用一般性的教育知识来解决特殊性的教育问题时产生的一种知识类型，是教育知识的具体化、实践化。实践知识的根本特征是情境性、经验性，它随着教育实践主体、教育情境、教育活动的不同而不同。在教育实践中，实践性知识主要体现为教师的教育智慧、策略性知识和案例知识。

> **智慧起点**
>
> 1986年，美国斯坦福大学舒尔曼（Shulman）教授提出了PCK（Pedagogical Content Knowledge）的概念，即"学科教学知识"，教师个人教学经验、教师学科内容知识和教育学的特殊整合。他认为，教师教学知识基础之关键在于学科知识和教育知识的交互作用，是将他所掌握的学科知识改造成适应学生不同学情、能力和背景的知识新形式。

（四）专业能力

专业能力是中学教师开展教育教学工作的实践素养与技术条件。对中学教师而言，这一能力由以下八个部分构成：

1. 教育教学设计能力

中学教师开展教育教学工作的第一步是教学设计，这是把教育教学工作做好的前期准备，与教育教学效能的提高直接相关。中学教师必须掌握三个方面的教学设计能力，即合理制订中学生个体与集体的教育教学计划的能力；合理利用教学资源，科学编写教学方案的能力；合理设计丰富多彩的班队活动的能力。

2. 组织实施能力

在教学设计完成后面临的核心任务是实施这些教学设计，组织实施能力是中学教师的一项关键能力，是中学教师专业素养的主体构成。与之相关，中学教师应该具备以下能力：师生关系经营能力，即具备建立良好的师生关系，帮助中学生建立良好的同伴关系的相应能力；教学情境创设能力，即中学教师应该具备创设适宜的教学情境，根据中学生的反应，及时调整教学活动的能力；学习指导能力，即调动中学生学习积极性，结合中学生已有的知识和经验，激发学习兴趣并发挥中学生主体性，灵活运用启发式、探究式、讨论式、参与式等教学方式，促使中学生的学习活动快乐、高效进行的相关能力；信息化教学能力，即将多种现代教育技术手段渗透并运用到教学中的能力;教学组织能力,即妥善应对突发事件,科学安排课堂教学的能力;教学基本能力,如较好使用口头语言、肢体语言与书面语言的能力,使用普通话教学,规范书写钢笔字、粉笔字、毛笔字的能力;开展思想教育的能力,即善于鉴别中学生行为和思想动向,用科学的方法防止和有效矫正不良行为的能力。

3. 激励评价能力

这是中学教师顺利推进教育教学活动时必需的一项重要能力,主要包括:学生观察能力,对中学生日常表现进行观察与判断,发现和赏识每一个中学生的点滴进步;评价能力,即灵活使用多元评价方式,给予中学生恰当地评价和指导的能力,以及引导中学生进行积极自我评价的能力;教学改进能力,即中学教师利用评价结果,不断改进教育教学工作的能力;等等。

4. 沟通合作能力

教育教学工作实质上是一项沟通实践,它需要教师具备相应的沟通、交往与对话能力。这一专业能力主要包括:学生沟通能力,主要指使用符合中学生特点的语言进行教育教学工作的能力,以及善于倾听,和蔼可亲,与中学生进行有效沟通的能力;同行沟通能力,即善于与同事合作交流,分享经验和资源、共同发展的能力;社会沟通能力,即与家长进行有效沟通合作,共同促进中学生发展的能力,以及协助学校与社区建立合作互助的良好关系的能力;等等。

5. 口头语言表达能力

教师的语言表达能力,指教师借助口头语言阐述教学内容、表达自身思想感情的能力。语言表达能力是教师的基本功。具体来说,教师的语言表达应达到以下标准:描述简洁规范,重点明确突出;语言流畅,逻辑清晰,条理清楚;适应学生的年龄特点和知识水平,与教学内容所负载的情感协调;语音语调抑扬顿挫;幽默诙谐,恰当运用比喻或隐喻;利用副语言,辅以动作表情。

6. 教学组织管理能力

课堂教学是组织活动的形式之一,课堂教学的秩序直接影响课堂教学的效率,教师只有拥有高超的组织管理能力,才能保证教学高效进行。新课程改革倡导教师赋予学生学习的自主权,学生自主进行学习必然带来许多组织和管理上的问题,这势必对教师的组织管理能力提出了更高的要求。

7. 反思发展能力

反思发展能力是中学教师借助工作实践来改善教育教学水平的能力,大致包括以下能力:其一,教学信息反馈能力,即主动收集分析相关信息,不断进行反思,改进教育教学工作的能力;其二,研究能力,即针对教育教学工作中的现实需要与问题,进行探索和研究的能力;其三,自我发展规划能力,即制订专业发展规划,不断提高自身专业素质的能力;等等。

8.教育研究能力

教师的研究主要是工作研究,即结合自己的实践工作与对象开展的应用性研究。教师在教育教学中遭遇的各种困境,不可能借助于预设的规则或程序一劳永逸地得到解决,这就需要教师以研究的心态置身于教学情境中,以研究者的眼光审视和分析教学理论与教学实践中的各种问题,从而进一步明确教育规律,进一步矫正自己头脑中一些陈旧的教育观念,并由此形成对自己教学活动的自觉意识。

> **小知识**
>
> 2014年9月10日,习近平总书记来到北京师范大学看望学校师生,号召全国广大教师做"四有"好教师:要有理想信念,要有道德情操,要有扎实学识,要有仁爱之心。

第二节 现代教师的理念素养

> **智慧起点**
>
> 有一位伐木工人,工作十分卖力。第一天,他砍了18棵树,老板表扬了他。第二天,他干得更加起劲,但是只砍了15棵,老板还是表扬了他。第三天,他加倍努力,结果却仅仅砍了12棵。这位伐木工人觉得很惭愧,跑到老板那儿道歉,说自己力气好像越来越小了。
>
> 老板问他:"你上一次是什么时候磨斧子的?""磨斧子?"工人很诧异地说,"我天天忙着砍树,哪里有工夫磨斧子!"
>
> 请问同学们:理念修炼是否可以比作"磨斧子"?

一、以素质教育为核心的教育观

理念素养是教师专业素养的内涵,当代中学教师的核心素养构成是先进、科学的教育观、学生观与教师观。素质教育是当代我国教育改革的主题与方向,是世界教育改革与发展的潮流,树立以素质教育为核心的教育观,是现代中学教师的标志之一。

(一)素质与素质教育的提出

人们对"素质"的理解有广义与狭义之分。其中,狭义的素质,是指人的先天素质,即人的先天的解剖生理特点,它是人的心理发展的生理条件,但不能决定人的心理内容和发展水平。广义的素质,指的是教育学意义上的素质概念,它是指人在先天生理基础上,通过后天环境影响和接受教育训练所获得的、内在的、相对稳定的、长期发挥作用的身心特征与身心品质结构。人们通常称广义的素质为"素养",它主要包括道德素质、文化素质、智力素质、身体素质、审美素质、劳动素质等。

可见,人的素质的形成是在先天生理的基础上,在环境和教育的影响下,在人的主体性、能动性参与下,在实践、认识和交往活动中形成和发展起来的稳定身心品质的总和。内在性、整体性与相对稳定性是其主要特征。

(二)素质教育的内涵

1997年,国家教委颁布的《关于当前积极推进中小学实施素质教育的若干意见》中,对素质教育给出了明确的内涵与解释,其中谈道:"素质教育是以提高民族素质为宗旨的教育,它是依据《教育法》规定的国家教育方针,着眼于受教育者及社会长远发展的要求,以面向全体学生、全面提高学生的基本素质为根本宗旨,以注重培养受教育者的态度、能力,促进他们在德智体等方面生动、活泼、主动地发展为基本特征的教育。"党的十八大报告指出:"全面实施素质教育,深化教育领域综合改革,着力提高教育质量,培养学生社会责任感、创新精神、实践能力",社会责任感、创新精神、实践能力成为素质教育的新内涵。党的二十大报告再次重申,"坚持以人民为中心发展教育,加快建设高质量教育体系,发展素质教育,促进教育公平",素质教育成为高质量教育体系建设的核心理念。基于这一界定,我们对其做更为清晰化的阐释,以帮助大家抓住素质教育的独特内涵。

所谓素质教育,就是以全面提高人的基本素质为根本目的,尊重人的主体性和主动精神,以人的性格为基础,注重开发人的智慧潜能,注重形成人的健全个性为根本特征的一种教育理念与实践形态。

素质教育提出的背景是我国长期以来面临的应试教育形态的危害与弊端,它是改变应试教育的积极努力,代表着我国现代教育改革的方向与主题。素质教育与应试教育之间具有明显的区别,具体表现在以下三个方面:

(1)素质教育的目标是提高国民素质。应试教育的目标则是"为应试而教,为应试而学"。在这一目标指引下,中学生的某些素质,如应试素质、知识技能、智力素质等获得了浅层次发展,而其他诸多素质,如身体素质、审美素质、主体素质、道德素质等受到忽视或抑制,导致了学生片面发展。

(2)素质教育关注全体学生的全面发展,强调教育要面向每一位未来的国民。而应试教育则把目光盯在升学有望的学生身上,把优秀生的分数视为教育的首要价值,致使大部分学生的发展受到忽视,培养合格国民的教育目标难以实现。

(3)素质教育强调发扬学生创造精神,培养学生的实践能力和社会责任感。应试教育则使学生在考试指挥棒下亦步亦趋,在教学方法上倡导灌输、说教、被动接受,学生处在被动发展、消极发展、机械发展的状态,主动发展、创造发展的理想发展状态难以实现。

基于上述理解,本书把素质教育的核心内涵归结如下:

(1)素质教育是面向全体学生的教育。它要求基础教育要面向全体儿童、少年,促进每个学生的发展,使之成长为合格、健全、有修养的国民。

(2)素质教育是促进学生全面发展的教育。素质教育的实施要为学生全面素质的形成与发展创造条件,促使每一个学生都能在生理、心理、思想、文化、道德、审美等方面得到健康全面的发展,使他们学会做人、学会学习、学会劳动、学会创造、学会生活、学会健体、学会审美,成长为有理想、有道德、有文化、有纪律的社会主义事业的建设者和接班人。

(3)素质教育是促进学生个性健康发展、主动发展、持续发展的教育。人的个性是千差万别的,社会需要的是各种各样的专门人才。实施素质教育的目的是,让每一个学生都能在教育环境中获得适合自身的发展,都能够自主、自由、充分、创造性地发展,成长为社会需要的个性化人才。反对用一个统一的模子来培养人、塑造人,反对用统一的规格来教育人、评价人,这是素质教育的题中应有之义。

在实践中,学者将素质教育的根本内涵进行了精练地概括,这就是"一个方针"——全面贯彻国家教育方针,这是实施素质教育的根本途径;"一个宗旨"——提高国民素质,这是实施素质教育的最终目的;"一个目标"——面向全体学生,促使学生全面发展,这是素质教育的核心内涵;"三个重点"——培养学生的社会责任感、创新精神与实践能力,这是素质教育的突出特征。这一概括便于我们把握素质教育的精神内核。

(三)素质教育的特点

1. 全面性

从教育内容上看,素质教育要求实施全面的国民教育。素质教育要求实施全面发展的教育,促进学生个体的自由发展、多方面发展与最优化发展,这就是素质教育的全面性。在此,全面发展是指学生在德、智、体、美、劳、心等方面协调、和谐地发展,它是学生身心各方面都得到均衡发展的理想状态。全面发展不等于平均发展,也不等于同步发展。它既强调促使学生身心各方面实现共同、均衡、协调发展,也强调促进学生的个性、优势、兴趣与特长的发展,努力实现学生在个性发展基础上的全面发展。全面发展实际上追求的是最优发展,即全面发展与个性发展间的最佳状态。

2. 全体性

从教育对象上看,素质教育要求实施面向全体国民的教育。素质教育是一种国民教育,它要求面向全体国民、全体学生,实施一定时限、一定程度的基础教育,无论是正规的还是非正规的教育,均包括在内。

素质教育对象上的全体性包括三重含义:其一,全体适龄儿童均有权利接受正规基础教育,国家不允许对入学的儿童按照某种特殊标准,如种族、民族、性别、语言、肤色、社会和经济地位等进行筛选,并对所有公民接受一定水平的素质教育提供相应的教育条件;其二,在素质教育中,应贯彻体现社会主义制度下教育机会均等原则、教育公平原则,为每个人的身心发展提供最公平的学习条件、学习机会;其三,在课堂上,全体儿童均有平等的参与机会,教师不能把课堂教学对象仅限于少数优等生身上,或者仅限于中等生,而应坚持"抓住中间、照顾两头"的原则,积极采取分层教学、分组教学、因材施教等理念,让每个学生都在课堂上获得"最近发展区"内的适宜发展,并把促进全体学生的全面发展作为课堂教学活动的职责。

3. 主体性

从教育状态上看,尊重、发挥、张扬学习者的主体性,是素质教育追求的一种状态。素质教育的主体首先是学生,是学习者,他们才是基础教育、课堂教学的主人,教师是促进他们主动发展、快速发展的辅助者、促进者与支持者。在素质教育中,激发学习者的自觉能动性、主动积极性,培养他们的积极学习态度与学习热情,是基础教育顺利展开的前提;开发学习者的潜能与智慧,促进学生实践能力、思维能力、生存能力、操作能力与创造能力等的发展,是素质教育的应有内涵。

4. 发展性

相对知识教授而言,素质教育着眼于培养学生自我学习、自我教育、自我发展的能力,把学生视为学校教育的首要资源、基础资源,真正把教学活动的重心转移到启迪学生心智、孕育学生潜力、增强学生发展后劲上来。素质教育强调教给学生"活知识",而非支离破碎的知识点。借助生活经验、思维想象来建立知识点之间的丰富联系,借此促使学生将知识转化为能力,促进学生智慧的增长,是素质教育的基本理念之一。素质教育倡导在教育教学中要尊重、发挥、完善和拓展学生的主体性,重视培养学生强烈的求知欲、创造力与发展力,让学生在自我发展中完善自我、完善人格、完善能力。

5. 基础性

基础性是相对于专业(职业)性、定向性而言,它是素质教育的明显特征。与职业教育、高等教育不同,素质教育重视培养学生的基本素质、基础学力、基础知识,而非职业素质或专业素质,其目的是为学生的后续发展、职业发展、终生发展提供基础,创造条件。正是如此,素质教育非常强调发展和完善人的基本素质,培养学习者人生成功必备的一般素养,促使学生一般能力的发展。不过早地让学生的发展定向、定型,为他们的未来发展与可塑性、自由度提供足够的发展空间,正是素质教育的要义所在。

6. 开放性

在基础教育阶段,实施素质教育的意图之一,是要为学生的未来发展提供广阔的发展空间、多样化的发展方向与充分的发展自由,让学生的未来发展呈现出开放状态。在基础教育阶段,学生获得的是非定向的知识、非定型的才能、非固定化的兴趣,这些非定向性为他们的未来发展提供了足够的自由度与丰富的可能性。因此,在接受素质教育之后,学习者未来的发展不会受到已学知识的限制、束缚与制约,而是保持着一种开放状态,他们会从素质教育中获得更大的自由发展空间与发展机会。素质教育不以升学或就业为目标,不预先规定学生的发展方向,正是素质教育开放性的内涵所在。

7. 可持续性

素质教育关注的不是学生当前的发展状态、发展水平,也不是学生当下学习的成败、成绩,而是学生终生的可持续发展,是学生一生事业的成功。素质教育的目的是,为学生一生的健康、顺利、持续发展奠定基础,是面向学生一生事业、人生成功的长远筹划、全面考虑。所以,在基础教育阶段实施素质教育,其教育重点就是培养学生对学习的积极态度,培养他们健康的人生价值立场,培养他们健康的体魄与心灵,为他们后续健康发展提供坚实的身心基础。

(四)素质教育的实施要求

要深入推进素质教育,基础教育机构与教育行政机构要及时转变教育观念,改进教育方式,更新教育管理,创新教育体制,从各个方面努力将素质教育的理念付诸实践。

1. 实施全面发展的教育,摒弃应试教育

应试教育过于偏重知识教育、应试能力培养,造成了学生的片面发展、消极发展,违背了立德树人、育人为本的教育价值追求,难以培养出具有较强创新意识与实践能力的新型国民,难以培养出能够适应社会进步与现代化建设需要的新人,阻碍了学生身心的健康、协调、均衡发展。因此,转变应试教育,在"两全一主动",即"全面发展、面向全体、主动发展"的教育理念指导下推进各项教育改革,把素质教育融入基础教育各个环节中去,是全面推进素质教育的现实举措。

2. "五育"并举,培养全面发展的人

素质教育要培养的是全面发展的合格国民,是接受过完整教育、综合素养优良的国民,这客观上需要以全面发展为内核的素质教育来支撑。在基础教育中,实施素质教育,培养全面发展的合格国民,就必须坚持"'五育'并举、全面发展"的教育宗旨,系统整合"五育",即德育、智育、体育、美育、劳动技术教育,为学生的全面发展提供科学的教育服务。在"五育"中,德育是学校教育工作的灵魂与方向,智育是学校教育工作的基石与依托,体育是学校教育工作的基本要求,美育与劳动技术教育是学校教育工作的重要组成部分。在教育实践中,坚持"五育"整体推进、有机融合、相互配合、全面兼顾的素质教育理念,使其相互渗透、相互促进,确保学生身心健康协调发展的教育目标顺利实现。

3. 深化课程与教学改革,调动学生学习的主动性与积极性

改革是基础教育的活力与生命,是素质教育顺利实施的重要保障,大力推进基础教育领域的综合改革、深入变革,是持续深入推进素质教育的现实需要。当代基础教育改革的核心是课程改革、教学改革与体制改革,科学定位课程目标,优化课程内容,转变教学方式,改进教学评价方式,实施"三级课程"管理制度,是当代我国基础教育课程改革的核心精神。2017年,教育部颁布《普通高中课程方案和语文等学科课程标准》的最新修订版,明确强调三项改革:立德树人、传统文化与学科核心素养,标志着新一轮课程改革启动!在本次修订中,各学科凝练提出了本学科的核心素养,明确了学生学习本学科课程后应达成的正确价值观念、必备品格和关键能力等目标,并围绕学科核心素养的落实来精选内容、设计活动、进行评价。这一举措的实施为新时代素质教育的深入推进打下了坚实基础。

4. 科学运用评价,促进学生全面发展

评价是教育教学工作的指挥棒。以评价方式转变带动素质教育实施是深化素质教育改革的重要途径。在当前,改变过于偏重总结性评价、分数式评价、外部评价、"一考定终身"的教学评价现状,提高发展性评价、过程评价、多元评价、质性评价、多主体评价、第三方评价等新型教学评价方式在课程教学评价中的比重与地位,是素质教育改革的内在要求。在当前,教育教学评价的基本方向是由"选拔适合教育的儿童"转向"创造适合儿童的教育",这一转变有助于素质教育改革的良性推进,有助于素质教育改革目标的逐步落实。当前,我国教学评价发展的一般方向就是:在评价方式上,努力整合定性评价与定量评价,倡导过程性评价、主体性评价;在评价功能上,倡导实现由甄别功能为主转向以促进学生发展为主;在评价主体上,重视学习者的自我评价,强调建立评价者与被评价者之间的合作关系;在评价思想上,强调评价问题的真实性、情境性、自然性;在评价结论形成上,强调评价结论的得出要体现结果的民主性与程序的民主性;在评价维度选择上,倡导多元评价与返回评价,即"对评价的评价";等等。这些教学评价理念的提出与实施,必然有利于引领学生核心素养迈向全面发展、自主发展与创造发展,有助于素质教育的深入推进与科学实施。

5. 重视实践活动与社会生活的教育功能

素质教育必须打破学生"读书死""死读书""读死书"的陈腐教育理念,必须尽力把学生从书本、课堂、教室中解放出来,把教育教学活动与实践活动、社会生活结合起来,为学生全面发展、活泼发展、自主发展创造条件。要深入推进素质教育,教师就必须把教育教学活动与学生的社会生活、社会实践结合起来,把大量的实践活动,如研究性学习、综合实践活动、课外实习活动、体育锻炼活动、社区服务活动、团(队)活动、社会生产活动等引入课堂、引进教室,借此充分发挥社会实践活动的教育功能,活化学到的"死知识",培养学生的创新精神与实践能力,让学生在学校、课堂中得到生动、活泼、主动地发展。

6. 提高教师队伍的整体素质

素质教育的主要实施者是教师及其群体,能否建成一支优秀的教师队伍事关素质教育的成败。为此,国家与社会各方必须努力,积极建成一支理念先进、品德高尚、思想上进、结构合理、作风优良、训练有素、能力过硬的教师队伍,为素质教育的实施提供强大的教师团队支持。目前,我国素质教育队伍整体素质偏低,年龄老化,理念落后,教育教学水平不高,极大地制约了素质教育改革的深化。实施公费师范生教育、卓越教师培养计划,推进职前教育与职后教育一体化,大力推进各级各类教师培训,为基础教育机构提供优秀的教师队伍,是大力实施素质教育的重要举措。

> **小知识**
>
> 2014年,教育部出台《教育部关于实施卓越教师培养计划的意见》,确定了80个卓越教师培养计划改革项目,致力于"为培养造就一批教育情怀深厚、专业基础扎实、勇于创新教学、善于综合育人和具有终身学习发展能力的高素质专业化创新型中小学教师"。
>
> 2018年,教育部颁布《关于实施卓越教师培养计划2.0的意见》指出:经过5年左右努力,办好一批高水平、有特色的教师教育院校和师范专业,以师范生为中心的教育教学新形态基本形成。

二、以人为本的学生观

学生是教育的对象,科学的学生观是教师科学执教的基础理念,如何理解中学生,是每位教师在教育教学工作中都会遇到的问题。

（一）人的全面发展观

人的全面发展学说是马克思主义的重要组成部分，是我国确立教育目的的理论基础，是教师科学学生观确立的依据。马克思在《资本论》等著作中，对这一学说进行了详细阐述，为我们准确认识中学生提供了理论指南。

1. 什么是人的全面发展

所谓人的全面发展，在马克思看来，它既包括人的劳动能力，即人的体力和智力的全面、和谐、充分发展，又包括人的道德、精神、才能、志趣等多方面、充分自由地发展。进而言之，人的全面发展首先是指人的完整发展，指人作为"全人"的充分发展，即人的各种最基本、最基础的素质得到完整的发展。这种全面发展的人其实是在以下六个方面全面发展的新人，即人的各种能力的全面发展，人的自由个性的充分发展，社会关系的最大化丰富，人的主体性的全面发展，个人价值的实现，人的"类"特性即社会性、实践性和自觉能动性在个体身上得到充分发展。

在当代，我们通常所说的人的全面发展指涉及的内容更加具体化，是促使受教育者、青少年儿童在德、智、体、美、劳等方面获得完整、充分、自由地发展。

人的全面发展思想的形成经历了一个历史演变的过程。在马克思主义的全面发展学说产生之前，西方的许多学者都提出过人的全面发展思想。在古希腊，哲学家亚里士多德早就主张"和谐教育"，在《政治篇》中，这一思想得到了充分论述。这一思想成为人的全面发展思想的先驱者。在西方封建社会，捷克教育家夸美纽斯曾经在其名著《大教学论》一书中，提出了泛智教育的理想，他期待所有的人都受到完善的教育，都得到多方面的发展，成为和谐发展的人。这一思想的提出，把人的全面发展思想提高到一个新阶段。在西方资本主义发展时期，法国启蒙思想家卢梭、瑞士教育家裴斯泰洛齐，都曾经对这一思想做出过重要阐述。例如，卢梭倡导自然主义教育思想，他认为，教育的目的和本质就是促进人的自然天性，即自由、理性和善良的全面发展；裴斯泰洛齐则倡导教育应以善良、意志、理性、自由及人的一切潜在能力的和谐发展为宗旨。这些思想为马克思的人的全面发展学说的形成提供了理论基石。

2. 马克思关于人的全面发展学说的主要内容

在马克思、恩格斯看来，人的全面发展，不仅仅是一种自然现象，更是一种社会现象，一种人类社会发展的理想与支点。

马克思的全面发展学说主要包括五个方面的重要内容：

（1）人的发展同其所处的社会生活条件密切相关。马克思和恩格斯运用唯物主义的观点来考察人的发展问题，认为人的发展最终"决定于个人生活的经验发展和表现，这

卡尔·马克思（1818—1883）

两者又决定于社会关系"。① 社会关系是人的基本社会生活状态与社会生存条件,没有社会关系与社会生活条件的彻底改善,人的全面发展几乎不可能。

(2) 旧式社会分工导致了人的片面发展。马克思和恩格斯在系统考察了人类社会发展历程之后发现,人的片面发展与社会分工密切相关。旧的社会生产分工和不合理的生产关系最终导致了人的片面发展,而人的片面发展的基本特征就是脑力劳动与体力劳动的分离和对立。尤其是在资本主义社会初期的工场手工业里,人的身心发展日趋片面化、畸形化,脑力劳动和体力劳动的对立达到了顶点,消除这种社会生产关系与分工状况,就成为解放工人,促使他们全面发展的迫切需要。

(3) 机器大工业生产为人的全面发展提供了基础和可能。机器大工业生产提高了劳动生产率,缩短了劳动时间,创造了丰富的物质生活条件,因此,劳动者有了充足的时间去学技术、学文化、去休闲,借此充分发展自己的兴趣、爱好和特长,以适应大工业生产的需要。所以,机器大工业生产为人的全面发展提供了基础。

(4) 社会主义制度是实现人的全面发展的社会条件。在社会主义制度中,生产资料的公有制性质决定了每个人都是社会财富的主人,每个人都必须参加生产劳动,而生产劳动又为每个人的全面发展提供了机会。因此,社会主义生产资料公有制的实现,为全体劳动者的全面发展提供了充裕的物质条件和精神条件,为促进人的全面发展提供了社会制度条件。

(5) 教育与生产劳动相结合,是实现人的全面发展的唯一途径。马克思、恩格斯还指出,造就全面发展的人的唯一途径是实现教育与生产劳动相结合。正如他们所言,教育与生产劳动相结合,"不仅是提高社会生产的一种方法,而且是造就全面发展的人的唯一方法"②。把人从单纯的书本知识教育或劳动技能教育中解放出来,让每个人在社会实践中接受教育,是促使人全面、充分、自由发展的现实要求。

(二) 如何理解中学生

作为现代教师,应该从以下五个角度来全面理解中学生,努力形成科学的学生观,以之作为自己教育教学实践的基础。

1. 学生是完整的个体

学生是一个具体的人,是有血有肉有感情的人,每个学生都是各方面素质的集合体,是思想道德素质、社会文化素质和生理心理素质等组成的有机体。教师必须意识到学生是独立的完整个体,这是对学生进行素质教育的正确出发点,是全面看待学生

---

① 厉以贤.马克思列宁教育论著选讲[M].北京:北京师范大学出版社,1992:100.
② 乔翔.马克思人的解放思想研究[M].北京:中国社会科学出版社,2012:216.

的认识基础。正是如此,教师应该对学生实施全面发展的教育,促使其得到"全人"发展。

2. 学生是具有责权主体的人

尊重人的主体性,强调人的主观能动性,是当代教师的应有素质。学生作为教育对象,是有主体意识、主体能力的人,是一个个独立的法律主体与生活主体,是既享有一定权利,也承担一定责任的责权主体。教师尊重学生的主体地位和独立人格,尊重他们的基本人权与法律权利,在课堂教学中,真正将学生作为学习的主体,是促使学生健康成长的需要。同时,学生是一个责任主体,学校和教师要引导学生学会对学习、对生活、对自己、对他人负责,学会承担责任,成长为一个成熟的责任主体。在教学时,教师不仅要给学生学习的权利,同时,也要赋予其责任意识,让学生明确学习是自己的职责,进而去主动学习、主动交往、主动发展。

3. 学生是具有独特个性的人

个性是指个体的总的精神面貌,反映着该个体与他人之间稳定特征的差异性,是在先天遗传因素的基础上,在后天社会环境的作用下形成的。学生有自己独特的内心世界、精神生活和内在感受,有着不同于成人的观察、思考和解决问题的方式。由于经验背景的差异不可避免,学生对问题的看法和理解经常千差万别。在教育教学活动中,这些差异不仅是教育教学的基础,而且是学生发展的前提,学生间的个性差异本身就是一种宝贵的资源,实施素质教育就必须充分尊重和重视学生的独特个性。这就要求教师在教育教学活动中要贯彻个别对待原则,遵循"一把钥匙开一把锁"的教育原则,调动每一个学生的积极性、主动性,促使他们成为不同领域内有所专长、有所成就的人才。

4. 学生是具有发展潜能的人

加德纳的多元智能理论指出:人人都拥有言语、数理、空间、音乐、运动、自我、交往等多种智力类型,每个人的智力状况各具特点,且都有自己的智力强项或优势智力类型。每个学生都具有巨大的发展潜能,具有较强的可塑性,只要教育、教师为他们创造条件,这些潜能将会被开发、被挖掘,学生的素质与才能会不断地发展、完善。每个学生都是一片有待开发或进一步开垦的土地,都具有一定程度上的"不完善性""未定型性",这是学生作为学习者的最大优势,教师的任务就是为学生多样化潜能的发展提供机会、创造条件、搭建平台,促使他们把多种潜能、可能发展成为现实。

> **小知识**
>
> 1983年,加德纳提出了多元智能理论。该理论认为,智能是解决某一问题或创造某种产品的能力,且只有在某一特定文化或特定环境中才被认为是有价值的;人的智能是多元的,至少存在七种,即语言智能、数理逻辑智能、音乐智能、空间智能、身体运动智能、人际交往智能、自我认识智能;智能的分类也不局限于这七种,1996年他还提出了第八种智能——认识自然的智能。

5. 学生是具有创新精神的人

创造是人类的本质,是每个学生的天赋,培养学生的创新意识、创新能力、创新欲望是基础教育的任务。学生身上蕴藏着无限的创造潜力,只要教师为他们提供条件与成长沃土,每个学生就都有可能成长为创造性人才。相对于成人而言,青少年学生思想解放、精力充沛,接受新事物快,掌握海量的新信息,其创新的要求异常强烈,创新的方式也丰富多彩。在教育教学活动中,实施探究性学习、自主式学习,是激发学生创造潜能,培养学生创新意识的好途径。

(三) 现代师生关系

现代师生关系具有丰富的内容,它是师生间和谐相处、教学相长、共同完成教育教学任务、促使学生全面发展的必需条件。当代师生关系建设的主要方向是,建立以民主、平等、和谐、互尊、互信为主题的新型师生关系,为学生身心发展、教师专业发展创造良好的精神氛围与软环境。在这一师生关系中,教师和学生在人格、法律上是平等的,在教学互动、问题研讨中是民主的,在交往相处中的基调是和谐的,在心理上是彼此相容、互相接纳、相互关怀的。在教育教学活动中,师生之间形成了一种以共存、共生、共长、共创和共乐为特征的互促互动关系,它为学生人格的健全、素质的发展创造了良好的外围条件。

具体言之,现代师生关系有以下具体内容:

1. 尊师爱生

良好的师生关系一般都具有相互性,师生间相互尊重、相互关爱,是师生关系良性发展的要求。在学校教育教学活动中,教师尊重学生,学生尊敬老师,教师关心学生,学生热爱老师,是现代师生关系的首要内容。尊师是中华民族的传统美德,爱生是教师的基本职业操守,尊师爱生是师生共同经营好彼此关系的客观要求。师生关系包括两个相互依存的方面:一方面,学生要尊重老师,这种尊重承载着他们对知识的尊重,对教师劳动价值的尊重,又是高素质学生的体现;另一方面,教师要热爱学生,要从教师的职业使命与教育工作的要求出发,对学生予以全身心的关怀与关注,以此来激励学生的学习欲望,鼓舞学生的人生斗志,呵护学生的健康成长。

2. 民主和谐

知识的建构需要民主和谐的教育教学环境,民主和谐是师生关系的主旋律,这是由教育教学工作的属性决定的。在知识学习上,师生之间是共学、共研、共促、共进的关系,是教学相长的关系,民主和谐则是呵护这一关系的直接要求。民主是知识形成的条件,是师生关系的核心内容。它要求课堂上教师要尊重学生的观点、建议、想法与认识方式,要尊重学生发言、思考、探究的权利,及时把学生提出的好观点、好建议纳入教学内容之中。和谐是现代社会的核心价值之一,和谐课堂、和谐教室是教育教学工作顺利推进的要求。无论在师生相处中,还是在课堂论辩中,师生都要坚持和谐为本、以和为贵的原则,尽可能减少冲突,协商解决遇到的问题,努力营造一种愉悦、祥和、温馨的师生情感氛围。

3. 体谅理解

师生之间相互体谅、相互理解,既是一种美德,又是确保师生关系长远发展的需要。在日常教育生活中,教师要体谅学生,理解学生,当学生遇到困难、问题时,教师要设身处地地为他们多考虑,多着想,多为他们想办法、出主意,携手解决面临的各种问题与困难。同时,学生要体谅老师,理解教师在教育工作中面临的苦衷、难题,尽可能学会换位思考,站在教师的角度来思考、理解他们对待自己的言行、态度与要求,以此缩小师生之间的立场差异与认识差异,扩大共识,减少差异,求同存异,促使师生关系良性发展。

4. 严爱结合

严格要求与尊重信任相结合,是现代师生关系的重要内容,是师生共同提高教育教学质量、达成教育目标的基本要求。一方面,"严"是"爱"的体现,教师对学生提出的每一条、每一点严格要求,既是他们对待工作高度负责的体现,又是他们对学生高度关爱的体现,严格要求就是教师对学生传达爱的体现,承载着他们期待学生快速成长、学业有成、人生成功的渴望。另一方面,"爱"是"严"的基础,教师对学生的严格要求是建立在对他们关怀、信任、理解、尊重、关爱的基础上。只有那些相信学生、关爱学生、尊重学生的好老师,才可能向学生提出严格的教育要求。在教育教学活动中,教师只有把对学生的"严"与"爱"辩证统一起来,在"爱"学生的基础上严格要求,用"严"的标准来表达对学生的关爱,他才可能成为一位受到学生爱戴尊敬的好老师。

5. 教学相长

"教学相长"一词出自《礼记·学记》，其中言道："是故学然后知不足，教然后知困。知不足然后能自反也，知困然后能自强也。故曰教学相长也。"就字面上看，教学相长是指教和学、教师与学生之间是互相影响、相互促进、共同进步、共同提高的关系，教学活动只有将教与学、师与生的积极性充分调动起来，教学活动才可能达到一种较为理想的效果。教学是师生间展开的交往、对话、沟通、实践，是以教与学间的交往、互动为内容的双边活动，师生之间的情感、认识、心灵碰撞与交流都是教学活动的重要内容。因此，教学相长要求师生在教学活动中要平等交往，共商学问，切磋经验，努力构建一种相得益彰、和谐共进的关系。

6. 平等信任

在道德上、在法律上，师生间是平等的主体间关系，师生间的人格平等、权利平等，是师生交往中应该坚持的基本准则。在教育教学活动中，教师不能以权威、权力、特权压人，不能控制学生的自由发言、自由学习活动，而应在民主、平等原则的指导下，对学生因势利导，科学指导，促使他们对个人的言行负起责任来，成长为成熟的学习主体。对学生平等相待的基础，是对他们的信任，相信学生能够通过自己的努力解决遇到的学习问题，相信他们具有无限的潜力，相信他们能够在教师的引导下获得更大的进步与发展。这是教师助推学生迅速发展的应有心态与基本立场。对学生的信任承载着对他们发展的无限期待，它好似无声的召唤，激励着学生走向更大的成功与进步。

（四）育人为本的教育思想

教书育人是教育活动的根本内涵，育人为本是整个教育活动的生命和灵魂，坚持育人为本思想与原则，是现代教育的本质要求。

党的二十大报告指出，"坚持为党育人、为国育才"的教育方针，教育工作者要铭记："培养什么人、怎样培养人、为谁培养人是教育的根本问题。育人的根本在于立德。全面贯彻党的教育方针，落实立德树人根本任务，培养德智体美劳全面发展的社会主义建设者和接班人。"所谓育人为本的教育思想，就是指在教育教学活动中，不仅要关注人的当前发展，还要关注人的长远发展；不仅要关注人的智力、体力的发展，还要关注人的全面发展；不仅要关注受教育者，即青少年学习者的发展，还要关注整个社会、整个国家的、人民的身心发展。努力创办人民满意的教育，不断满足国家和人民群众日益增长的对优质教育资源的需要与期待。

具体而言，这一教育思想大致包括以下几个方面：

1. 坚持以学生为本，全面实施素质教育、全面提高教育质量

在教育活动中，育人为本的首要含义是"以学生为本"，是把学生当作一个完整

的人来培育。在课堂教学中,教师不仅要关注部分人的身心全面发展,更要关注全体学生的全面发展,自觉培养学生的创造精神与实践能力,培养学生的自主发展、合作创新意识,着力提高学生服务国家、服务人民的社会责任感,着力提高他们的发展质量与发展水平,使其成为全面发展、充分发展、和谐发展的新一代人。在教育中,落实育人为本精神的核心,就是全面提高教育质量,优质的教育与优秀的人的造就培养之间是一致的关系。

2. 落实全面发展理念,自觉抵制应试教育与功利主义教育观

基础教育要培养的"人"是全面发展的人,这就需要教育理念与教育实践都要坚持全面发展思想,把人的全面发展与进步视为教育的最高目标与根本宗旨。人是社会的主体和中心,教育事业存在的目的是满足人的受教育需要或学习需要,满足人的自我发展要求。满足人的需要,提高人的能力,提升人的品质,实现人的全面发展,是基础教育改革的终极目标,促进人的全面发展与个性发展、人文素养与科学素养同步发展,是现代社会对基础教育的内在期待。在教育实践中,形形色色的功利主义教育理念,如应试教育等,成为实施素质教育、促使学生全面发展的大敌,与之划清界限是教师应有的教育意识。

3. 以满足人民群众的教育需要为教育发展目标

教育的直接服务对象是学生,是受教育者,而其最终服务对象是人民群众,是每一位家长与每一位国民。因此,教育改革与发展的最终目的,是不断满足人民群众日益增长的科学文化教育需要,不断满足人民群众渴望子女接受优质教育的需要,切实保障人民群众及其子女接受良好教育的权益与要求,满足国民的基本学习需要。因此,努力办好让人民满意的教育,办好让人民满意的学校,让教育发展的成果最终惠及全体人民,惠及整个社会,真正体现"人民教育人民办、办好教育为人民"的办学宗旨,是当代我国基础教育改革与发展的根本指向。

4. 确保国民教育机会均等,创建优质均衡的教育服务

教育公平包括教育起点公平、教育过程公平与教育结果公平,公平的教育能够提高国民教育的"绿色指数",增强教育改革与发展的后劲。所谓教育机会均等,就是指人人在教育活动和过程中都享有同等的、优质的教育服务机会。让所有孩子都享有公平受教育的机会,让每个孩子都有机会享有优质教育,是我国教育改革与发展的崇高理想。教育公平是社会主义教育的本质要求,是教育改革的基本目标,确保全体孩子"有学上""上好学",是教育事业改革发展的重要目标。

5. 满足每个学生对教育的个性化要求

教育的最高境界是满足每个学生的个性需要和他们的期望,努力创造个性化教育,为每个学生的最好发展创造条件。这是育人为本教育思想的最高体现。每个学

生都有自己的独特个性、爱好、兴趣,都有自己独特的发展要求,我国基础教育应该自觉创造个性化的教育,为每个青少年的个性化发展提供最有力的教育支持。

> **小知识**
>
> 2020年,中共中央 国务院印发《深化新时代教育评价改革总体方案》,明确了"破五唯"的教育评价改革方向,其中指出:"国家制定义务教育学校办学质量评价标准,完善义务教育质量监测制度,加强监测结果运用,促进义务教育优质均衡发展。""普通高中主要评价学生全面发展的培养情况。国家制定普通高中办学质量评价标准,突出实施学生综合素质评价、开展学生发展指导、优化教学资源配置、有序推进选课走班、规范招生办学行为等内容。"

三、追求幸福的职业观

幸福是人处于美好生活之中并伴有积极情感体验的一种生存状态。这种"积极情感体验"就是幸福感,它是人融身于美好生活之中油然而生的一种感受,是幸福来临的直接标志。追求幸福是人活着的价值所向,追求职业幸福是教师从事教育工作的内在目的。教师的幸福包括教师作为个体人的幸福,与教师作为职业人的幸福,尤其是教师职业幸福的获得是教师生活幸福的重要来源。教师的职业幸福感,一方面,来自对自身职业责任,即教书育人责任的承担与履行;另一方面,来自对教书职业价值与意义的理解,来自其实现自身职业价值后感受到的满足感、成就感与意义感。追求职业幸福是教师职业观的根本内涵。

(一)理解教师职业

教师是形形色色职业中的一种,是担负着特殊的社会职能,并对从业者具有特殊资质要求的一个行业。对个人而言,职业是一种社会责任与专门事务,是个人在社会上扮演的角色、承担的责任;对社会而言,职业是一种社会分工、社会行业类型,是社会分领域、分行业存在的一种形态;对教师职业功能而言,它是社会行业与个体角色的统一,是教育事务与工作职责的统一,对教师职业的完整理解,必须从上述两个方面来思考。

1. 教师职业是承担着文化传承、社会进化、社会再制等职能的特殊行业

每个行业在社会中都有着特殊职能。例如,医生行业的特殊职能是救死扶伤、挽救生命;律师行业的特殊职能是维护社会正义,弘扬法制精神;农民行业的特殊职能是开展农业生产,确保粮食供应;等等。围绕这些行业,一系列的相应职业,如医生、律师、农民等都得以产生。教师职业的产生是教育行业发展的结果,教师职业为社会提供的独特社会服务,是传承人类社会文化、精神文明与科学知识等社会遗产,确保整个社会在原有基础上持续改进、结构优化,促使社会在继承最优秀社会遗产的基础上继续向前发展,保持积极、正向、健康的发展势头。

2.教师职业是以教书育人为主业的专门工作

对每个教师而言,教师职业的核心内涵是教书育人。这既是教师的主要工作,又是教师服务社会的直接途径。每一位教师都必须承担教书育人的具体工作,如开展教学活动,进行班级管理活动,承担各种德育事务,开展家访等家庭教育活动,等等。这就需要教师掌握专门的知识,具备专门的技能,具有积极的教育观念与科学的价值观,承担起教育责任。教师职业的具体内涵就是,教师通过科学、合理、创意的教育教学工作,为社会培养出合格的各行业人才,以此促进社会的变革与发展。

(二)教师的职业责任

教师的职业责任是指教师在职业生涯中必须承担、履行的职能与责任,是教师作为职业人必须承担的特定社会责任与工作内容。教师的职业责任是为社会培养新人,通过教书育人的实践来为社会培养合格的国民,为各项社会主义建设事业培养后备军、建设者与接班人。2018年9月10日,在全国教育大会上,习近平总书记指出:"教师是人类灵魂的工程师,是人类文明的传承者,承载着传播知识、传播思想、传播真理,塑造灵魂、塑造生命、塑造新人的时代重任。"对社会发展而言,教师职业绝非可有可无,而是对人类社会进步、文明进化不可或缺的一个行业、一种工作。教师职业的社会责任是明显的,它是确保社会正向发展、自觉建构的重要依托,教师职业是社会发展链环上的一个重要节点。教师的职业责任体现在以下几个方面:

1.塑造人类灵魂

教师是人类灵魂的工程师,这是教师职业的基本责任。教师职业存在的目的之一是,使人类和自己都变得更美好,让人类社会发展更加符合人性的要求。教师职业是促进人类发展人性化、人文化的重要支撑点。在人类社会延续中,教师职业是人类精神文明的直接创造者,是掌控人类发展方向的特殊职业,教师就是人类灵魂的塑造者与培育者。

2.延续文化文明

教师是人类文化的继承者与传递者,在人类社会的延续与发展中,起着承前启后、继往开来的纽带和桥梁作用。从文化传承角度来看,教师职业肩负着继承人类既有文化遗产,并对之进行选择性传递的职能。所谓选择性传递,就是对人类文化遗产筛选、扬弃,就是选择文化遗产中的精髓与优秀成分,对之进行自觉传播,促使民族文化发扬光大。通过这一途径,教师职业就成了人类社会文化发展中的"中转环节",担负着社会文化"守门人"的重要角色。

3. 传播社会正向价值观

教师是社会正向价值的引导者与示范者,担负着人类潜能开发和灵魂塑造的重任。教师在选择优质文化加以自觉传播的同时,还在积极倡导着一种正向价值,引领着整个社会不断走向文明、进步、和谐。如果说,任何一种教育活动的共同要义就是向社会注入一股正能量,那么,教师正是这一正能量的激发者与注入者。教师在学校、在社会中主张的一定要是正向、积极、健康的价值观,他们是先进社会思想、社会意识的创造者与传播者,时刻在用自己的言行传达着这种价值观念,引导着整个社会的走向。在课堂上,教师不仅在开发新生一代的智慧潜能,还在塑造一代人的灵魂与精神,向他们播种美德、尚美、求真、进取、正义、和谐、良知的"种子"。

4. 建构社会公共生活

在社会中,教师不仅是先进思想、价值观念的创造者与宣传者,更是社会生产、生活的重要参与者与公共社会服务的提供者。每个人都生活在三种生活形态中,即私人生活、职业生活与公共生活。相对而言,私人生活主要由每个人自己去打理,职业生活主要由各种企事业单位去管理,而公共生活则主要由社会公共机构与教育事业单位去负责。教师职业通过对学习者开展公共教育,如公共生活美德教育、公共秩序教育、公共精神教育,通过自己作为公民表率角色的扮演等,可以促使整个公共生活向着社会期待的健康方向发展,催生出更为理想的公共生活形态。这种建构公共生活的途径与法制、行政等强制途径相比,具有难以比拟的优势,它能够让公民在自觉遵守公共生活的规则中促使社会健康、和谐、持续发展,能够大量节约社会公共生活管理成本,营建一种相互关爱、相互尊重、相互理解的社会氛围。

5. 为学生传道、授业、解惑

韩愈在《师说》中指出,师者,传道、授业、解惑也。这是教师在课堂教学中要承担的基本职业责任。教师的天职是教书育人,教书育人的基本形式就是在课堂上面对学生做好"传道、授业、解惑",在此过程中教育学生、发展学生、引导学生,促使他们人格完善、道德谐美、知识丰富、智力增长、能力提升,成长为合格的社会公民与各行业的专业人才。

总之,教师是人类文明的播种机,是人类灵魂的工程师。教师职业铸就着一个社会、一个民族的脊梁与风骨,它的发展关系着整个人类社会的繁荣与发展,教师职业存在的社会意义正在于此。

(三)教师职业的价值

教师职业的主要价值在于追求职业生活的幸福,与此同时,也让自己的职业生活充满光彩。教师职业是奉献与索取、社会价值与个体价值的统一。教师职业价值,既体现在为人类进步、社会发展、学生成长所做出的贡献上,也体现在教师从社会所获得的各种物质待遇、经济报酬与精神荣誉上。它体现为两个不可分割的方面:一方面,教师在职业岗位上辛勤工作,可以获得社会的认可、国家的报酬、学生和家长的尊重,满足其个人物质生活、精神生活的需要,体现教师个人的社会价值;另一方面,教师在职业生活中还可以在奉献社会、奉献国家、奉献学生中获得职业生活的价值感,找到生活的意义感,尤其是当教师看到桃李满天下时,一种职业的自豪感、幸福感会油然而生。党的二十大报告中指出,"坚持以人民为中心发展教育,加快建设高质量教育体系,发展素质教育,促进教育公平"是新时代中国是教育现代化的核心任务,这一任务的担当者正是人民教师。

可见,教师职业的价值是个体价值与社会价值、索取与奉献的有机统一。这些职业价值的实现统一于教师的教育实践中,统一于教师的平凡职业生活中。作为一名人民教师,只有不断学习,更新理念,创新教学方式,提高专业素养,才可能在平凡的岗位上为社会做出更大的贡献,同时,在这一过程中收获教育工作的成功感、成就感与幸福感。教师个体的专业素养与其劳动价值大小成正比例关系。相对而言,教师的职业价值主要体现在社会价值上,即教师工作对社会发展所做的贡献上;教师工作的个体价值,即教师个人从教师劳动中收获的待遇、利益与体验从属于社会价值。教师职业的社会价值更为重要,奉献社会,无私无隐,心系民族,是教师职业崇高使命感的体现,也是教师职业之所以能够赢得社会敬仰与尊重的原因之一。教师职业的社会声望之所以高于一般职业,其原因就在于此。这是教师职业的特殊性所在,它是由教师职业价值的特殊体现方式决定的。

【同步练习】

(一)单项选择题

1.下列关于素质教育的表述中,不正确的是(   )。

A.素质教育更要重视德育

B.素质教育主要适用于基础教育

C.素质教育应遵循教育规律

D.素质教育不要求学生平均发展

【参考答案】B

【题目解析】1999年,中共中央、国务院《关于深化教育改革全面推进素质教育的决定》中明确指出:"实施素质教育应当贯穿于幼儿教育、中小学教育、职业教育、成人教育、高等教育等各级各类教育,应当贯穿于学校教育、家庭教育和社会教育等个方面。"因此,素质教育并不是主要适用于基础教育,初等、高等教育也适用。(NTCE –

2019-2)①

2. 开学了,为把素质教育落到实处,某中学语文老师为同学们确定了学期素质教育目标每个月读一本名著、识两位名人、听三首名曲、品四幅名画、背五首古诗。该老师的做法(　　)。

A. 干扰了学生学的节奏　　B. 优化了学生学习的方法
C. 窄化了素质教育的内涵　　D. 指明了素质教育的途径

【参考答案】C

【题目解析】素质教育理念的核心是:以面向全体学生、全面提高学生的基本素质为根本宗旨,以注重培养受教育者的态度、能力、促进他们在德智体等方面生动、活泼、主动地发展为基本特征的教育。显然,该教师的做法源自其对素质教育的狭隘理解,是对素质教育机械化、简单化地理解。(NTCE-2020-2)

(二)材料分析题

【材料】某老师刚工作就担任了副班主任,该老师对学生很"宽容"。有的学生偏科,他说:"没有关系,很多天才都偏科。"有的学生不喜欢体育锻炼,他也表示理解:"人有自己喜欢的事情,也一定有自己不喜欢的事情,不可能什么都喜欢。"

该老师很喜欢学习成绩好的学生,经常召集这些学生谈话,告诉他们要有远大理想,并引导他们树立正确的人生目标。对于成绩不太好的学生,他也不加干预,还说:"学习上的差异古今中外都存在,十个手指头还不一样长呢!"班主任与该老师商量,打算分头联系家长,了解学生的基本情况,敦促家长为学校工作提供支持。他觉得没有必要,理由是:"家长平时都很忙,我们应该理解家长。教育孩子是我们老师的责任,不能给家长增加负担。"很多老师对该老师的做法不理解。

【问题】请结合材料,从教育观的角度,评析该老师的教育行为。

【参考答案】

该老师的教育教学行为是不正确的,违背了素质教育的基本要求。素质教育的根本内涵是:面向全体学生,促使学生全面发展,重点培养学生的社会责任、创新精神与实践能力,促使学生全面、主动、充分、个性化、可持续地发展。在材料中,该老师的行为显然违背了这一要求。

(1)违背了素质教育的全体性要求。素质教育必须面向全体学生,提高全民素质,每个公民都有通过正规或非正规途径接受一定时限、一定程度的基础教育的权利与义务。该老师只关注成绩的好学生,忽视了其他学生,违背了"全体性"的要求。

(2)违背了素质教育的全面性要求。我国教育方针是促使学生德、智、体、美、劳

---

① 注:"NTCE-2019-2"意指"2019年全国教师资格证考试下半年试题",以下同此。

等方面全面发展。该老师认可学生的偏科,忽视学生其他方面的发展,显然不符合这一要求。

(3)违背了素质教育尊重学生个性、因材施教的要求。该老师只看到学生的差异性,但没有做到针对学生的差异与特点进行因材施教。

(4)忽视了素质教育的重点环节——社会责任、创新精神和实践能力的培养。家校合作是实施素质教育的有效途径之一,建议该老师秉承素质教育精神,加强与家长之间的联系,共同促进学生的健康成长。

【题目解析】本题目侧重考查素质教育的含义、理念、实施等内容,需要学习者在理解其内涵基础上灵活应用于教育实践、教育工作、教育问题,学习者应该对素质教育的理解达到融会贯通的学习水平,而不能停留在浅层学习的层次上。(NTCE - 2020 - 2)

【阅读链接】

1. 朱旭东. 教师专业发展理论研究[M]. 北京:北京师范大学出版社,2020.

2. 王帅. 教师专业发展:标准、内容与向度[M]. 北京:科学出版社,2020.

3. 黄全愈. 素质教育在美国[M]. 武汉:长江文艺出版社,2017.

4. 弗雷斯特·W. 帕克,斯坦福. 如何成为优秀的教师[M]. 朱旭东,译. 北京:中国人民大学出版社,2014.

5. 龙宝新. 论国外教师专业发展的理念、形态与模式类型[J]. 外国中小学教育,2016(5):49 - 57.

6. 教育部颁布的《中学教师专业标准(试行)》(2012)。

【创意实践】

小组合作完成本任务:访谈一位身边的教学名师,分析其核心素质构成,然后借助某一事物原形绘制出一份优秀教师素质结构图。要求:绘图原形具有一定创意与科学性,具有强烈的直观性与表现力。

第二章　教师专业发展

教师专业化的另一个重要组成部分是教师个体的专业化，即教师专业发展。经由教师专业发展走向专业上的成熟、成功，形成专业上的成就、声望，是现代中学教师的一般成长之路。

教师专业发展是教师学习、研究、实践的内核。了解教师专业发展的内涵、阶段、途径、方法，是现代中学教师科学驾驭自我成长进程的入手点。

第一节　教师专业发展概述

智慧起点

> 鲁国有个人善于编织草鞋，他的妻子善于纺纱，他们想一起迁徙到越国。于是就有人告诫他："你一定会受穷的。"鲁国人就问："为什么？"那人说："草鞋是用来穿的，但越国人却赤脚走路；纱是用来做帽子的，但越国人却披头散发不戴帽子。你们虽然有专长，但迁徙到没有用途的国度，想不受穷，这可能吗？"鲁国人就反问他说："到了不用我们专长的地方，我们可以引导他们穿鞋戴帽，随着用途的不断推广，我们怎么会受穷呢？"
>
> 同学们，只要具备了教学专长，你就能在教育领域找到自己的人生舞台！

一、教师专业发展的含义

教师专业发展，是指教师作为专业人员通过学习、实践、研究等途径，不断改进自己的专业思想、专业品性、专业道德，提高自己的专业知识、专业能力、专业智慧，强化自己的专业使命、专业信念、专业情操，促使自身综合专业素养不断完善，实现由新手向专家型教师转变的过程。

在专业发展过程中,教师要完成的基本任务是:

其一,理解学生的心性特点与学情,调整自己的专业认识与思维,努力形成最合理的教育策略与教育行为,培养自身的教学专长,成就名师的专业追求。

其二,形成并更新教育教学理念,丰富专业认识,提高教育理论修养,形成科学的教育思想与教育立场。

其三,发展应对具体教育情境、问题的能力与智慧,形成一定的教育教学实践应变力或教育智慧,实现教学活动的游刃有余。

其四,培养对教育事业的情感、信念与情操,努力形成积极的教育人生观与教育价值观,提升对教育事业的认识境界。

二、教师专业发展的一般阶段

（一）五阶梯式发展阶段

叶澜教授在《教师角色与教师发展新探》一书中,把教师专业发展过程细分为五个阶梯式发展阶段,即"非关注"阶段、"虚拟关注"阶段、"生存关注"阶段、"任务关注"阶段、"自我更新关注"阶段。这五个阶段中,教师在专业发展上的关注重点是有差异的。

1."非关注"阶段

本阶段处在预备教师接受师范教育之前,是教师专业定向尚未形成的阶段。在该阶段,预备教师无意识中以非教师职业定向的形式形成了较稳固的教育信念、教育认识,以及与教育教学专业能力密切相关的一般能力。

2."虚拟关注"阶段

本阶段特指预备教师的师范学习阶段,因为在虚拟的专业学习环境中,师范生缺乏特殊的专业发展支持环境,如学校教育教学环境、教育文化生态等,师范生自我专业发展意识淡薄,如果参与实习、实训、实践期限较长,师范生可能出现教师专业自我意识的萌芽与启动教师专业发展进程的要求。

3."生存关注"阶段

本阶段是指初任教师阶段,这是教师专业发展的关键期,突出特点是骤变与适应,它需要新教师实现由师范生到正式教师的角色的巨大转换,需要克服对教育教学实践的不适应。在该阶段,教师由于专业化水平还很不成熟,他们中多数是刚参加工作的青年教师,所以,在工作中很关注自己的教育教学、班级管理、家长工作等在同事和领导中的影响,尤其是关注领导的评价。

4."任务关注"阶段

本阶段是教师专业结构诸方面持续稳定发展的阶段,由关注自我生存转向追求更好地完成教学任务。此时,教师积极主动地寻求各种教师专业发展活动,以获得职业的升迁和更高的外在评价。在该阶段,教师对教与学如何体现新课程的精神会进行探索,但对身边的教育教学事件、教学问题缺少研究的热情,容易满足现状,缺乏改进意识和追求专业成长新目标的动力,其专业水平处在中等层次。

5. "自我更新关注"阶段

在本阶段,教师的专业发展动力转到了专业发展自身上,而不再受外部评价或职业升迁等因素的牵制,直接以专业发展为指向。在该阶段,教师在工作中能积极关注学生是否获得有效发展,自己能否对教学问题提出改进的方案,能否从自身的教育实践中寻找研究课题,他们渴望成为研究型教师,专业水平与成就欲望较高。

(二)教师发展三阶段:新手—熟手—能手

连榕老师对教师专业发展的认识,在国内具有一定的代表性。他认为,教师专业成长过程大致可分为三个阶段,即"新手—熟手—专家型教师"[①],新手向专家型教师发展过程所必经的关键阶段—熟手阶段,是教师专业发展的关节点。这三个阶段中,教师专业生存与发展状态是不一样的。

1. 新手型教师阶段

该阶段一般是指教龄在入职到工作五年之间、职称三级(包括三级)以下青年教师的专业发展阶段。本阶段中,教师在教学策略上以课前准备为中心,尚未真正地进行课后反思,处于关注自我生存的动机阶段,他们的职业承诺水平低,一旦遭遇挫折,容易出现精神疲惫的状态。

2. 熟手型教师

该阶段是指介于新手与专家之间、教龄在六到十四年间、参加过骨干教师培训班的教师所处的专业发展阶段。在该阶段中,熟手型教师专业发展的主要特征是教学策略水平较高,能够灵活运用各种教学策略,并能够根据课堂实际情况,对教学计划和行为适当地做出调节和控制,成就目标以任务目标为主,处于职业的高原阶段,容易产生烦闷、抑郁、无助、疲倦、焦虑等消极情绪。

3. 能手型教师

该阶段是指教龄在十五年以上且具有特级教师资格或高级职称的教师所处的专业发展阶段。本阶段中,教师的教学策略主要体现为课前的精心计划、课中的灵活应变和课后的认真反思,善于通过对教学的反思来提高自己的教学能力,具有强烈且稳定的内在工作动机,处于职业的升华阶段,具有良好的职业承诺,职业倦怠感较低,对教师职业的情感投入程度高,职业的义务感和责任感比较强。

---

① 苏秋萍.教师专业发展阶段论对教师教育的启示[J].广西教育学院学报,2009(06):46-49.

> **小知识**
>
> 心理学家曾做过这样一份调查报告:一个人如果要掌握一项技能并成为专家需要不断地练习一万个小时。我们可以算一笔账,对于一项技能,如果我们每天坚持练习5个小时,每年按300天计算的话,那么在第七年的时候,一个人才能真正地精通这项技能。……心理学家指出,一个人在保持专注的前提下,人的大脑就会对某一知识或技能进行感知、记忆、思维、认知的活动,而大脑要真正地熟知和掌握这一活动的内部规律,大约需要一万个小时,这就是所谓的"一万个小时定律"。我们日常生活中所遇到的多数天才都是专注的结果。按照这一定律,我们都可能成长为教育专家,只要我们足够的专注!

▶▶ 第二节 教师专业发展的途径与方法

> **智慧起点**
>
> 听听于漪老师的成长故事:她会为了一堂完美的语文课,用格物致知的探索,血肉交融的感应,砥砺前行,以致一位青年老师从1976年开始,听了3 000节于老师的课,都没有发现她上课有过任何重复的内容,哪怕是一篇课文教第二遍、第三遍,都没有重样。
>
> 请问同学们,要成为一名"于漪式"教师,我们需要经历哪些修炼?

一、教师专业发展的途径

(一)专业学习

教师专业发展的一般路径是进行专业学习,专业学习是教师完善其专业素养的常见渠道。任何人要发展,要成熟,就必须参与学习活动,投入到学习过程中去。在专业发展中,教师学习的方法、对象、内容、方式是多样化的,他们可以向教师学习,向本专业同学学习,向教育对象——学生学习,可以学习书本知识,学习实践经验,学习教学基本功——三笔字（粉笔字、毛笔字和钢笔字）、简笔画、普通话、课件制作，学习专业知识（包括学科专业知识与教育专业知识），学习广博的文化知识——人文史地知识、科普知识、安全知识等，可以在课堂中学，在实践中学，在生活中、在反思中学习，可以自学，向他人学习，等等。教师开展专业学习的样式是丰富多彩的，教师学习的空间是无限的，专业学习的道路是无止境的。它是教师走向职业成熟、事业成功的阶梯。

（二）同行交流

教师完善其知识结构的另一重要途径是，开展专业共同体内的经验交流。交流是实现教师专业知识增长、专业素养结构合理化的有效方式。从某种意义上说，同行交流就是一种无意识地学习，一种随意学习。同行专业交流，是两个或几个人在一起相互倾诉、交换观点、探讨问题、商讨对策、分享经验的一种对话活动。交流的内容几乎是无所不包的，有关教育活动的认识、体验、感受、考虑、见解、突发奇想等，都可以交流；交流的形式也是多样化的，可以搞研究会，开座谈会，举办沙龙，开经验交流会，举办各式各样的party，等等。同行交流是教育观点、经验、智慧的碰撞，可以促成教育创见的诞生，是新教育思想的摇篮。在专业社群中，教师应该举行各种形式的讲坛、论坛、沙龙，并邀请相关教育人士、学者参加，以此来创造良好的交流平台。同时，学校还可以利用丰富的网络资源，在校园网上或专业社区内开展专业交流。开办网上虚拟社区、QQ群、教育博客、师范专业网站等，已经成为现代教师专业交流的重要形式。

（三）教育实践

教育工作是一项实践性很强的工作。将专业知识灵活地应用于实践，形成丰富的实践性知识与专业实践能力，是成就教学名师的必经环节。对教师来说，参与教育实践，获得相关实践性知识，是其专业持续快速发展的重要路径。在专业发展中，教师仅仅习得了大量教育教学理论知识，是难以适应教育工作要求的，因为这些理论知识只有在被灵活运用之后，才能转化成为一种"活"知识，成为一种能够对提高教学质量产生直接效能的知识。否则，教师所拥有的教育理论、专业知识极有可能退化为"本本式"的教条，难以走进鲜活的教育实践领域，转化成为教师的专业实力。一句话，参与实践是教师将知识变"死"为"活"，增强知识的灵活性和适应性的必经之途。

（四）工作研究

教师所需的一切知识并非都来自其专业教师的传授，这些知识中的相当一部分实际上来自教师自己的创造和发现，这就是研究与反思。其中，研究是教师借助于既有的研究资料、信息情报来发现新知识，获得新认识，积累专业经验，是教师在探索教育问题的过程中获得教育知识的一种方式。所谓研究,就是在搜集有关教育资料的基础上通过细心揣摩、探索思考、实验分析、数据处理等方式,来获得对教育问题的新见解的过程。在教育实践中,教师经常进行的研究形式是课堂观察、行动研究与课例研究,他们是教师专业发展的加速器。与学习不同,研究活动中获得的知识常常是没有定论的知识,是有待于实践者继续去验证的知识,而课堂学习活动中获得的知识,一般是人们已经达成共识、形成定论的知识,是他人发现、探究得来的知识,这些知识与教育工作者自身经历之间常常有一段距离。因此,教师还必须自己参与研究活动,学会利用科学的方式来探索、研究教育现象,以获得大量生动、鲜活的知识。

二、教师专业发展的具体方法

教师专业发展的途径较为宏观、概括,而教师专业发展的方法较为具体、灵活,便于随机组合、选配,可以说,这些方法就是教师专业发展的具体途径。在教育实践中,教师常用的专业发展方法主要是以下十种,值得广大中学教师去关注。

（一）校本教研

校本教研是教师圈子中最为常见的一种教师专业发展方法,是学校开展日常教研活动的常见形式。校本教研,即学校根据自身教育教学改革的需要及存在的现实教育问题,借助教研组全体教师的力量开展合作研究,以此推进学校教育教学工作改进、质量提升的一种教师群体专业发展形式。

所谓校本,其基本含义是以校为本,即"基于学校、在学校中、为了学校",一切研究课题的选择都是学校教育教学中面临的真问题,所有研究力量都来自学校每一位教师,这些问题解决的直接受益者是学校自身。校本教研的优势主要体现在"三个便于"上,即便于开展中学教育教学中面临的共同教育教学实践问题的联合攻关,便于提升学校整体的教育教学改革实力,便于开展学校层面的专业研究协作。

（二）业务培训

所有新教师都必须在参加学校组织的一系列业务培训后,才能进入学校正式开展工作;每遇到一次全国性的教育教学改革时,教师一般都要通过参加业务培训,来获得最新的教育教学改革要求与改革理念;在入职后,教师也必须参加形形色色的教师业务培训,如"国培""省培"等,来持续提高自己的专业水平。因此,参加业务培训是学校经常采用的一种教师专业发展方法。教师业务培训的内容几乎无所不包,从专业知识到专业技能,从专业理念到专业信念等,教师在教育教学实践中所需的所有专业知识、技能、信念等,都可以经由这一途径来获取。

> **小知识**
>
> **2020年教育部《培训指南》中规定的中小学教师培训活动**
>
> | 序号 | 培训指南名称 | 培训内容规定 | 培训流程设计 |
> |---|---|---|---|
> | 1 | 《新教师入职培训指南》 | 职业领悟与师德践行
教学常规与教学实践
班级管理与育德体验
教学反思与教研基础
教育理论与专业知识补偿 | "需求诊断、集中研修、跟岗学习、在岗实践" |
> | 2 | 《青年教师助力培训指南》 | 师德修养
专业理念与学科知识
学科育人与教学反思
信息技术与学科融合 | "诊断示范、集中研修、研磨提升、规划成长" |
> | 3 | 《骨干教师提升培训指南》 | 职业信念与教育情怀
教学创新与学生发展
信息素养与技术应用
教学反思与教学研究 | "能力诊断、集中培训、名校访学、实践创新、总结提升" |
>
> （资料来源 根据教育部官网资料整理）

（三）师徒制

师徒制，即新教师拜学校中的优秀教师为师，以接受优秀教师"身教"的形式展开的一种教师专业发展方式。对业务上尚不精通、不成熟的新手教师而言，拜优秀同行为师、直接学习他们的先进经验，无疑是一种颇为有效的教师专业发展方法。该方法的最大优点是，教师能够从优秀教师那里习得一些专业的诀窍与隐性的经验，尤其是那些连优秀教师自身也难以言明的专业实践智慧。言传不如身教。作为一种古老的教师专业发展方式，师徒制在当代教师专业发展领域再度受宠，成为初任教师专业发展的一种重要途径。

（四）课堂观摩

在学校中开展课堂观摩活动，进行课例研究活动，是教师专业发展的最常见形式之一。在中学，教师开展每周教研活动的常见形式就是课堂观摩，它是促使教师迅速成长成熟的好方式。在课堂观摩中，所有教师围绕一位教师的全程授课活动开展听课、评课、研课、磨课活动,教师能够从中习得大量有用的实践知识与工作经验,能够及时从中凝练教育认识、升华教育信念。

> **小知识**
>
> **课堂教学切片诊断:一种全新教师磨课方式**
>
> 第一步为初步"切片"。初步"切片"环节就是以人工观察与录像观察两种方式进行课堂观察,记录值得分析的教学行为片段,为真正的"切片"分析做准备。
>
> 第二步为选取典型"切片"。这一环节是在初步"切片"的基础上,借助剪辑软件把典型的、值得分析的教学片段截取下来。典型切片又分为优秀典型片段与不足的典型片段两类。
>
> (资料来源 魏宏聚."教学切片":细节剖析促教改[N].中国教育报,2015-9-9.)

(五)课例研讨

课例研讨是中学中较为常见、简单易行的教师专业发展方式。所谓课例,就是教师授课中的一个相对完整的单元或片段。它是教师课堂教学现状全面、直观、生动的反映,是一线教师喜闻乐见的研究素材,是教师开展课例研讨的物质依托。一个完整的课例是对教师授课全程的记载与再现,是优秀教师成功教育教学经验的集成,是普通教师自我反思、相互交流的物质依托。课例研讨是教师共同体在一定理念的指导下,针对教师课例的实录、视频、录音等进行全面分析,从中发现教育教学问题,探究课堂教学改革的方向与思路的研究活动。显然,作为一种工作研究形式,课例研讨具有以下优点:教师对此方式非常熟悉,便于开展专业对话,研究的理论性层次较低,教师参与度高,易于从中直接汲取专业发展所需的实践性经验。教师开展课例研讨时,要遵循一定的程序,即"授课教师说课—教师群体研课—课堂教学改进建议与经验形成",顺着这一程序开展课例研讨,是教师专业发展的一条快速通道。

(六)教学反思

没有反思,就没有发展,没有进步。因此,波斯纳给出了一个著名的教师发展公式:教师成长=实践+反思。在教师专业发展中,反思是一种"元认知",是教师省视自己的学习活动,回顾自己的教学实习、实践,建构实践性知识的重要途径;是他们体察自我、观照自我、审视自我,发现自己知识结构缺陷的有力武器。

在专业实践中，教师进行反思的方式主要有三种：其一，是对自己学习方向及过程的反思，即反思自己的学习内容、方式是否有效、合适、科学，是否需要调整和改进；其二，是对自己知识结构的反思，即及时对照教师职业需要，来审查自己的知识结构是否与之相适应，从而发现自己知识结构的误区和偏差，及时补充欠缺的知识，使自己的知识结构逐渐符合教育工作的需要；其三，是对自己教学实践的反思，其目的是形成实践性知识。与书本知识不同，实践性知识具有个体性、经验性、情境性，用语言难以对之进行准确的表达、言明，是一种心领神会却不可言传的知识。这部分知识的获得，主要是通过教师对教学经历、实践的反省和对自己教育教学经验的总结。

（七）同课异构

同课异构是教师最为熟悉、最为喜爱的一种教师专业发展方式。所谓同课异构，是指不同教师在不同班级、不同时间、不同课堂环境中开展同一节课的授课活动，进而形成同一节课的多种授课实例，在此基础上，教师群体通过相互对照、比较、研讨的形式，来探讨不同教法的优劣，从中获得课堂教学的规律性认识或科学经验的一种研究活动形式。这种教师专业发展方式具有以下优点：同样的授课内容，不同的授课教师，不同的教法，便于回避不同授课内容对评课活动的影响，得出的研究结论较为客观、实用、有效。教师在开展同课异构时，可以遵循以下程序，即"确定教学内容—不同教师授课—教师群体研课—形成教改经验"。经常开展同课异构活动，相互切磋教学艺术，教师就能够在日常实践中确保专业上的迅速成长。

（八）小课题研究

小课题研究是近年来较为流行的一种教师专业发展方式，是我国各地教育行政管理部门正在大力推行的一种教师工作研究形式。小课题，也叫微型课题，即问题小、变量少、涉及范围窄、研究情境具体，一般教师就可以在小范围内、在自己能力可驾驭的范围内独立组织开展的课题。小课题研究之所以在教师中较为受宠，是因为它具有开口小、易开展、周期短、见效快等特点。[①] 这种工作研究的一般组织方式是，由教师结合自己的工作实际提出小型研究课题，再向上级教育行政部门或学校提出课题研究申请或计划，并定期开展研究活动，形成研究结论，及时转化为实践研究成果。

小课题研究步骤一般采取规范的课题申报程序进行，即上级部门发布研究规

---

① 肖安庆,张圆.小课题研究的"大问题"：综合实践活动小课题研究的问题与对策[J].素质教育大参考,2012(11):19-22.

划—教师提交小课题申请—课题管理部门评审筛选—发布评审结果—正式开展研究。当然,教师也可以在校内广泛开展小课题研究,不一定要通过上级教育行政部门立项的形式来进行。可以说,这是教师学会开展正式课题研究的平台,是一种卓有成效的教师专业发展方式。

(九)行动研究

行动研究是指教师针对自己在课堂上遇到的问题来展开研究的一种工作研究方法,是一种将课堂改革行动与课堂问题研究合二为一的研究方法。这是在中学教师专业发展领域中最为基本、最为重要的一种专业发展方式。教师行动研究的基本做法是教师边工作,边实践,边研究,研究的出发点是课堂教学中的现实问题,研究的途径是在教学过程中对研究对象进行干预,研究目的是改善自身教学行为。

教师开展行动研究的基本思路如下:

其一,教师成为研究者。其意即教师发展的目标是成为研究型教师。此处的"研究"主要是指行动研究。教师既是教学活动的行动者与实施者,又是教学活动的研究者与亲历者。这种研究方法持续使用的结果就是教师也成了成熟的教学实践研究者,教学活动与研究活动实现了双赢式发展。

其二,尊重实践成师的规律。优秀教师是在实践摸索、实践改进中成长起来的,在实践中获得的经验、体验、教训、智慧是教师走向成功的逐步积累。行动研究本身就是一种教育实践。教育实践是教师专业研修的大学校,在实践反思、实践揣摩中积累实践经验,发展实践专长,是教师专业成长的日常渠道。

其三,追求教育实践的合理性。行动研究追求的是教师教育实践活动的合理性,而非教育理论体系的合理性。合理性是理论合理性与实践合理性的统一,是合规律性、合目的性、合现实性的统一,行动研究中,教师追求的是现实合理性。进而言之,教师的教育行动是在一定教育情境、教育情势、教育时机中发生的,与这些情境、情势、时机相契合,是判断这种教育行动合理性的标准之一,这就是实践合理性。行动研究能够促使教师的教育行动获得这种合理性品质,据此提高教师的专业发展水平。

(十)E-learning

E-learning,即网上学习或在线学习。这是教师借助网络开展专业学习活动的一种现代教师专业发展方式。在当前,各种各样的教育网络是教师学习资源的宝库,引导教师经常上网收集相关学习资源,开展自助式学习活动,教师的专业发展就能够突破时间与空间的局限,迅速习得大量的专业知识与经验。开展 E-learning 是当代教师专业发展中较为流行的一种方式。

> **小知识**
>
> 【业本学习】一位新教师就学生出现的问题与家长面谈后,学生表现更差;一位教师把一项蕴含丰富的教学理念,简单化理解、操作了……出现这些问题后,如何促进教师专业成长?业本学习作为一种学习实践形式,强调"需求为本,关注差异,立足实际,协商合作",关注教师主体性的回归和自我需求的生发,关注教师工作实践和问题解决。因此,在中小学教师专业成长中,也可以发挥一定作用,成为未来中小学教师专业成长的新路径。

> **小知识**
>
> 业本学习正好能够满足教师自下而上学习与发展的需要,又能满足学校校本发展的目标要求。以人为中心的发展强调学校不是以学生的知识增长为核心,而是以促进师生的可持续发展为目标。
>
> (资料来源 吕晓娟.业本学习 教师专业成长的新路径[J].中国教育报,2015(12).)

【同步练习】

单项选择题

1. 肖老师认为:"教师在课堂教学中不能只关注学生学科层面知识,还有关爱学生,建立和谐的师生关系。"她在日常工作中也以此为行动指南,这说明肖老师所处的教师专业发展阶段是(　　)。

A. 虚拟关注阶段　　　　B. 自我更新关注阶段

C. 生存关注阶段　　　　D. 任务关注阶段

【参考答案】B

【题目解析】本题考查的是叶澜教师成长的五阶段论,其中处于自我更新关注阶段的教师,专业发展的动力转移到了专业发展自身,而不受外部评价或职业升迁的牵制,直接以专业发展为指向。题目中肖老师关爱学生建立和谐的师生关系,体现了自我更新关注阶段的发展特点。(NTCE-2019-2)

2. 每周五,崔老师都会带领老师们研讨并反思学校教学中出现的问题,经常通过电子邮件、电话和登门拜访等形式向大学教授请教,或是与校外名师共同探讨,以找到解决问题的方法。该做法体现的教师专业发展途径是(　　)。

A. 校本研修　　　　　B. 自主学习

C. 行动研究　　　　　D. 专业支援

【参考答案】B

【题目解析】自主学习是现代中小学教师较为常用的一种教师专业发展途径,其一般进行方式是教师根据个人发展要求来搜索学习资源、参加学习活动,针对性开展教师专业发展活动。因此,本题目的准确答案为 B。(NTCE – 2019 – 2)

【阅读链接】

1. 罗树庚. 教师如何快速成长:专业发展必备的六大素养[M]. 上海:华东师范大学出版社,2018.

2. 马秀麟. 信息化时代教师的专业发展[M]. 北京:北京师范大学出版社,2017.

3. 潘海燕. 初为人师:新教师专业发展指导[M]. 北京:北京师范大学出版社,2014.

4. 龙宝新. 论教师专业成长力[J]. 教育发展研究,2011(08):39 – 46.

5. 王永固,等. "互联网 +"名师工作室促进乡村教师专业发展:机制与策略[J]. 中国电化教育,2020(10):106 – 114.

【创意实践】

为所在学院师范生设计一份"卓越教师成长训练营"开营计划,要求立足教师专业成长阶段,综合利用各种途径方法,聚焦师范生成才目标的达成。

第二编　教师职业道德规范

【学习目标】

【职业道德规范】

1. 了解《中小学教师职业道德规范》（2008年修订），掌握教师职业道德规范的主要内容，尊重法律及社会接受的行为准则。

2. 分析评价教育教学实践中教师的职业道德规范问题。

【职业道德践行】

3. 了解教师职业行为规范的要求。

4. 理解教师职业行为规范的主要内容，在教育活动中运用行为规范，恰当地处理与学生、与家长、与同事，以及与教育管理者之间的关系。

5. 在教育教学活动中能够依据教师职业行为规范行事，并做到爱国守法，爱敬业，关爱学生，教书育人，为人师表，终身学习。

【班主任规范】

6. 理解《中小学班主任工作规定》的精神。

【知识导航仪】

```
                教师职业道德的内涵、
                特点、功能、原则
                                        ┐
    《中小学教师职业道德规范                │  理解
    (2008年修订)》的主要内容                │  教师
                                        │  职业      教师职业
    《中小学班主任工作规定》                │  道德      道德规范
    的精神与基本内容                       ┘
                                                    ┐   教师职业行为规范
    教师践行职业道德时应遵守                          │   的主要内容
    的行为准则                                      │ 践行
                                                    │ 教师   教师职业活动中的
                                                    │ 职业   基本关系及其行为
                                                    │ 道德   规范
                                                    ┘
```

教师职业道德是教师的核心素养之一。职业道德素养的高低，也是社会和学生评价教师合格与优秀与否的重要标准之一。学习教师职业道德规范，有助于教师增强师德意识，发展正确的职业道德认知，在教育教学实践中积极、合理地践行职业道德规范;学习教师职业道德规范,有助于教师生发积极的教育情感和不竭的事业动力;学习教师职业道德规范,更有助于教师自觉做到为人师表,带动学生良好品德的发展,提高教师职业的道德胜任力。

第三章 教师职业道德

具备职业道德是教师从教的重要职业资格之一,职业道德是衡量教师称职与否的关键标准之一。2018年5月2日,习近平总书记在北京大学师生座谈会上强调:"评价教师队伍素质的第一标准应该是师德师风。师德师风建设应该是每一所学校常抓不懈的工作,既要有严格制度规定,也要有日常教育督导。"国家对教师职业道德的要求具有丰富的内容,每一项内容都体现着社会对教师职业实践行为与职业道德操守的深切期待。

▶▶ 第一节 教师职业道德概述

智慧起点

人民教育家陶行知"自己进入反省室"的故事在民间传为佳话。

陶行知先生在创办南京晓庄学校的初期,曾作过一条规定,即全校师生员工一律不准喝酒,违者要进自省室里反省。

一次,晓庄的农友请陶校长吃饭,农友们敬他一杯酒,陶行知一再解释说不能喝,农友们却坚持道:"您不喝就是瞧不起我们农民,瞧不起我们就不算我们的朋友。"

陶行知没办法,只好把酒喝掉了。农民们非常高兴,把陶校长当成自己的朋友。他们哪里知道,陶行知一返回学校,便立即进自省室里了。

陶先生不愧为我们的师德楷模!

一、教师职业与教师职业道德

教师是受社会委托，引导和帮助学生学习人类积累的文化科学知识、社会规范和相关技能，促进学生身心获得健康发展的专业人员。谈及教师，人们会不约而同地想到师德，将教师标定为具有较高道德水平的人。这与教师独特的职责和劳动特点有关。或者说，教师的职责和劳动特点决定了教师必须具有较高的职业道德。

1993年通过的《中华人民共和国教师法》第三条规定："教师是履行教育教学职责的专业人员，承担教书育人、培养社会主义事业建设者和接班人、提高民族素质的使命。"这清晰地表达了教师这一职业的根本职责或任务——教书育人。

（一）教师的根本职责——教书育人

教师从事的是一项培养人的工作，这项工作是通过教书育人来实现的。就是说，教师不仅要致力于增长学生的知识，还要引导学生发展道德，增长智慧。苏联教育家苏霍姆林斯基就强调教师"不仅是自己学科的教员，而且是学生的教育者、生活的导师和道德的引路人"①。2021年4月19日，习近平总书记在清华大学考察时强调："教师要成为大先生，做学生为学、为事、为人的示范，促进学生成长为全面发展的人。"教书育人是教师职业区别于其他职业的根本特征，也是教师的根本职责所在。教师职业的这一特征，表明教师的工作具有道德规定性，即教师从事的教育工作，本质上是一种导人向善的、具有道德性的活动。

教育事业是一项具有道德性的事业，一项导人向善的事业，必然要由有道德的人来实施，这无疑对教师提出了较高的职业道德要求。

（二）教师职业劳动的特点

教师的职业劳动具有自身的特点，这些特点对教师的职业道德提出了较高的要求。

---

① 苏霍姆林斯基.给教师的建议(上册)[M].杜殿坤，编译.北京：教育科学出版社，1980：96-97.

1. 复杂性

社会中有些人认为,教师的工作是简单的,没有什么难度,但事实并非如此。教师的工作具有复杂性,这主要表现在两个方面。

第一,教师的劳动对象具有复杂性。教师的劳动对象是人,人具有自我意识、主体性,有思想,有情感,有需要,教师不能无视学生作为人的这些特质,更需要把握、尊重并积极发展学生的这些特质。同时,学生是处于不断发展变化中的人,他们具有无限的发展可能性,也具有诸多的不确定性,需要成人的引导和帮助。更重要的还在于,学生具有个体差异性,每一个人都有独特之处,教师不能千篇一律地对待所有学生,不能一刀切地处理学生的问题,必须依据个体差异性进行教育。这样,才能切实帮助学生成长。今天的青少年学生不论是在自我意识、主动性上,还是在思想观念、个性上,都有了新的发展,这都增加了教师工作的复杂性和难度。

第二,教师的劳动任务具有复杂性。教师的劳动任务具有多面性,即不仅要教书,更要育人。不论是教书还是育人,尤其是育人,都是一个复杂、系统的过程,知识学习、技能学习和品德学习,都有各自的目标、内容、规律、方式方法、影响因素等。教师只有全面地把握这些内容,教书育人才能有成效。正因为如此,教师的劳动过程是一个综合化的脑力劳动过程。

2. 创造性

有些人认为,教师的工作具有很大的重复性而缺乏创造性,这是对教师劳动性质的误读。

第一,教育对象具有个体差异性。教师不仅不能使用一种方法对待所有的学生,更不能以一个标准强制学生的发展,而是要因人而异、因材施教,所谓"一把钥匙开一把锁"。这体现了教师劳动的创造性。

第二,教育活动是一门艺术。教育首先是一门科学,有规律、原则、方法可循。其次,教育是一门艺术,它需要教师在把握教育、教学目标的前提下,充分结合学生的理解能力、发展需要和自身的教育能力与风格等,对教育、教学内容进行创造性的加工,也需要灵活地选择、组合教育、教学原则和方法,所谓"教无定法"。这也是教师劳动创造性的表现。

第三,教师劳动具有情境性。教师的工作始终在教育情境中发生,而教育情境具有不确定性,尤其是教师每天都需要机智地面对学生的表现,处理教育过程中的各种事件。教师的教育机智更加体现了教师劳动的创造性。

> **小知识**
>
> **苏霍姆林斯基:教师劳动的创造性**
>
> 我们工作的对象是正在形成中的个性的最细腻的精神生活领域,即智慧、感情、意志、信念、自我意识。这些领域也只能用同样的东西,即智慧、感情、意志、信念、自我意识去施加影响。我们作用于学生精神世界的最重要的工具是教师的语言、周围世界的美和艺术的美,以及创造最能鲜明地表现感情的环境,也就是人类关系中的整个情绪领域。
>
> 教师的创造性的最重要特征之一是他工作的对象——儿童——经常在变化,永远是新的,今天同昨天就不一样。我们的工作是培养人,这就使我们担负着一种无可比拟的特殊责任。
>
> (资料来源 苏霍姆林斯基.给教师的一百条建议[M].周渠等,译.天津:天津人民出版社,1981:4.)

3. 示范性

教师的劳动具有示范性,这是教师职业与其他社会职业劳动的根本不同之处。在教师职业劳动过程中,教师既是劳动主体,也是劳动工具或教育影响之一,教师的言行举止会对学生产生潜移默化地影响,学生具有"向师性",他们往往会捕捉教师的言行,通过教师的言行习得很多书本上难以获得但非常重要的思想、观点、情感、行为等。劳动的示范性与教书育人的职责有关,也与学生的向师性、模仿性有关。所以,没有哪种职业像教师职业一样负担着通过自身的言行影响劳动对象的职责。这自然对教师的言行举止提出了更高的要求。

4. 集体性

学生的发展不是某一方面的发展,而是综合的、多方面的发展,这不是某一位教师的工作所能承载的,况且中学阶段的教师都是分科型教师。没有任何一个教师能负责得了学生的全面发展。因此,教师的工作具有集体性。一个学生的成长是教师集体力量的结晶。教师之间只有齐心协力,相互合作,共同努力,才能形成一致的教育目标和观念,才能使教师的工作形成合力,推动学生的综合发展。

从另一个角度看,集体性还表现在教师往往面对的是学生集体,而不是学生个体,或者说,是先着眼于学生集体,进而在集体中关注个体。这需要教师能公平地对待每一位学生,在确保公正中做到因材施教。

5. 繁重性

教师担负教书育人的重大职责和使命,面对复杂多样的劳动对象,需要完成多种任务,这注定了教师的工作不仅是劳力的,更是劳神和劳心的。教师需要事事关心,事事操心,所谓教育世界无小事。这是教师工作繁重性的一种表现。教师工作的繁重性还表现在劳动时空的无限性上。在空间上,教师的工作不仅在学校中,在课堂上,还在学生家庭、社会中。在时间上,教师的工作不仅限于学校工作时间中,它还渗透进教师的私人生活时间中。教师的职业生活很难与私人生活截然分开。这种繁重的工作,无疑对教师的职业行为和操守提出了较高的要求。

6. 主体性

从劳动手段上来看,教师劳动具有明显的主体性。一方面,教师劳动的主要手段是帮助学生理解教材,教师对教材的研读能力、挖掘程度,直接决定着教学的效能与水平;另一方面,教师劳动的质量还取决于教师自身的学识、能力、人格、修养等,教师只有不断提高自身的教育素养、教学能力与才艺水平,才能保证课堂教学的效果。

7. 长效性与隐效性

从教师劳动效果来看,教师劳动具有长效性。"十年树木,百年树人",正是这个道理。从人的整体发展来看,人才的成长不是一朝一夕的事,而是许多教师"接力"式协同努力的过程,是一个缓慢积累、逐渐"发酵"的过程。而且,教师劳动的对象是学生,是人,因此,教师对社会到底产生了哪些影响,具体体现在哪些方面,这是一个难以用测试工具来简单量化的东西。换个角度来看,甚至学生某一具体、局部品质的发展,也往往要经过一个长期的形成过程。因此,教师不要期待教育教学活动能够产生立竿见影的效果,而要持之以恒、持续不懈地向学生施加教育影响,帮助其早日成才。

8. 个体性与协作性

从教师劳动的组织形式来看,教师劳动成果的取得,既需要教师个体富有成效的劳动与努力,也需要整个教师集体的合作与协同才可能完成。在每一节课上,教师是整个课堂的主人,是一节课教学效能的主要责任人,而每一个学生的健康、活泼、主动发展,则需要接受多位教师的良好教育影响。因此,在日常教育工作中,教师自己既要不断改革教学方式,提高教学效果,还要加强同事间的协作,确保整体教育教学效果不断提升。

> **小知识**
>
> 教师负担指中小学教师在社会生活与学校教育教学中承受与担当的责任、工作、压力以及由此付出的代价等。教师的职业特征与其角色内涵的特殊性和多样性,决定了教师工作负担的来源具有多源性特征,主要归纳为:"社"源性负担、"校"源性负担、"生"源性负担和"师"源性负担。
>
> (资料来源:张雅静.中小学教师工作负担的来源与排解[J].教育科学论坛,2019(04):59-64.)

二、教师职业道德的内涵与特点

(一)教师职业道德的内涵

在日常生活中,谈及道德,人们通常想到的是一系列行为规范。规范是道德的外在层面,人们在遵守规范的过程中,还会形成稳定的观念意识和行为品质,这是道德的内在层面。所以,道德不仅指人们在日常生活中处理诸多关系,包括人与社会、人与自然、人与他人,以及人与自我的关系时,应当遵循的一系列行为规范,还包括作为道德实践主体的人在遵守践行规范基础上发展起来的观念、意识和行为品质等。

道德通常分为私德、公德和职业道德。职业道德是人们在一定的职业活动中所形成和遵守的,符合职业需要且体现职业特征的道德规范,以及与之相适应的观念意识和品质。教师职业道德,即通常所言的师德,指教师在职业生活中履行的职业道德规范或准则,以及由此发展起来的相应观念意识和行为品质。

(二)教师职业道德的特点

相比于其他职业,教师的职业道德具有境界的高层次性、意识的高自觉性、行为的示范性和影响的深远性等特点。

1. 境界的高层次性

任何职业都需要有职业道德。相对而言,教师的职业道德处于较高的水平或境界。这与教师肩负培养人的神圣职责有关,也与教师劳动的示范性有关。教师只有具备较高的师德意识,拥有职业的神圣感和使命感,具备优良的师德品质,才能坚定不移地、全身心地、积极发挥智慧地从事复杂且繁重的教育工作,才能培养健康成长、服务社会的青少年。所以,自古以来,社会对师德的期待或定位都较高,教师一旦出现师德失范行为,所受到的关注、批评也往往胜于其他职业人。

> **小知识**
>
> 《强师计划》对提升教师思想政治素质、加强和改进师德师风,提出了四点具体举措。第一,加强教育引导,实施好常态化师德教育。师德要常态养成、平时涵养,强化教师思想引领和"四史"学习教育,打牢教师的思想根基。第二,抓实体制机制建设,指导各地各校健全工作体制机制,把师德涵养和教育教学工作、立德树人紧密结合起来,注重在育人实践中锤炼道德情操。第三,要完善制度。在建设和处置的过程中,制度供给要持续提供,比如探索建立教师违规行为处理办法和师德违规案例的指导制度,落实好教职员工准入查询制度,把好教职员工入口关等。第四,加大违规行为的查处力度,并且持续公开曝光。
>
> (资料来源 林焕新,张欣.教育部:师德的底线需要牢牢守住,师德的红线坚决不能去碰[EB/OL].(2022-4-10)[2023-4-3].中国教育新闻网.http://www.jyb.cn/rmtzcg/xwy/wzxw/202204/t20220414_688874.html.)

2. 意识的高自觉性

道德不是靠外在的强制力量形成的,而是依靠个体的意识或内心信念、社会舆论、习俗等自觉形成的。道德的形成和践行需要主体的自觉、自愿。对教师而言,师德的自觉性要求则更高。这是因为教师对教育世界中诸多关系的调整拥有较大的自由度,干得多一点少一点,干得好一点差一点,完全由教师自己决定,也只有教师自己深知。所以,教师的工作被称为一个"良心活"。在一定意义上,这种利益关系调节的自由性,决定了教师职业必须具有较高水平的职业道德,否则,教师容易出现失范问题。

同时,教师培养学生不像工人生产产品,也不像医生给病人看病一样,其工作效果的好与坏,成效的大与小,能在劳动对象身上一眼辨识出来。因而,在日常的教育教学生活中,教师如果没有出现明显的师德失范行为,如体罚学生造成了学生的身体伤害,一般情况下,人们很难发现教师出现了师德问题。这决定了师德需要更高的自觉意识。只有具有了较高的师德意识,教师才能积极、真心、尽心地投入教育工作。

3. 行为的示范性

教师的职业道德具有示范性,这与教师职业的性质和示范性的劳动特点有关,还与学生道德学习的特点有关。培育道德是教师育人的核心任务,而道德不能靠说教来培育,只能通过行为的引导来养成。在与学生的相处中,教师的道德行为在增益师生关系的同时,也在无形中向学生传递了与人相处的道德准则和智慧,让学生无形中接受道德的熏陶。更重要的是,这种道德影响是无声的、真实的,是可感知的,更容易被学生自觉地接受、内化和习得,正如孔子所说:"其身正,不令而行。其身不正,虽令不从。"

> **小知识**
>
> "向师性"是指学生都有模仿、接近、趋向于教师的自然倾向,有人把学生的这一心理特点形象地比喻为学生像花草树木趋向于阳光一样,趋向于教师。学生向师性的具体表现是:学生对教师言听计从,上课时积极发言,希望获得老师的关注和赞许,非常关注教师的衣着和言谈举止,有时甚至去模仿。
>
> (资料来源 刘令军."向师性"是座美丽的桥[J].湖南教育(D版),2016(09):14.)

4.影响的深远性

教师的职业道德对学生的影响是深远的,不论是积极的影响还是消极的影响。一个关爱学生的老师的一句安慰、一个微笑能给学生带来巨大的信心和鼓励,使其受益终生;而一个缺乏关爱之情的老师的一个眼神、一个手势,也会给学生带来伤害,甚至影响他们一生。教师职业道德影响的深远性,与道德本身巨大的精神影响力量有关。

三、教师职业道德的功能

教师职业道德对学生、教育工作、教师自身,以及社会都会产生重要作用。

(一)对教育行为具有规范功能

教师职业道德最直接的作用是,对教师的职业行为进行规范,引导教师做出道德的行为,同时,防止教师出现伤害学生的不良行为。比如,2008年修订的《中小学教师职业道德规范》明确指出,教师应该对工作高度负责,认真备课上课,认真批改作业,认真辅导学生,不得敷衍塞责;不能讽刺、挖苦、歧视学生,不能体罚或变相体罚学生。

(二)对教师道德修养和专业素养具有提升功能

职业道德能引导教师在遵守规范的基础上,提升职业道德意识、观念和情感。这将推动教师超越行为规范的层面,生发并深化对职业意义、职责和使命,以及自我价值的认识和感悟,进而自觉地加强道德修养,提升职业道德的水平。

同时,职业道德水平的提升,还将推动教师主动地进行专业素养的提升,实现由"经师"向"人师"的转变。一个不断寻求专业发展,愿意研究教育问题的教师,一定是一个热爱教育工作、具有教育责任感的教师。专业素养的提高将极大地增强教师的职业信心,增强教师对职业价值的体验和对职业生活质量的感知。这将反过来推动教师自觉地提升职业道德修养,提高职业道德的境界。

（三）对教育质量具有保障功能

教育质量的提高依靠教师的专业知识和能力素养,如果缺乏道德素养、知识和能力,不但会缺乏动力,而且会有迷失方向的危险。一个热爱教育工作、热爱学生的教师,必然会全心全意、毫无保留地奉献自己的所知所能;而一个教师如果对教育和学生缺乏热爱之情和责任感,即使他有高超的专业知识和能力,也不会全心全意地奉献给学生。所以,职业道德能激发教师运用教育素养的意愿,也能激发运用教育素养的热情和责任,这为教育质量的达成提供了最基本的保障。

（四）对教师正确教育价值取向的确立具有推动功能

教育是一项使人获得积极发展的活动,是一项推动人的精神世界发展的活动。但是,教育自产生以来,就受到很多因素的干扰而经常偏离"使人成'人'"的轨道。追求、坚持教育以人为本的根本导向,坚持正确、先进的教育价值取向和理念,是确保教育的内涵和质量的前提所在。职业道德通过引导教师发展、践行正确的教育观、学生观、师生观等,能推动教育沿正确的价值取向发展。

同时,职业道德不仅是一种行为规范,也是一种行为评价标准,它能帮助、敦促教师对教育世界中的不良取向、现象和行为等做出判断并自觉进行伦理调节,确保教育的正确价值取向。

（五）对学生发展具有教育功能

教师职业道德的最核心功能是对学生的教育作用。一方面,教师尽职尽责地教学,能推动学生学业和智能的发展;另一方面,教师自身良好的言行举止,不仅能为学生树立榜样,而且能使教师更自觉地注重对学生良好品德的引导与教育,推动学生健康人格的形成。此外,良好的师德还有助于教师与学生建立融洽的关系,增强师生情感,增进学生在教育世界中的积极、幸福体验,增强他们对学校、对教育的喜爱和信任。

（六）对社会风气具有引导净化功能

教师承担着教书育人和传递、传承、创新人类文化文明的巨大作用,所以,教师在人们心目中更具有一定的威信,他们也习惯被人们看作社会的代言人。教师群体的良好师德修养和形象,往往能为人们树立道德典范,增强人们的道德信心,也能通过影响学生和学生家长,以及社会生活中的其他人来推动社会良好风气的形成。因此,教师职业道德对良好社会风气的形成具有引导、典范和推动作用,这其实是教师职业道德示范性的另一种体现。于是不难理解,为什么当教师职业出现道德问题时,人们通常会给予较大的关注、议论,也会生发更多的担忧。

四、教师职业道德的原则

一般而言,教师的职业道德依据抽象程度的高低,依次可以分为职业道德理想、职业道德原则和职业道德规范或准则三个层次。职业道德原则是社会对教师职业道德行为提出的根本要求,是教师在教育活动中处理各种利益关系,调节和评价一切道德行为的根本准则。简单地说,职业道德原则就是教师的道德行为渗透或呈现的某种取向,秉承这些取向,教师就在一定意义上践行了基本的师德。

(一)教育人道主义原则

教育人道主义是人道主义精神在教育中的运用和体现。人道主义主张人是目的的道德原则和仁爱精神。教育人道主义强调教育要合乎人性,要维护人的权利,要尊重人的发展需要,提高人的价值。在我国,教育人道主义原则集中体现为两个内容:以人为本的精神和个人全面发展的价值取向。

秉承以人为本的精神,意味着教师应当树立正确的学生观,尊重学生的生命存在,尊重学生作为人的诸多特质和权利,以"人"的方式对待学生,并积极致力于推动学生获得人的成长和发展。贯彻个人全面发展的价值取向,意味着教师应该关注个体身心的和谐发展,尤其是品格的建构与完善;满足人的教育需要,尊重并推动学生良好个性的发展,推动学生在教育世界中获得积极的生命体验和价值实现。

人是教育的对象,也是教育的归宿,使人成"人",成为好人,始终是教育不变的宗旨。因此,教育人道主义原则是教师职业道德的根本原则。

(二)教书育人原则

教书育人是教师职业的本质特征和根本职责,也是教师职业道德的基本原则。教师育人原则要求教师在工作中时刻铭记教书、育人的职责和使命,在教书中积极育人,引导学生的身心获得健康的发展。贯彻教书育人原则,教师首先要认识到,育人是根本和目的所在,教书是育人的一种途径;其次,教师要全面认识育人的含义,育人不仅指培育人的知识、技能和能力,更在于发展人的品德、健康人格和审美素养等;最后,教师要懂得科学地依据教育规律、教育理论和理念等教书育人。

(三)为人师表原则

为人师表是教师职业的内在要求,也是教育事业对教师职业道德的特殊要求,因而它成为教师职业道德的基本原则之一。这一原则的根本要求是,教师在实践中要注意自身言行的示范作用,处处严格要求自己,以身作则,以身立教,德识统一,为学生的健康发展树立积极的榜样。

为人师表对教师行为不仅蕴含善的要求,也蕴含真和美的要求,它是真善美的统一。具体而言,真表现为教师要诚实守信,言行一致,表里如一,不矫揉造作,不弄虚作假;善表现为教师要处处以学生的健康发展为目标,关心学生,爱护学生,一视同仁;美表现为教师要有良好的仪态和健康的个性心理品质。教师在注重道德修养即内在美的同时,还要注意外在的仪表、仪态的优雅得体,以及健康、积极个性心理的养成。后者有助于教师道德的展现,也易于教师道德示范作用的发挥。

▶▶第二节 《中小学教师职业道德规范》的基本内容

《中小学教师职业道德规范》是随着历史发展与时代变迁而不断更新的。当代我国中小学教师所循习的职业道德规范是2008年修订后的最新版《中小学教师职业道德规范》。弄清其基本内容与精神实质,是教师更好从教的客观要求。

一、《中小学教师职业道德规范》制定的背景与原则

我国历来注重教师的职业道德建设问题,改革开放后,我国先后于1984年、1991年、1997年和2008年四次颁布和修订了中小学教师职业道德规范。2018年11月14日,教育部还颁布了《新时代中小学教师职业行为十项准则》,确保师德规范的有效实施。2008年颁布的《中小学教师职业道德规范》(以下简称《规范》)是在新的社会和教育发展背景中提出来的。

(一)《中小学教师职业道德规范》(2008年修订)的修订背景

1984年10月,教育部、全国教育工会颁布《中小学教师职业道德要求》(试行草案)(以下简称《要求》),这是新中国成立后正式颁布的第一部教师职业道德规范,开启了师德规范化的建设之路。《要求》分为六条,涉及政治思想、教育思想、业务学习、对待学生、遵纪守法和行为举止六个方面的要求。1991年,国家教委、全国教育工会结合现实需求,对1984年的《要求》进行修订,颁布《中小学教师职业道德规范》。《规范》与1984年的《要求》涉及的方面一样,包括热爱教育事业、教书育人、钻研业务、热爱学生、作风正派、为人师表等内容,但具体内容比《要求》更清晰、更细致。

1997年8月,国家教委、全国教育工会为了进一步提高中小学教师的道德素质水平,颁布了重新修订的《中小学教师职业道德规范》。1997年的《规范》增至八条,涵盖的内容也更加丰富。八条规范是依法执教、爱岗敬业、热爱学生、严谨治学、团结协作、尊重家长、廉洁从教、为人师表。

进入新世纪,随着开放化、全球化的推进,国际竞争的日益激烈,以及教育改革的加快,教育队伍建设尤其是师德建设面临新的挑战,也出现了一些新的问题。2007年,胡锦涛在全国优秀教师代表座谈会上发表讲话("8.31讲话"),对广大中小学教师提出了"一个精神、四点希望"。"一个精神"是指,教师应该体现"胸怀祖国、热爱人民,学为人师、行为世范,默默耕耘、无私奉献的高尚精神"。"四点希望"是指,教

师要"爱岗敬业、关爱学生;刻苦钻研、严谨笃学;勇于创新、奋发进取;淡泊名利、志存高远"。2008年9月,教育部、中国教科文卫体工会全国委员会颁布了重新修订的《中小学教师职业道德规范》,并第一次在公布前广泛地征求意见。这一《规范》对于激励和引导教师在新的社会和教育发展背景下树立崇高的职业理想,自觉规范思想行为和职业行为,做让人民满意的教师,具有重要的现实意义。

(二)《中小学教师职业道德规范》(2008年修订)的修订原则

根据当时教育部部长周济的《贯彻师德规范　弘扬伟大师魂:在学习贯彻〈中小学教师职业道德规范〉座谈会上的讲话》,可以清晰地知晓《规范》(2008年修订)的修订依据了四个原则。①

1. 以人为本

《规范》充分贯彻"教育以育人为本,以学生为主体"的原则,坚持以学生的健康成长为出发点和归宿,尊重学生的权益。同时,《规范》也注重尊重教师,强调教师责任和权益的统一,坚持"办学以人才为本,以教师为主体"的原则。所以,此次《规范》以人为本的原则兼顾了学生和教师两个主体。

2. 继承与创新相结合

1997年的《规范》依据教师职业道德涉及的主要利益关系进行设计,内容涵盖了教师职业道德本质的基本要求。此次《规范》继承了原《规范》反映师德本质的基本要求,又在"充分考虑经济、社会和教育发展对师德提出的新要求"的基础上进行了创新,如增加了"终身学习"的规范等,从而"将优秀师德传统与时代要求有机结合"起来。

3. 广泛性与先进性相结合

此次《规范》注重广泛性与先进性相结合。广泛性体现为面向全体教师,提出职业道德的基本要求,先进性体现为"提出了反映社会主义核心价值体系基本内容的先进性要求,使广大教师有更高的道德目标"。广泛性与先进性的结合,实则反映的是教师职业道德的基础要求与较高要求的结合,体现了职业道德的层次性。这既有利于广大教师认可、遵守职业道德,也保证了职业道德的行为规范功能和修养提升功能的有机发挥。

4. 倡导性要求与禁行性规定相结合

倡导教师自觉加强师德修养是职业道德规范的主导方向。此次《规范》仍然坚持了传统的倡导性要求形式,即提倡教师做什么。同时,《规范》也"从教师职业道德的

---

① 周济.贯彻师德规范　弘扬伟大师魂:在学习贯彻〈中小学教师职业道德规范〉座谈会上的讲话[N].中国教育报,2008-9-12.

阶段性特征出发,针对当前师德建设中的共性问题和突出问题,做出了若干禁行性规定,尽量体现针对性和可操作性"。基本上,此次《规范》中的每一条职业道德规范都包含倡导性要求和禁行性要求。比如在"关爱学生"中,倡导教师"关心爱护全体学生,尊重学生人格,平等公正对待学生。对学生严慈相济,做学生良师益友。保护学生安全,关心学生健康,维护学生权益"。同时,提出了禁行性要求:"不讽刺、挖苦、歧视学生,不体罚或变相体罚学生。"

> **小知识**
>
> 2018年1月20日,中共中央 国务院颁布了《关于全面深化新时代教师队伍建设改革的意见》,明确要求加强师德师风建设,具体举措是:注重加强对教师思想政治素质、师德师风等的监察监督,强化师德考评,体现奖优罚劣,推行师德考核负面清单制度,建立教师个人信用记录,完善诚信承诺和失信惩戒机制,着力解决师德失范、学术不端等问题。
>
> (资料来源 中共中央 国务院《关于全面深化新时代教师队伍建设改革的意见》[EB/OL].(2018-01-20)[2023-3-2].http://www.moe.gov.cn/jyb_xxgk/moe_1777/moe_1778/201801/t20180131_326144.html.)

二、《中小学教师职业道德规范》的基本内容

相比于1997年的《规范》,2008年的《规范》缩减为六条,分别是爱国守法、爱岗敬业、关爱学生、教书育人、为人师表、终身学习。贯穿这六条规范的核心或灵魂是"爱"和"责任"。

(一)爱国守法:教师职业的基本要求

1.爱国守法是对教师职业的基本要求

教师承担国家重要的教育任务,为国家和社会培养建设者和合格公民,教师的工作关系青少年的健康成长,尤其在当今国际竞争日趋激烈的时代,更关系国家和民族的未来兴盛。因此,热爱祖国,将职业与国家和民族的发展联系起来,是教师职业道德的基本要求,也是教师生发职业自豪感和使命感的重要源泉。在教育实践中,爱国集中体现在热爱教育事业,忠于教育事业和献身教育事业上。教师应该以爱国之心和责任感投入教育工作,并积极培养具有爱国精神和国家责任感的青少年。

事实上,爱国守法也是对教师作为国家公民的基本要求。教师是职业人,但首先是国家的公民。作为公民,爱国守法是基本道德要求。爱国守法为教师坚持正确的职业方向,为其他职业道德的践行提供了基本保障。

2. 爱国守法的基本内容

爱国守法是有关教师与国家、社会关系的基本规范，它的基本内容是："热爱祖国，热爱人民，拥护中国共产党领导，拥护社会主义。全面贯彻国家教育方针，自觉遵守教育法律法规，依法履行教师职责权利。不得有违背党和国家方针政策的言行。"

"热爱祖国，热爱人民，拥护中国共产党领导，拥护社会主义"，是对教师的基本政治要求。教师的职业行为具有示范性，其不正确的政治思想和品质，不仅有违他作为公民的义务，也将严重危害学生的健康成长、良好社会风气的形成，以及社会的稳定。

"全面贯彻国家教育方针，自觉遵守教育法律法规，依法履行教师职责权利"，是对教师爱国守法品质在教育实践中的具体要求。国家教育方针体现了国家办教育的根本指导思想，全面贯彻国家教育方针，教师才能把握教育的正确发展方向，坚持全面发展的教育目的，努力培养学生在德、智、体、美等方面获得综合发展。自觉遵守教育法律法规，自觉履行教育法律法规规定的教师权利和义务，教师才能依法执教，保证教育职责的落实。

"不得有违背党和国家方针政策的言行"，是对教师爱国守法品质在言行举止上的禁行性规定。这是在教师的自由言论和职业行为的示范性之间做出的道德调节。教师不能向中学生传授、散布有违国家政策方针、法律法规的言论，更不能误导中学生对国家政策方针产生歪曲、错误认识。

> **小知识**
>
> **新时代爱国主义教育实施纲要（节选）**
>
> 坚持爱党爱国爱社会主义相统一。新中国是中国共产党领导的社会主义国家，祖国的命运与党的命运、社会主义的命运密不可分。当代中国，爱国主义的本质就是坚持爱国和爱党、爱社会主义高度统一。要区分层次、区别对象，引导人们深刻认识党的领导是中国特色社会主义最本质特征和最大制度优势，坚持党的领导、坚持走中国特色社会主义道路是实现国家富强的根本保障和必由之路，以坚定的信念、真挚的情感把新时代中国特色社会主义一以贯之进行下去。
>
> （资料来源　中共中央 国务院《新时代爱国主义教育实施纲要》[EB/OL].（2019-11-12）[2023-3-19]. http://www.moe.gov.cn/jyb_xxgk/moe_1777/moe_1778/201911/t20191113_407983.html.）

(二)爱岗敬业:教师职业的本质要求

1.爱岗敬业是对教师职业的本质要求

对于任何一个职业人而言,爱岗敬业都是本质性的职业道德要求。如果一个职业人不热爱、不敬重自己的职业,他就无法成为一个合格的职业人,其他职业道德更无从谈起。对于教师而言,爱岗敬业还具有更加重要的意义。

首先,教师的工作对象是人,是有情感、有需要、有主体性的青少年。如果教师没有对工作的喜爱、热爱之情,很难走近学生,与学生交往、沟通,并建立亲密、和谐的师生关系。师生关系的疏离将严重影响教育的效果和学生的健康成长。

其次,学生不是产品,其成长、进步不是一蹴而就的,也不像产品是成型不变的,他们的成长、进步点滴地发生、渗透在教育世界的每一个时空中。学生需要教师随时地关注、激励、引导和帮助。教师如果没有爱岗之情、敬业之心,很难发现并关心学生的每一点成长、进步,更不会品味到职业的价值感。

最后,教师承担为国家和社会发展培养合格人才的重任,其职业的社会价值,不仅仅在于服务当下社会,更在于服务未来社会,这是一项长期且深远的工作。教师只有爱岗敬业,才能矢志不渝、脚踏实地地担负起"为未来社会培养一代新人"的使命和任务。

2.爱岗敬业的基本内容

爱岗敬业是关于教师与教育事业关系的道德规范,它具体要求为"教师忠诚于人民教育事业,志存高远,勤恳敬业,甘为人梯,乐于奉献。对工作高度负责,认真备课上课,认真批改作业,认真辅导学生。不得敷衍塞责"。

爱岗敬业,首先表现为"教师忠诚于人民教育事业,志存高远"。当今的教育存在很多不合理、不完善、不尽如人意的地方,国家和教育行政部门也正在努力加大教育改革的步伐和力度,但教师才是推动教育改革和完善的主力军。教育改革的推进和完善,需要广大的教师志存高远,树立远大、先进的教育理想和坚定的教育信念,坚持教育的正确取向,积极进取,努力工作。

我国市场经济的发展极大地推动了人们物质生活的改善,但也给教师的职业工作带来了挑战。经济利益的冲击诱发教师出现了诸如收礼、有偿家教等有违师德的行为,更干扰了教师的敬业精神和奉献精神。在新时期,爱岗敬业尤其表现为教师要有敬业精神和奉献精神。以往,教师的奉献精神被附着了一定的宏大色彩,这在一定程度上忽视了教师的权益。但是,教师职业始终是一个需要奉献精神的职业,没有奉献精神,教师的工作只会做在表层,无法深入学生的精神世界,教师的工作也处于应付状态。今天,在尊重、维护自身权益的基础上,教师仍然要具有奉献精神,要真切地认识到自己是学生成长的重要引导者、指导者,真心地关心学生的成长,勤恳敬业,甘心为学生的成长而毫无保留地奉献自己的知识、才能和智慧。

在教育实践中,爱岗敬业具体表现为教师对工作高度负责,认真备课上课,认真批改作业,认真辅导学生,不敷衍塞责。有时教师认为,工作中一两次的不认真没关系,一没有人会轻易发现,二对学生的影响并不大。但殊不知,一旦有了敷衍塞责的态度,有了侥幸心理,一个人认真、负责的态度会在不知不觉中被慢慢地侵蚀掉。所以,在日常的教育教学中,教师应该从小事、细节上严格要求自己,不能抱着"差不多"的应付心态,更不能为自己的不认真寻找借口。

(三)关爱学生:师德的灵魂

1. 关爱学生是师德的灵魂

学生是教师工作的起点,也是归宿。只有心怀爱生之情,关心学生的成长,一个教师才会真正懂得并自觉承担起教书育人的使命,在实践中才会全身心地投入教育工作,也才不会对物质利益的得失斤斤计较。没有爱,就没有教育。

教师对学生的爱对于学生的健康成长具有巨大的意义。教育是一个人与人的精神世界的交流,教师热爱自己的学生、关心学生,能够给学生带来安全感、归属感、温暖感和信任感,能够激发学生的自信和自强,能够推动师生之间的交流和共融,能够化解学生的不良心理体验。这对正处于青春期的中学生来说,是非常重要的。

2. 关爱学生的基本内容

关爱学生,要求教师"关心爱护全体学生,尊重学生人格,平等公正对待学生。对学生严慈相济,做学生良师益友。保护学生安全,关心学生健康,维护学生权益。不讽刺、挖苦、歧视学生,不体罚或变相体罚学生"。

中学教师面对的是正处于心理断乳期的学生,他们的自尊心很强,渴望得到他人的认同和人格尊重。因此,教师的爱首先体现为尊重学生的人格和尊严,尊重学生的思想和感情,保护学生的自尊心,尤其是在批评学生时。其次,教师的爱必须做到一视同仁、无偏私,也就是教师应该关心爱护全体学生,平等公正地对待每一个学生,不能以自己的私利和好恶为标准,有差别地对待学生。偏私、不公正,往往被学生认为是最不能接受的教师不良品质。

教师的爱不同于父母的爱,它是理性的,所以,教师需要严慈相济地对待学生。教师既要懂得关心、爱护学生,更要懂得严格要求学生,不论是在学习上还是在人格发展上。尤其是学生出现不良问题时,教师更不能姑息、纵容,应该积极帮助他们分析原因、寻找解决办法,给予积极指导和帮助。严格要求学生,是对学生成长的负责。但是,教师的严格要求要注意要求的适度和方法的合理。

教师还要做学生的良师益友。中学生更喜欢教师以朋友的方式与他们平等相处,建立融洽乃至亲密的关系。但是,教师不能忘记,益友是以良师为前提的,没有良师做前提,仅有益友会使教师出现弱化教育职责的风险,也不利于学生的成长。因此,教师在体现朋友的角色时,要时刻不忘教师的职责,把握好与学生相处的尺度,做到平等相待,关爱有加,严而有度。

在师生道德上,2008年的《规范》相比于1997年的《规范》的一个重要变化,就是将"热爱学生"改为"关爱学生"。这看似只是一个词语的变化,但事实上,它预示一种道德行为导向的强调,强调教师要将爱生之情落实到关爱行动上。

这点明显体现在"保护学生安全,关心学生健康,维护学生权益"的要求上。"保护学生安全"是新增的一条重要规范。它主要指保护学生的人身安全或生命安全,这充分体现了对学生生命的重视。在实践中,教师既要注意,自身的言行不伤害学生的生命,也要防止学生在学校发生人身伤害事故,更要在学生受到他人、外力的威胁时,能挺身而出保护学生的生命。"关心学生健康",指教师既要关心学生的身体健康,也要关心学生的心理健康和道德健康,引导学生形成健康的人格和良好的美德。"维护学生权益",要求教师要尊重学生作为人的特性,如学生的需要、情感、主体性等,也要维护法律赋予学生的权利,如受教育权、人格权、言论权等,不能以教师的身份、权威限制、伤害、剥夺学生的权利。

教育是一项关乎人的成长的活动,是一项使人变得更加美好的事业。它不允许教师有危害学生成长的行为,更不允许教师有直接伤害学生的言行。在这个意义上,关爱学生有它的底线要求,这就是教师不得讽刺、挖苦、歧视学生,不能体罚或变相体罚学生。以往,这些受传统师生观影响而被教师忽视的内容,在今天是需要坚决贯彻的,因为它们不仅会对学生的健康心理,尤其是自尊心、自信心构成严重影响,还会导致学生对学校、教育、教师产生不良的认识和体验,影响民众对教师和教育的信任与尊重。

> **小知识**
>
> 意大利作家亚米契斯:教育之没有情感,没有爱,如同池塘没有水一样。没有水,就不成其池塘,没有爱就没有教育。
>
> 苏联教育家苏霍姆林斯基:教育者最可贵的品质之一就是人性,就是对孩子们的深沉的爱。
>
> 德国教育家赫尔巴特:"教育爱"具有情感性、包容性、理智性、纯洁性。
>
> 孙云晓:真爱是衡量一个教育者是否合格的标准。
>
> 林崇德:疼爱自己的孩子是本能,热爱别人的孩子是神圣。

(四)教书育人:教师的天职

1. 教书育人是教师的天职

教书育人是教师职业的根本职责和性质所在。自觉担负教书育人的职责,是教师职业道德本有的内涵或要求之一。就是说,教书育人的道德要求是教师其他职业道德的依据,或者说,教师的其他职业道德都是因其而生,也是为了更好地完成教书育人所设。教书与育人是相互促进的,但育人是根本,是目的。教师要在教书的过程中育人,育人也要借助教书来实现;只教书不育人的教师,严格来说,不是真正的教师。

2. 教书育人的基本内容

教书育人处理的关系是教师与职业劳动的关系,它要求教师"遵循教育规律,实施素质教育。循循善诱,诲人不倦,因材施教。培养学生良好品行,激发学生创新精神,促进学生全面发展。不以分数作为评价学生的唯一标准"。

教育是一门科学,有自己的规律、理论依据和原则,教师应该遵循教育规律,科学地教书育人。教师既要把握教育与社会发展的规律,更要把握教育与人的发展之间的规律,充分了解学生身心发展的规律和特征;教师还要把握教育内部各部分的发展规律,如教学规律和相关理论、德育理论和原则、学校管理的理论与原则等。

同时,教师还要明确,遵循教育规律是为了努力推进素质教育,因为素质教育的理念符合人的全面发展目标,也是我国当前主导的教育发展方向。教师只有坚定地开展素质教育,为学生的综合素质和个性的发展努力,教书育人的职责才能得到真正落实。

在教育实践中,科学地教书育人,具体体现在三个方面:循循善诱、诲人不倦、因材施教。其中,"循循善诱"要求教师坚持启发诱导的理念,结合学生的心理特点认真加工内容,选择合适的方法,有步骤地、循序渐进地教书育人;"诲人不倦"要求教师不论是指导学生的知识学习,还是品德发展,都要诚恳、耐心、不厌其烦,尤其是面对在学习上和品德发展上有困难的学生;"因材施教"要求教师要把握、尊重每个学生的个性差异,结合学生的智力、性格、特长、兴趣等,因人而异地提供指导和帮助,使每个学生都能获得适合自己的教育引导和帮助;要善于发现学生的优点,长善救失,使每个学生都获得自信和成长。此外,教师还需注意,因材施教是面向每一个学生的,它不能违背教育公正,教师不能以因材施教为由,对个别学生给予偏私的照顾。

在教育目标层面,教书育人的要求体现为"培养学生良好品行,激发学生创新精神,促进学生全面发展"。这包含两点内容:

其一,教师要特别重视学生良好品行的形成,要注意在教学中积极进行情感、态度、价值观的引导,要注意以自身良好的言行引导学生的品德发展。

其二,教师在关注学生文化知识学习的同时,要注重激发和培养学生的创新精神,鼓励学生大胆讨论、探究、质疑,以及发表自己的看法。

素质教育是我国主导的教育方向,但是,当前应试教育的氛围依然存在,以成绩作为唯一评价标准的做法已经干扰了教师教书育人职责的履行。为了确保这一职责的基本落实,《规范》提出了一条禁行性行为要求——"不以分数作为评价学生的唯一标准"。这意味着在教学过程中,教师要树立正确的学生发展观或人才观,不能以成绩衡量、定性学生的发展,更不能以成绩不良羞辱学生的人格;教师要淡化成绩的标签、过滤、甄别意味,应该多角度、多标准地评价学生的发展;教师还要注重使用形成性评价,发挥评价的发展性功能。

(五)为人师表:教师职业的内在要求

1. 为人师表是教师职业的内在要求

教师职业的示范性,决定了教师在教育实践中必须做到为人师表,注重养成良好的德行,增强人格魅力。这不仅有助于教育活动的开展,更能增强教师的亲和力、感召力和影响力,可以让学生在不知不觉中接受道德教育,自觉地养成良好的品行。

2. 为人师表的基本要求

为人师表处理的是教师与自身言行之间的关系,其基本要求是"坚守高尚情操,知荣明耻,严于律己,以身作则。衣着得体,语言规范,举止文明。关心集体,团结协作,尊重同事,尊重家长。作风正派,廉洁奉公。自觉抵制有偿家教,不利用职务之便谋取私利"。

要做到为人师表,首先,要求教师坚守高尚情操,知荣明耻,严于律己,以身作则。教师要做学生的榜样,以自身的一言一行、一举一动向学生传递积极的影响。因此,在日常教育教学中,教师必须时刻铭记自己的教师身份,处处严格要求自己,以身作则,不仅严格遵守教师职业道德规范,而且"自己为自己立法"并严格遵守。严于律己、以身作则是以"坚守高尚情操,知荣明耻"为前提的,因为高尚的情操、知荣明耻能保证以身作则的正确价值导向。要做到坚守高尚情操,知荣明耻,教师应该树立远大的教育理想和坚定的教育信念,要坚守先进的教育理念,注重优良德行和高尚审美情趣的发展,拥有明确的道德是非观、荣辱观、美丑观,能抵制不良的教育风气和行为,能克服低俗、媚俗的生活观念和行为,努力提升自己的精神境界。其次,教师要衣着得体,语言规范,举止文明。内在的人格美与教师外在优雅得体的仪表、举止是相互统一、相互渗透的,优雅得体的仪表、举止能增益教师的人格美,放大教师的影响力。外在仪表的总体要求是,既要符合时代文明的要求,更要符合教师职业的要求。在这方面,教师要做到三点:

一是衣着得体。教师的着装要符合教师的身份、年龄,要整洁、美观、大方,教师不能穿过于暴露的服装。

二是语言规范。教师要注意语言的明晰准确、文明健康、丰富幽默,不说脏话、粗话,不强词夺理,不恶语伤人,做到言之有礼、言之有理、言之有物、言之有艺术。

三是举止文明。教师要注意日常举止的得体端庄,包括站姿、坐姿、表情、手势等,也要注意教态的适度自然,不能过于夸张,也不能过于矫揉造作。

在教育世界中,教师不仅与学生打交道,也与领导、同事以及学生家长打交道。教师与这些人之间的关系,既会影响良好教育氛围、教育合力的形成,也会影响教师人格的被认同度。因此,为人师表还表现为关心集体,团结协作,尊重同事,尊重家长。具体来说,教师应该关心集体,维护学校的荣誉和利益,积极参与学校的事务,为学校的发展献计献策;应该尊重、团结同事,积极协作;应该尊重家长,主动、平等地与家长沟通,认真听取家长的建议和意见,不能因学生的不良行为而出现侮辱家长的言辞和行为。

> **小知识**
>
> **教师仪表规范**
>
> 1. 发式:头发整洁,发型大方,不染彩发,不留奇异发型。
>
> 2. 面容:精神饱满,保持清洁。女教师不浓妆艳抹,男教师不留胡须,装扮淡雅得体。
>
> 3. 双手:不留长指甲,不过分装饰指甲,保持清洁。
>
> 4. 衣服:男教师不穿无袖衫、背心;女教师不穿无袖装、低胸衫、吊带、露背装、露脐装和过于紧身的衣服。
>
> 5. 裤装:女教师不得穿超短裙、低腰裤、短裤,男教师不得穿短裤进校园。
>
> 6. 足部:不得穿拖鞋或鞋拖上班。
>
> 7. 学校在重大节日和活动中,教师要统一着装。
>
> (资料来源 麦岛小学教师仪容仪表及言行规范[EB/OL].(2021-7-6)[2022-9-2].http://www.laoshan.gov.cn/.)

(六)终身学习:教师专业发展的动力

1. 终身学习是教师专业发展的动力

相比于前三次的教师职业道德规范,此次《规范》的一大变化和亮点是,明确地将"终身学习"作为教师重要的职业道德规范。这一规范体现了时代发展对教师发展的要求。党的二十大报告强调：" 推进教育数字化，建设全民终身学习的学习型社会、学习型大国。"以往"老师要给学生一碗水，自己要有一桶水"的僵化教师素养观，已经不适合时代发展和学生发展的要求。教师只有不断学习，才能跟上信息瞬变的社会，才能捕捉学生的时代特征，才能更好地担负教书育人的使命。同时，教师的成长是一个终身的过程，只有不断学习，教师才能在教育实践中不断成长、进步。终身学习符合教师专业成长的规律，是教师专业发展的不竭动力。

事实上，终身学习成为教师职业道德规范之一，也反映了师德观的进步和师德内容的丰富，它打破了将教师职业道德局限于热爱教育事业，关心爱护学生等传统认识上，开始以一种开放的、动态的，从教师终身发展的角度考虑师德。

2.终身学习的基本要求

践行终身学习的职业道德规范，教师应该"崇尚科学精神，树立终身学习理念，拓宽知识视野，更新知识结构。潜心钻研业务，勇于探索创新，不断提高专业素养和教育教学水平"。2018年，中共中央、国务院提出《新时代教师队伍建设改革的意见》，致力于打造一支党和人民满意的"高素质专业化创新型教师队伍"，对新时代中小学教师专业发展提出了新要求。

科学精神是求真的精神，是不断探索的精神。随着科技、经济的迅猛发展，面对社会、教育事业和学生的不断发展变化，教师必须在科学精神的指引下确立终身学习的理念，不断学习，不断拓宽知识视野，更新知识结构。这就要求教师积极捕捉、了解人类科学文化发展的动态，尤其了解任教学科的发展动态，及时补充、更新文化科学知识和任教学科知识。同时，教师还应该不断学习、补充教育科学知识，包括教育学、心理学、教学法、德育原理、学校管理学等知识，完善教育科学结构，增强如何教的知识，提升教师职业的教育科学基础，增强教师职业的专业性。此外，教师还应积极学习各种与教师职业有关或有助于教师工作的知识，如文化学、哲学、伦理学、管理学等领域的知识。

教师职业是一个实践性很强的职业，教师也只有通过教育实践，才能获得成长。因此，终身学习，不仅指教师从书本中学习系统的科学知识，更要从实践中学习，丰富实践知识，增长教育智慧。从实践中学习，教师需要潜心钻研业务，勇于探索创新。教师不是知识的传声筒，学生不是学习的机器，教师只有研究学生，研究教学内容，研究教法，才能收到较好的教育效果；教师不是教育政策、课程的简单执行者，而是教育的研究者，教师要参与教育，就要主动研究教育问题。这样，基层的教育改革才能扎实推进。因此，教师要认识到研究者的角色及其重要意义，在实践中要积极关注教育问题，善于立足于自己的教育教学实践发现问题，并大胆进行探索、研究，创新教育教学方法。

第三节 《中小学班主任工作规定》的精神与基本内容

班主任是我国中小学教师队伍中的一个特殊角色,在中小学教育活动中承担着特殊的任务,发挥着重要的作用。1952年,教育部颁发《小学暂行规程(草案)》和《中学暂行规程(草案)》明确规定设立班主任一职。

1988年,原国家教委颁发《小学班主任工作暂行规定(试行)》和《中学班主任工作暂行规定》。这是国家第一次正式出台班主任工作文件。

一、《中小学班主任工作规定》制定的背景与意义

(一)《中小学班主任工作规定》出台的背景

进入新世纪,随着经济改革和教育改革的进一步深入,基础教育步入了由全面普及转向更加重视提高质量、由规模发展转向更加注重内涵发展的新时期,班主任工作越发受到重视。2006年,教育部印发《教育部关于进一步加强中小学班主任工作的意见》,特别强调班主任是"教师队伍的重要组成部分","是中小学思想道德教育的骨干"。2009年8月12日,为了进一步加强中小学班主任工作,发挥班主任在中小学教育中的重要作用,保障班主任的合法权益,全面推进素质教育,教育部印发了《中小学班主任工作规定》(以下简称《规定》)。

(二)《中小学班主任工作规定》的意义

1. 推进素质教育的必然所需

实施素质教育,促进学生在德智体美劳等方面的全面发展,是我国教育改革和发展的根本任务,也是国家建设发展的需要。

中学班主任作为中学教师队伍的重要组成部分,是班级工作的组织者,班集体建设的指导者,中学生健康成长的引领者,是中学思想道德教育的骨干,是加强和改进未成年人思想道德建设、全面实施素质教育的重要力量。《规定》的发布,有助于强化班主任的职责,增强班主任工作的责任感,这对素质教育的推进具有重要的作用。

2. 班主任工作内涵发展的必然选择

随着我国教育改革的不断深化,以及当今中学生新的时代发展特点和问题的出现,班主任工作面临很多新的挑战和要求,也出现很多新的问题,如一些老师不愿当班主任,班主任的素养也被寄予了更高的期待。如何调动广大教师从事班主任工作的热情和意愿,如何保障班主任工作的积极开展,如何提高班主任的专业素养,已经成为全面实施素质教育需要解决的重要问题之一。《规定》的出台,符合了班主任工作适应教育发展的需要。《规定》从班主任的地位、工作量、经济待遇、教育权利等方

面,为鼓励教师从事班主任工作,为班主任有更多的时间和精力了解学生,分析学生学习生活成长情况,以真挚的爱心和科学的方法教育、引导、帮助学生成长进步,提供了政策支持和保障,使广大班主任增强了从事班主任工作的信心,对我国班主任队伍的稳定和壮大具有重要意义。

同时,《规定》的出台,也推动了班主任培训工作的稳定和系统进行。这对于增强班主任的专业素养,提升班主任工作的专业化水平,提高班主任工作的效果和质量,也具有重要的作用。

3. 学生健康成长的现实需要

班主任是班级学生工作的全面负责者,担负班级管理、引导学生发展的重要职责。他们既要组建班集体,进行班级管理,还要组织学生开展班会、团队会,以及各种主题教育活动和文体活动,丰富学生的班级生活,为学生的健康成长创造良好的班级氛围;他们要关心学生的学习状况,教育学生明确学习目的,端正学习态度,掌握正确学习方法,养成良好学习习惯,增强创新意识和学习能力;还要了解每个学生的身体、心理和思想状况,开展有针对性的教育,做每一位学生人生路上的引路人。

《规定》的出台,有助于推动班主任明确自身职责,全面推进素质教育,尤其强化育人职责,加强和改进中学生思想道德建设,促进他们在复杂的社会环境中健康成长。《规定》的出台,也有助于推动学校加强班主任工作,加强对班主任的遴选和培训,切实保证学生的健康发展。

> **小知识**
>
> 1904年,清朝公布《奏定学堂章程》,规定小学"各学级置本科正教员一人""通教各科目""任教授学生之功课,且掌所属之职务"。由一个教师担任一个学级的全部学科或主要学科的教学制度,称为学级担任制,简称级任制。

> **小知识**
>
> 1932年,"中华民国"时期,规定中学实行级任制。1938年又把中学的级任制改为导师制,负责班级组织教育工作的教师称级任导师。
>
> 中华人民共和国成立后,继承老解放区的传统,学习苏联教育经验,在中小学里一律设置班主任。

二、《中小学班主任工作规定》的基本精神与主要内容

（一）《中小学班主任工作规定》的精神

《中小学班主任工作规定》(以下简称《规定》)的出台符合时代和教育发展对班主任工作的需要，它凸显的主要精神集中为两点。

1. 中小学班主任在中小学生思想道德建设和全面健康成长方面发挥着重要的作用，在学校中具有重要地位

《规定》在"总则"中鲜明地指出："班主任是中小学日常思想道德教育和学生管理工作的主要实施者，是中小学生健康成长的引领者，班主任要努力成为中小学生的人生导师"，班主任"是中小学的重要岗位"。为了保障班主任的重要地位，《规定》在班主任的选聘、待遇与权利，尤其是工作量和经济待遇、培训、表彰奖励等多个方面，都做出了明确规定。这不仅显现了国家对班主任在学校教育中重要地位的重视，而且对广大教师参与班主任工作是一个极大的鼓舞和激励，对于稳定班主任队伍、促进班主任专业成长，也具有积极的意义。

2. 中小学班主任在班级中承担特殊的职责和任务

《规定》强调班主任在中小学中的重要地位和职责，是对我国广大从事班主任工作的教师的最大尊重，也有助于激发其工作的积极性。《规定》对班主任的职责和任务提出了明确的要求，更加凸显了国家对班主任工作的重视。这些职责和任务包括全面关心教育学生，进行班级日常管理和班集体建设，开展班级活动，对学生进行评价，做好学校、家长和社会的沟通工作。为了使班主任职责得到更好的落实，教育行政部门和学校应制订班主任培养培训规划，有组织地开展班主任岗位培训，教师教育机构也应承担班主任培训任务。

（二）《中小学班主任工作规定》的基本内容

《规定》共分七章二十二条，依次是"总则""配备与选聘""职责与任务""待遇与权利""培养与培训""考核与奖惩"，以及"附则"。

1. 总则

在"总则"部分,主要阐述了中小学班主任的职能及其队伍建设意义,申明了《规定》的制定意义与主要宗旨。

第一条　为进一步推进未成年人思想道德建设,加强中小学班主任工作,充分发挥班主任在教育学生中的重要作用,制定本规定。

第二条　班主任是中小学日常思想道德教育和学生管理工作的主要实施者,是中小学生健康成长的引领者,班主任要努力成为中小学生的人生导师。

班主任是中小学的重要岗位,从事班主任工作是中小学教师的重要职责。教师担任班主任期间应将班主任工作作为主业。

第三条　加强班主任队伍建设是坚持育人为本、德育为先的重要体现。政府有关部门和学校应为班主任开展工作创造有利条件,保障其享有的待遇与权利。

2. 配备与选聘

班主任的配备与选聘,是保证中小学班主任工作质量的关键举措,是《规定》的核心内容。

第四条　中小学每个班级应当配备一名班主任。

第五条　班主任由学校从班级任课教师中选聘。聘期由学校确定,担任一个班级的班主任时间一般应连续一学年以上。

第六条　教师初次担任班主任应接受岗前培训,符合选聘条件后学校方可聘用。

第七条　选聘班主任应当在教师任职条件的基础上突出考查以下条件:

(一)作风正派,心理健康,为人师表;

(二)热爱学生,善于与学生、学生家长及其他任课教师沟通;

(三)爱岗敬业,具有较强的教育引导和组织管理能力。

3. 职责与任务

中小学班主任必须清楚自己肩负的职责与任务,进而实实在在地做好自己的本职工作。

第八条　全面了解班级内每一个学生,深入分析学生思想、心理、学习、生活状况。关心爱护全体学生,平等对待每一个学生,尊重学生人格。采取多种方式与学生沟通,有针对性地进行思想道德教育,促进学生德智体美全面发展。

第九条　认真做好班级的日常管理工作,维护班级良好秩序,培养学生的规则意识、责任意识和集体荣誉感,营造民主和谐、团结互助、健康向上的集体氛围。指导班委会和团队工作。

第十条　组织、指导开展班会、团队会(日)、文体娱乐、社会实践、春(秋)游等形式多样的班级活动,注重调动学生的积极性和主动性,并做好安全防护工作。

第十一条　组织做好学生的综合素质评价工作,指导学生认真记载成长记录,实事求是地评定学生操行,向学校提出奖惩建议。

第十二条　经常与任课教师和其他教职员工沟通,主动与学生家长、学生所在社区联系,努力形成教育合力。

4.待遇与权利

持续提高中小学班主任的物质待遇,保证其合法权利,是增强中小学班主任队伍吸引力的现实要求。

第十三条　学校在教育管理工作中应充分发挥班主任的骨干作用,注重听取班主任意见。

第十四条　班主任工作量按当地教师标准课时工作量的一半计入教师基本工作量。各地要合理安排班主任的课时工作量,确保班主任做好班级管理工作。

第十五条　班主任津贴纳入绩效工资管理。在绩效工资分配中要向班主任倾斜。对于班主任承担超课时工作量的,以超课时补贴发放班主任津贴。

第十六条　班主任在日常教育教学管理中,有采取适当方式对学生进行批评教育的权利。

小知识

班主任津贴

班主任是义务教育学校教育教学工作中的重要岗位,为鼓励教师尤其是优秀骨干教师积极主动承担班主任工作,1979年,教育部、财政部、原国家劳动总局印发《关于普通中学和小学班主任津贴试行办法》(教计字〔1979〕489号),设立普通中小学班主任津贴项目,明确了津贴标准。1988年,原人事部、原国家教委、财政部印发《关于提高中小学班主任津贴标准和建立中小学教师超课时酬金制度的实施办法》(人薪发〔1988〕23号),各地根据实际情况,适当调整了班主任津贴标准,但总体水平仍然较低。

考虑到1988年调整后的班主任津贴仍难以发挥应有作用,为进一步提高义务教育学校班主任待遇,吸引更多优秀教师积极从事班主任工作,2008年,《人力资源社会保障部 财政部 教育部关于义务教育学校实施绩效工资指导意见的通知》(国办发〔2008〕133号)明确规定义务教育学校实施绩效工资后,原国家规定的班主任津贴与绩效工资中的班主任津贴项目归并,纳入绩效工资管理;纳入绩效工资后,班主任工作量要作为教师工作量的重要组成部分,各地各校要结合实际情况在绩效工资中设立相关项目,在内部分配时向班主任倾斜。

（资料来源 教育部对十二届全国人大五次会议第3464号建议的答复[EB/OL].[2023-4-1].http://www.moe.gov.cn/jyb_xxgk/xxgk_jyta/jyta_jiaoshisi/201712/t20171219_321760.html.）

5. 培养与培训

培养与培训是持续提高中小学班主任队伍质量的常规举措,是中小学班主任队伍专业化发展的保证。

第十七条　教育行政部门和学校应制订班主任培养培训规划,有组织地开展班主任岗位培训。

第十八条　教师教育机构应承担班主任培训任务,教育硕士专业学位教育中应设立中小学班主任工作培养方向。

6. 考核与奖惩

考核与奖惩是中小学教师队伍建设的必要激励机制,建立科学的奖惩机制,对中小学班主任工作质量的持续提高意义重大。

第十九条　教育行政部门建立科学的班主任工作评价体系和奖惩制度。对长期从事班主任工作或在班主任岗位上做出突出贡献的教师定期予以表彰奖励。选拔学校管理干部应优先考虑长期从事班主任工作的优秀班主任。

第二十条　学校建立班主任工作档案,定期组织对班主任的考核工作。考核结果作为教师聘任、奖励和职务晋升的重要依据。对不能履行班主任职责的,应调离班主任岗位。

7. 附则

《规定》中还有两条附则,主要针对实施中的具体操作问题。

第二十一条　各地可根据本规定,结合当地实际情况,制定中小学班主任工作的具体实施办法。

第二十二条　本规定自发布之日起施行。

（三）《中小学班主任工作规定》对班主任工作的要求

《规定》的出台为班主任工作提供了多方面强有力的保障，也对班主任的现实工作提出了新的要求。中学班主任教师应该按照《规定》，与时俱进地改进班主任工作。具体而言，应该做到以下几点[①]。

1. 坚持育人为本、德育为先的目标导向

班主任应该把学校教育目标落实到班级日常管理工作过程中，切实把德育放在首位，注重学生正确的世界观、人生观、价值观和社会主义荣辱观的培养和形成，培养学生健全、独立的人格。引导学生培养学习兴趣，树立正确的学习目标，促使学生全面协调健康发展。

2. 注重公平，面向班集体每一个学生

班主任要关心每一个学生，了解他们的内心世界，根据每个学生的特点，精心设计相应的教育方案，引导、帮助每一个学生健康成长，要特别关注学生中的弱势群体和边缘群体，为每一个学生的终身发展奠定基础。

3. 关心学生的全面发展

班主任要坚持以人为本，以学生的全面发展为班主任工作的根本出发点，不仅要关心他们的学习，更要关心他们的思想道德、身体、心理、人格等各方面的发展状况。培养学生各方面的能力，提高学生各方面的素质，发挥学生的个性特长，充分发掘学生的潜能。

4. 建立平等互信的师生关系

班主任要平等对待学生，建立和谐的、朋友式的新型师生关系。尊重学生，注重与学生交流沟通的方式，做学生人生路上的良师益友。

5. 遵循学生的年龄特点和身心发展规律

班主任要相信每个学生都有自己的优点，都有成才的强烈愿望，帮助每一个学生建立不断提高进步的目标；善于发现和激励学生的每一点进步，让学生始终在成功的喜悦中提高自己、发展自己。

6. 建立完善班级管理制度

班主任要通过建立科学合理的班级日常管理规范，培养学生良好习惯的养成。从小事、细微处着手，积极开展行为规范教育。加强学生自主管理，增进学生民主意识，培养学生独立处理问题的能力。

---

① 教育部解读：贯彻《中小学班主任工作规定》的要求[EB/OL].[2022-5-9]. http://www.teacherclub.com.cn/tresearch/channel/class/public/12049.html.

7.积极进行班集体文化建设

班主任要指导班集体通过开展班会、团队会、各种主题教育活动和丰富多彩的文体活动,丰富学生的生活,弘扬爱国主义、集体主义和民族精神,形成健康向上、积极进取的班风和有特色的班级文化,营造良好的育人环境。

8.指导和组织学生积极参加社会实践活动

班主任要充分开发社区、学校和班级的各种教育资源,组织学生积极参加有益于身心发展和道德养成的各种社会实践活动,增强道德体验,培养学生正确的劳动观念和劳动习惯。

9.充分发挥纽带作用

班主任积极主动地与其他课程任课教师、少先队、团委、政教处沟通,步调一致,形成合力,充分发挥集体教育的作用。加强与家长的沟通交流,积极建立与家长沟通和交流的有效渠道,实现学校教育和家庭教育的有机结合。加强与社会、社区的联系,善于利用各种资源让学生了解社会,参与社会,适应社会,服务社会;也让全社会都来了解教育、关心教育、支持教育,营造良好的社会育人环境。

10.大胆创新工作方式

班主任要认真做好学生的综合素质评价工作,积极探索建立学生良好行为习惯的动态管理模式和综合考评制度,建立并填好学生成长档案和记录袋。在此基础上,积极探索深化教育改革背景下班主任工作的新特点、新要求,创新班级管理和建设的有效模式。

▶▶第四节　教师践行职业道德时应遵守的行为准则

《中小学教师职业道德规范》是教师职业道德的指导性文件,它为教师的职业活动提供了道德指引,在教育实践中,教师应该遵守《规范》开展教育活动。但是,教育的情境是变化的,学生是有个体差异性的,而且道德规范也不是教条的、僵化的,教师应该灵活把握、处理一些内容,保证职业道德的有效践行。

一、遵守教育法律法规与恪守职业道德

法律与道德都是人的行为规范,二者既有区别,也有联系,教师践行职业道德应该以遵守一般的法律法规和教育法律法规为前提。

(一)遵守法律法规是恪守教师职业道德的前提

法律是由国家制定和认可,并以国家强制力量保证实施的调整社会关系的行为规范的总和,道德是依靠传统习俗、社会舆论和个人的内心信念,来维系的

调整社会关系的行为规范的总和。相比于道德，法律是对人的底线行为的约束，在社会生活中，人的行为必须以遵守法律为底线，即便是道德举动也不能触犯法律。在教育活动中，教师践行职业道德必须以遵守法律法规为前提，包括国家的一般法律法规和教育法律法规。

（二）职业道德对教师行为发挥根本的指导作用

在教育实践中，教师往往会遇到个人法律权利与职业道德发生冲突的情况。比如，着装本是一个人的权利和自由，但是，在教师身上，它就不仅仅是一个个人问题，而具有了道德意味。教师不能随意着装，要注意着装规范。同样，教师的情感属于个人问题，但与学生出现越位交往，就是一个职业道德问题。所以，虽然师生恋在法律上并没有明确规定，但一般都被认为是有违师德的。教师的职业性质和工作对象的特殊性，决定了当教师的法律权利与职业道德发生冲突时，应该以职业道德为准。在法律法规和职业道德之间，职业道德对教师行为发挥着根本性的指导作用，教师应该注意从职业道德的角度审视自己的行为，选择合适的行为。

二、关爱学生与教育惩罚

关爱学生是教师的一条重要职业道德，爱生应该是无条件的，但并不是无原则的。当学生出现错误时，应有的教育惩罚是必要的。

（一）没有惩罚的教育是不完整的教育

在教育领域中，"没有爱就没有教育"被奉为教育的真谛。只有热爱学生、关爱学生，教师才会一切从学生出发，一切为了学生。但是，爱生并不意味一味迁就学生。当学生出现错误时，爱生恰恰表现为合理地进行教育惩罚。惩罚不是体罚，更不是心理虐待，它是对受教育者的不良行为给予否定性评价，并采取一定措施促使其改正且内化为受教育者自觉约束力的一种教育方法。在学生的成长中，犯错总是难以避免的，事实上，犯错往往是学生的一种成长方式和权利。面对学生的不良表现，施以教育惩罚是必须和必要的。惩罚能对学生的不良行为构成警示，能让学生正视自己的错误，形成明确的是非观，形成对积极价值的判断和认识。换句话说，教育既需要直接扬善，也需要通过抑恶来扬善。所以，没有惩罚的教育是不完整的教育。

那种认为，关爱学生与进行教育惩罚是相互冲突的观念，是错误的。之所以有这种认识，一方面，是因为一些教师将惩罚等同于体罚，另一方面，是将教师的爱等同于无原则的溺爱。在教育实践中，害怕因惩罚学生而被批评为不爱学生，或者害怕因惩罚不当而给自身带来不良影响，最终不敢或放弃使用教育惩罚，都是教师失职的表现。

（二）合理的教育惩罚以关爱学生为出发点

不管何种教育，从来都不排斥将惩罚作为一种行之有效的手段，关键在于要运用得合理合宜。

教育惩罚的最大特点在于它的教育性,也就是说,惩罚的目的不在于惩罚学生,而在于帮助学生、教育学生,使其认识错误行为,获得积极发展。这与关爱学生的初衷是一致的,也是教师关爱学生的表现之一。而且,教育惩罚不是无情的、残酷的,它需要以师生的深厚情感做基础。这样,既能使学生感受到老师的关爱之心,也能保证惩罚的教育目的。所以,合理的教育惩罚必须以关爱学生为出发点和基础。

在坚持教育性原则的基础上,教师在使用惩罚时,还应注意以下几点:

一是惩罚要针对学生的过错行为,而不是学生本人,应该以不伤害学生的人格为底线。

二是教师要做到惩罚得公正,不能因学生的家庭背景、学习成绩、与教师的亲疏程度等而使惩罚的执行尺度不一,不能因为教师的心情与喜好随意更改惩罚标准。

三是教师要注意惩罚应适度、适量,要充分考虑学生错误行为的性质,学生的个性特点,接受心理等条件。

四是教师在使用惩罚后应该继续给予学生帮助、引导和关爱,让学生不因受罚而意志消沉。

> **小知识**
>
> 2020年12月23日,《中小学教育惩戒规则(试行)》公布,第七条明确规定:学生有下列情形之一,学校及其教师应当予以制止并进行批评教育,确有必要的,可以实施教育惩戒:
>
> (一)故意不完成教学任务要求或者不服从教育、管理的;
>
> (二)扰乱课堂秩序、学校教育教学秩序的;
>
> (三)吸烟、饮酒,或者言行失范违反学生守则的;
>
> (四)实施有害自己或者他人身心健康的危险行为的;
>
> (五)打骂同学、老师,欺凌同学或者侵害他人合法权益的;
>
> (六)其他违反校规校纪的行为。

三、乐于奉献与维护权利

具有奉献精神一直都是社会对师德的赞誉，也是对师德的要求之一。强调教师乐于奉献，是教师职业发展所需，但它并不无视教师的权利。乐于奉献与维护权利不是矛盾的。

(一) 奉献是不变的师德精神

教师职业是一个特别需要奉献精神的职业，因为人的成长是一个长期的过程，是一点一点吸收营养的过程。在这个过程中，教师给予学生得多，学生就能获得得多。而唯一能判断教师投入程度的人，就是教师自己，所以教师职业是一个依靠教师的内心信念、情感和意志投入的工作，是一个依靠教师自我道德评价机制即"良心"监督的工作。这需要教师具有奉献精神。只有具有奉献精神，教师才会长期对学生抱有关爱之情；只有具有奉献精神，教师才不会吝惜自己的时间和精力；只有具有奉献精神，教师才会尽心尽力地施展自己的知识和才能。奉献是永恒不变的师德精神。当今，一些人对教师的奉献精神产生了质疑，认为要求教师乐于奉献，是对教师权利的忽视或伤害，是对教师的严苛要求。这种认识是错误的。

(二) 维护权利不违背奉献精神

随着社会经济的发展和社会法制化、人道化的推进，教师的权利、权益受到关注。维护教师权利是社会对教师的基本尊重和关心，也体现了师德观的转变。过去那种一味强调教师奉献，将教师标榜为"不食人间烟火"的"道德圣人"的观念，是有违教师的心理需要的。事实上，如果师德的要求无视或侵害了教师的权利，教师的从教热情和信心将受到打击，这是不利于教育的发展的。所以，维护权利并不意味着放弃奉献精神。强调教师具有奉献精神，不是要求教师让渡自己的权利和权益，反之，教师维护权利也不违背奉献精神。只有教师的权利得到尊重和维护，教师的奉献才更有持久性，教师也更愿意真心地奉献自己的光和热。当然，社会尊重教师的权利，允许教师维护自己的权利，一定是以教师履行基本的教育职责为前提的，那种以"维护权利"为借口，追逐物欲、懈怠责任的教师，是有违师德的教师。

四、遵守职业道德规范与形成师德素养

道德规范是对行为的基本道德规定或要求，它具体、易于遵守，但遵守道德规范并不是修养道德的最终目的，道德也不止于道德规范。一个有道德的人，是一个能遵守道德规范的人，更是一个拥有道德意识、道德情感、道德意志，以及稳定的行为品质的人。

(一) 师德素养的形成以遵守职业道德规范为起点和基础

道德素养的形成不是一蹴而就的，它是从遵守具体的行为规范开始的，因为道德最终落实到行动上，也是在实践中逐步养成的。一个教师如果仅有对职业价值、职业

使命、职业理想等的认识,而不能在行动中加以落实,思想终会落空。养成师德素养必须以遵守职业道德规范为起点和基础。在一定意义上,长期遵守职业道德规范会促使教师形成道德习惯,这至少能够保证教师不会出现严重的师德问题。所以,在修养师德中,教师应该注意在日常的教育教学中关注自身的言行举止,关注点滴的细节,严格要求自己,将践行道德规范落到实处。

(二)遵守职业道德规范要以发展良好师德素养为目标

道德具有行为规范作用,也具有提升作用,它能推动个体不断提升道德水平和境界,追求卓越,因为道德说到底是人的一种精神力量。对教师而言,践行师德不能止步于使教师成为一个合格的教师,或者说,成为一个不犯规的教师,更在于推动教师不断追求卓越。因此,教师遵守《中小学教师职业道德规范》是必需的,但是止于遵守规范,尤其是仅遵守禁行性行为规范,是对职业道德的一种误读,会阻碍师德的发展。道德是行为规范,更是实际的行为品质,它包含了对职业意义、职业理想、责任、教育观念等的认识和情感。这是一种师德素养。教师在遵守职业道德规范的同时,应该以养成良好的师德素养为目标和动力,深刻理解、内化师德规范及其价值,不断深化对职业意义的认识,发展师德理想,努力成为优秀的教师。

五、加强个人道德修养与师德修养

人的道德体系包括私德、公德和职业道德三个部分,教师的职业道德是作为教师的人的道德体系中的一部分。教师不仅要具有职业道德,也要具有人的一般道德,职业道德与一般道德不是互不关联的,而是相辅相成的。

(一)个人道德修养是职业道德修养的基础

作为教师,教育行业需要他们具有一定的教师职业道德,但教师也是一个人,需要具有作为人的一般道德即私德和公德。职业道德在特定领域中具有专业性,但是,它绝不完全是一个人成为职业人后才开始形成的,它是在个体一般道德的基础上发展起来的。个体的一般道德为他理解、内化职业道德,更好地发展和践行职业道德奠定了基础。同样,教师的个体道德也是其职业道德养成的基础。很难想象,一个没有爱心,对父母、他人、对社会没有责任感的教师,会爱自己的学生,会具有较强的教育责任感。其实,在现实中,人们也不难发现,具有较高师德水平的教师,其个人道德往往也较好。所以,在关注职业道德修养时,教师也要注重自身价值观、人生观和良好个人品德的发展,注意自己在日常生活中的言谈举止,不能仅以师德要求自己,还要以个人道德要求自己。事实上,为人师表,即是对教师个人道德修养的要求。教师只有既保持良好的个人道德修养,也积极践行职业道德,教师的职业道德才是真实的、自然的。

（二）不能以教师个人道德替代教师职业道德

虽然个人道德修养是教师职业道德养成的基础，良好的个体道德修养至少可以保障教师具有较好的师德意识，但却未必能确保教师在实践中很好地践行师德。在现实中，我们往往会遇到这样一些教师，他们不乏爱学生的意识或情感，但不时会出现一些有伤学生利益的行为或做法，问题的症结在于他们缺乏良好的师德能力。职业道德是同人们的职业生活实践相联系的，它的具体内容及其要求必然要考虑职业活动的特点和需求，个人道德不可能直接套用到职业道德上。同样，教师在践行职业道德时，也需要考虑具体教育对象的特点、教育情境和目的，需要把握教育的理念、规律和原则等。这不仅仅是师德意识的问题，更是教师综合运用教育专业素养，如教育知识和能力形成师德能力的问题。

所以，教师职业道德不同于教师的个人道德，教师不能简单地认为，只要注意个人道德就可以了，甚至错误地认为，可以以个人道德替代教师职业道德。在实践中，教师必须全面了解教师职业道德的特点，深刻把握教师职业道德规范的内容及具体要求，同时，注意加强自己的教育专业素养。只有这样，师德才能真正落实到行动上，才能发挥教育意义。

六、师德实践案例研学

请同学们阅读教育部教师司 2021 年发布的两则师德警示案例：

案例二　某学校教师许某某体罚学生问题。2019 年 3 月 29 日，许某某用笤帚木把对未达到英语月考目标分数的 25 名学生进行体罚，造成部分学生腿部、臀部、背部等部位淤血、红肿。许某某的行为违反了《新时代中小学教师职业行为十项准则》第五项规定。根据《中华人民共和国教师法》《中小学教师违反职业道德行为处理办法（2018 年修订）》，对许某某予以辞退，按程序撤销其教师资格，同时追究教育行政部门相关负责人及学校校长等的责任。

案例三　某学校教师徐某某体罚学生问题。2020 年 9 月，徐某某在管教学生过程中，采取不当方式，造成学生身体损伤。徐某某的行为违反了《新时代中小学教师职业行为十项准则》第五项规定。根据《中小学教师违反职业道德行为处理办法（2018 年修订）》等相关规定，给予徐某某警告处分，认定其当年师德考核不合格，扣除其一年绩效工资，三年内不得评优评先；对学校时任校长、分管副校长和年级主任进行约谈提醒。

【案例深究】

研读案例后请同学们思考三个问题：

1.许老师和徐老师具体违背了《新时代中小学教师职业行为十项准则》《中华人民共和国教师法》《中小学教师违反职业道德行为处理办法（2018 年修订）》中的哪些

条款？请找出来读一读。

2.教育部的处理是否合适？请说出您的理由或依据。

3.如若不处理，任由这些师德违规行为蔓延，会对学生、学校、行业、社会带来哪些不良影响？

【对策研判】

请同学们分小组讨论后，给两位老师从个人修养、教育实践、职业观念等方面提出3—5条改进建议，并在全班范围内交流。

【课堂展示】

请以"铭记师德规范，成就'四有'好教师梦想"为题做一个3分钟小演讲，告诉全班同学您的师德案例研学活动收获。

【同步练习】

（一）单项选择题

1.教师节前夕，某班主任老师在班级群组织送礼投票，要求学生集资给老师送礼，否则转班。学校核实后，拟对该教师给予降低岗位等级处分。依据《中小学教师违反职业道德行为处理办法》，下列正确的是（　　）。

A.由学校提出建议，上级人事部门决定并备案

B.由学校提出建议，同级人事部门决定并备案

C.由学校提出建议，学校主管部门决定并报同级人事部门备案

D.由学校提出建议，学校主管部门决定并报上级人事部门备案

【参考答案】C

【题目解析】根据《中小学教师违反职业道德行为处理办法》第七条（一）警告和记过处分，公办学校教师由所在学校提出建议，学校主管部门决定。民办学校教师由所在学校决定，报主管部门备案。（二）降低岗位等级或撤职处分，由教师所在学校提出建议，学校主管部门决定并报同级人事部门备案。（三）开除处分，公办学校教师由所在学校提出建议，学校主管部门决定并报同级人事部门备案。民办学校教师或者未纳入人事编制管理的教师由所在学校决定并解除其聘任合同，报主管部门备案。（四）给予批评教育、诫勉谈话、责令检查、通报批评，以及取消在评奖评优、职务晋升、职称评定、岗位聘用、工资晋级、申报人才计划等方面资格的其他处理，按照管理权限，由教师所在学校或主管部门视其情节轻重作出决定。根据上文第二项本题当选C。（NTCE－2021－1）

2.吴老师在指导青年教师时说道：我们是生物老师，自己就知道生物的多样性和保护这种多样性的重要，所以对各有所长的学生，我们可不能做一个把学生修剪得整整齐

齐的园丁。这种说法表明教师劳动具有(　　)。

A. 差异性　　　B. 协作性　　　C. 复杂性　　　D. 示范性

【参考答案】C

【题目解析】教师的劳动具有复杂性,这主要表现在两个方面:一是教师的劳动对象具有复杂性。更重要的还在于,学生具有个体差异性,每一个人都有独特之处,教师不能千篇一律地对待所有学生,不能一刀切地处理学生的问题,必须依据个体差异性进行教育,这样才能切实帮助学生成长。今天的青少年学生不论是在自我意识、主动性上,还是在思想观念、个性上都有了新的发展,这都增加了教师工作的复杂性和难度。二是教师的劳动任务具有复杂性。因此,老师"不能做一个把学生修剪得整整齐齐的园丁"恰恰表明教师劳动的复杂性。(NTCE-2019-2)

(二)材料分析题

【材料】预备铃已响,很多同学仍三五成群在教室里说着、笑着、吃着、闹着,嘈杂无章,一片混乱。班主任某老师气不打一处来,使劲把教材往地上一摔,大声训斥道:"孙涛,你这个班长能不能管点事?当不了班长,就别当啊!"孙涛一脸委屈,一言不发。

下课后,孙涛的辞职信就出现在了该老师的办公桌上,他辞职的理由是当班长影响学习,该老师想:"这不是故意拆我的台吗?"他不由得火冒三丈,怒气冲冲地跑到教室,宣布罢免孙涛的班长职务。平静下来以后,该老师意识到罢免孙涛的做法很不妥当,第二天,该老师找孙涛进行了一次长谈。该老师首先表达了歉意,接着给孙涛讲了上一届班长学习和班级工作相互促进的故事。讲着讲着,该老师发现孙涛已沉浸在故事中,便心平气和地说:"你想想,为什么他能学习和班级工作双丰收?"孙涛说:"他把当班长变成学习的动力了。"该老师点头赞成道:"只要你努力认真,就一定能做好!"孙涛便答应重新当班长。

【问题】请结合材料,从教师职业道德的角度,评析该老师的教育行为。

【参考答案】

教师职业道德的根本原则是:关爱学生、为人师表、教书育人,材料中毕老师的教育行为具有两面性:一方面违背了关爱学生的职业道德原则,另一方面又符合了教书育人、为人师表的师德原则。

(1)教师应该关爱学生,包括"关心爱护全体学生,尊重学生人格,平等公正对待学生;对学生严慈相济,做学生良师益友;保护学生安全,关心学生健康,维护学生权利"。毕老师因班级秩序混乱而直接当众呵斥班长、接受班长的辞职并宣布当场罢免等行为违反了关爱学生的师德规范,伤害了学生心灵,践踏了学生的人格尊严。

(2)教师应该教书育人、为人师表、率先垂范,工作出错后要善于自我剖析、认错改正。

毕老师后期的行为又体现了教书育人的师德精神,具体体现为:针对孙涛同学的辞职信,开展了诲人不倦、因材施教的育人工作,对孙涛进行正面引导,鼓励孙涛重新当班长,符合教育规律,体现了立德树人的师德要求。同时,勇于承认错误,用严于律己、以身作则的行为为学生提供了正面教材,其行为体现了为人师表的师德精神。

【题目解析】本题目侧重考查学生对师德原则、精神的根本理解,强调教师要因地制宜、联系实际地践行师德精神,遵循师德原则,具有较强的灵活性、实践性。这一命题思维要求学习者要坚持学以致用、学用结合的原则来学习师德、体验师德、领悟师德,获致师德的灵魂与精髓。(NTCE – 2020 – 2)

【阅读链接】

1. 檀传宝.教师德育专业化读本[M].北京:教育科学出版社,2012.

2. 钱焕琦.教师职业道德[M].上海:华东师范大学出版社,2020.

3. 范先佐.教师职业道德与专业发展[M].长春:东北师范大学出版社,2020.

4. 龙宝新.新时代师德师风建设的意义、依据与方向[J].中国德育,2020(13):5 – 9.

5. 檀传宝等.中学师德建设调查十大发现[J].中国德育,2010(04):5 – 10.

6. 教师职业道德编写组.教师职业道德[M].西安:西北大学出版社,2011.

7. 赵宏义,于秀华.新时期教师职业道德修养[M].长春:东北师范大学出版社,2005.

【创意实践】

微型演讲:阅读当年"感动中国教育人物",写一份500字演讲稿,课外进行5分钟师德小演讲,并录制视频,经授课老师审核后上传至在线课程网站。

第四章 教师职业行为

践行教师职业道德规范是教师职业道德修养的外部表现,遵循一定的思想行为规范,处理好教师职业的内部与外部关系,是优秀教师职业道德操守的象征。

教师职业道德规范包括教师的思想行为规范和职业行为规范。教师思想行为规范主要指教师在职业道德价值观、职业道德思维方式上应遵守的基本准则或要求,主要侧重对思想、态度、情感的指导;教师职业行为规范主要指教师在具体的教育教学工作中应遵守的基本准则或要求,侧重对具体职业活动行为的指导。

▶▶ 第一节 教师职业道德规范的主要内容

小知识

"七一勋章"获得者、全国师德标兵张桂梅老师带给了我们两则感人的故事:

1997年12月的一天深夜,一个男生突然发高烧,张桂梅看到这位学生寒冬腊月还穿着单衣,当即把丈夫去世后留下的唯一一件毛背心送给了这位学生,并连夜把他送到医院,替他付了200元的住院费。第二天,当学生家长赶到医院,看到已经守候了整整10个小时的张桂梅脸色苍白,神情憔悴,这位傈僳族老人感动得热泪盈眶。还有一个男生,因为没有生活费而几次提出退学,可只有4个月就毕业了,眼看孩子中途辍学,张桂梅心痛不已,每周拿出30元,帮助他顺利完成了学业。

有一段时间,班里的许多男生夜不归宿,沉迷网络游戏。张桂梅得知后心急如焚,直接将行李搬到了男生宿舍,与他们同吃、同住、同学习。通过言传身教,终于使他们戒除了网瘾,养成了良好的学习、生活习惯和健康向上的业余爱好。从那以后,不少学生有趣地称她为"校园妈妈"。

同学们,每一个平凡的教育人都可能创造出师德的巅峰!

道德体现为具体的行为,也体现为思想、意识和观念,因此,道德规范既有思想层面的,也有实际行为层面的。教师思想行为规范主要指教师在职业道德价值观、职业道德思维方式上,应遵守的基本准则或要求,主要侧重对思想、态度、情感的指导;教师职业行为规范主要指教师在具体的教育教学工作中,应遵守的基本准则或要求,侧重对具体职业活动行为的指导。

一、教师职业道德规范的要求

2008年颁布的《中小学教师职业道德规范》既有对教师思想行为的要求,也有对职业行为的要求,它是教育部对1997年国家教委和全国教育工会联合印发的《中小学教师职业道德规范》重新修订的结果。

本章所言的教师职业道德规范,正是对《中小学教师职业道德规范》(2008年修订版)的具体化。2018年11月14日,教育部正式颁布《新时代中小学教师职业行为十项准则》,对广大中小学教师提出了更为明确的职业道德行为要求。

> **小知识**
>
> **《新时代中小学教师职业行为十项准则》(2018年)(摘编)**
>
> 一、坚定政治方向。　　二、自觉爱国守法。
> 三、传播优秀文化。　　四、潜心教书育人。
> 五、关心爱护学生。　　六、加强安全防范。
> 七、坚持言行雅正。　　八、秉持公平诚信。
> 九、坚守廉洁自律。　　十、规范从教行为。

二、教师职业道德规范的主要内容

教师的职业道德行为主要包括思想行为、教学行为、人际行为和仪表行为,每一方面都有具体的规范要求。

(一)教师的思想行为规范

我国教师应该遵循的思想行为规范主要包括以下五条:

1. 热爱社会主义祖国,拥护中国共产党的领导,贯彻党的教育方针,认真学习和宣传马列主义、毛泽东思想、邓小平理论、"三个代表"重要思想、科学发展观、习近平新时代中国特色社会主义思想,热爱教育事业。

2. 执行教育方针,遵循教育规律,尽职尽责,教书育人。

3. 正直诚实,作风正派,为人师表,遵纪守法。

4. 树立正确的人生观和价值观,发扬无私奉献精神,不做有损国格、人格的事。

5. 积极参加政治学习和宣传活动,做社会主义精神文明的建设者和传播者。

(二)教师的教学行为规范

我国教师应该遵循的教学行为规范主要包括以下七条:

1. 要有端正的教学态度,严肃认真地对待教学工作中的每一项内容。

2. 钻研业务,熟悉教材,认真备课;要善于激发学生的求知欲,组织好课堂教学,创造生动活泼的课堂气氛,尽量避免对学生进行灌输性教学。

3. 精心编排练习,认真批改作业,及时纠正错误。定时做好教学质量检查工作,及时查缺补漏。

4. 按时上课下课,不迟到,不缺课,不拖堂。

5. 上课语言文明、清晰流畅,表达准确简洁;板书整洁规范,内容简练精确。

6. 既要严格要求学生,又要尊重学生,对待学生要一视同仁。热情、耐心地回答学生提问。不能讽刺、挖苦学生。

7. 教学计划应符合教学进度的要求,不能随意删增内容,加堂或缺课,不能占用学生的自习课或复习考试时间,增加学生的学习负担。

(三)教师的人际行为规范

我国教师应该遵循的人际行为规范主要包括以下四条:

1. 教师与学生之间要做到:热爱学生,关心学生,尊重学生;严格要求,耐心教导,循循善诱,不偏不袒;不以师生关系谋取私利。

2. 教师之间要做到:互相尊重,切忌嫉妒;相互学习,取长补短;平等相待,不亢不卑;乐于助人,关心同事。

3. 教师与领导之间要做到:尊重领导,服从安排;顾全大局,遵守纪律;互相理解,互相支持;秉公办事,团结一致。

4. 教师与家长之间要做到:尊重家长,理解家长;经常家访,互通情况;密切配合,教育学生。

(四)教师的仪表行为规范

我国教师应该遵循的仪表行为规范主要包括以下两条:

1. 衣着整洁,朴实大方,服饰要符合职业特点,体现教师为人师表的良好形象。

2. 举止稳重大方、潇洒自然、彬彬有礼,切忌轻浮粗俗、拘谨呆板。

小知识

2018年教育部印发了关于《新时代中小学教师职业行为十项准则》，明确提出"十不准"：

一、不得在教育教学活动中及其他场合有损害党中央权威、违背党的路线方针政策的言行。

二、不得损害国家利益、社会公共利益，或违背社会公序良俗。

三、不得通过课堂、论坛、讲座、信息网络及其他渠道发表、转发错误观点，或编造散布虚假信息、不良信息。

四、不得违反教学纪律，敷衍教学，或擅自从事影响教育教学本职工作的兼职兼薪行为。

五、不得歧视、侮辱学生，严禁虐待、伤害学生。

六、不得在教育教学活动中遇突发事件、面临危险时，不顾学生安危，擅离职守，自行逃离。

七、不得与学生发生任何不正当关系，严禁任何形式的猥亵、性骚扰行为。

八、不得在招生、考试、推优、保送及绩效考核、岗位聘用、职称评聘、评优评奖等工作中徇私舞弊、弄虚作假。

九、不得索要、收受学生及家长财物或参加由学生及家长付费的宴请、旅游、娱乐休闲等活动，不得向学生推销图书报刊、教辅材料、社会保险或利用家长资源谋取私利。

十、不得组织、参与有偿补课，或为校外培训机构和他人介绍生源、提供相关信息。

三、中小学教师违反职业道德行为处理办法

提倡优良师德行为，杜绝违规师德行为，是我国教师行业师德师风建设的重要内容。近年来，国家逐步完善针对教师职业道德违规行为的制度办法，出台了相关条例办法，成为确保教师行业风清气正的一道防波堤。2018年11月14日，教育部印发《中小学教师违反职业道德行为处理办法（2018年修订）》，详细规定了相关违规行为的处理办法，共包括十四条，具体内容如下：

（一）教师师德违规行为的处理类型

《中小学教师违反职业道德行为处理办法》所涉及的"处理"包括两种：处分和其

他处理。处分包括警告、记过、降低岗位等级或撤职、开除。警告期限为 6 个月,记过期限为 12 个月,降低岗位等级或撤职期限为 24 个月。是中共党员的,同时给予党纪处分。其他处理包括给予批评教育、诫勉谈话、责令检查、通报批评,以及取消在评奖评优、职务晋升、职称评定、岗位聘用、工资晋级、申报人才计划等方面的资格。取消相关资格的处理执行期限不得少于 24 个月。情节严重、涉嫌违法犯罪的,须及时移送司法机关依法处理。

(二)教师违反职业道德行为的具体内容

本办法第四条中列举了 11 种教师职业道德违规行为,具体是指:

1. 在教育教学活动中及其他场合有损害党中央权威、违背党的路线方针政策的言行。

2. 损害国家利益、社会公共利益,或违背社会公序良俗。

3. 通过课堂、论坛、讲座、信息网络及其他渠道发表、转发错误观点,或编造散布虚假信息、不良信息。

4. 违反教学纪律,敷衍教学,或擅自从事影响教育教学本职工作的兼职兼薪行为。

5. 歧视、侮辱学生,虐待、伤害学生。

6. 在教育教学活动中遇突发事件、面临危险时,不顾学生安危,擅离职守,自行逃离。

7. 与学生发生不正当关系,有任何形式的猥亵、性骚扰行为。

8. 在招生、考试、推优、保送及绩效考核、岗位聘用、职称评聘、评优评奖等工作中徇私舞弊、弄虚作假。

9. 索要、收受学生及家长财物或参加由学生及家长付费的宴请、旅游、娱乐休闲等活动,向学生推销图书报刊、教辅材料、社会保险或利用家长资源谋取私利。

10. 组织、参与有偿补课,或为校外培训机构和他人介绍生源、提供相关信息。

11. 其他违反职业道德的行为。

这些违规行为具体涉及社会思想言行、学校思想言行、私人思想言行等三个方面。

(三)教师师德违规行为的处理内容

本办法第七条规定了给予教师处理的权限与内容:

1. 警告和记过处分。公办学校教师由所在学校提出建议,学校主管教育部门决定。民办学校教师由所在学校决定,报主管教育部门备案。

2. 降低岗位等级或撤职处分。由教师所在学校提出建议,学校主管教育部门决定并报同级人事部门备案。

3. 开除处分。公办学校教师由所在学校提出建议,学校主管教育部门决定并报同级人事部门备案。民办学校教师或者未纳入人事编制管理的教师由所在学校决定并解除其聘任合同,报主管教育部门备案。

4. 给予批评教育、诫勉谈话、责令检查、通报批评,以及取消在评奖评优、职务晋升、职称评定、岗位聘用、工资晋级、申报人才计划等方面资格的其他处理。按照管理权限,由教师所在学校或主管部门视其情节轻重作出决定。

同时,本办法还对教师师德违规行为的处理程序、处理原则、学校及主管部门失职处理办法等做了具体的规定。

小知识

《中共中央 国务院 关于全面深化新时代教师队伍建设改革的意见》(2018年1月20日)(节选)

健全师德建设长效机制,推动师德建设常态化长效化,创新师德教育,完善师德规范,引导广大教师以德立身、以德立学、以德施教、以德育德,坚持教书与育人相统一、言传与身教相统一、潜心问道与关注社会相统一、学术自由与学术规范相统一,争做"四有"好教师,全心全意做学生锤炼品格、学习知识、创新思维、奉献祖国的引路人。

实施师德师风建设工程。开展教师宣传国家重大题材作品立项,推出一批让人喜闻乐见、能够产生广泛影响、展现教师时代风貌的影视作品和文学作品,发掘师德典型、讲好师德故事,加强引领,注重感召,弘扬楷模,形成强大正能量。注重加强对教师思想政治素质、师德师风等的监察监督,强化师德考评,体现奖优罚劣,推行师德考核负面清单制度,建立教师个人信用记录,完善诚信承诺和失信惩戒机制,着力解决师德失范、学术不端等问题。

(资料来源 中共中央 国务院《关于全面深化新时代教师队伍建设改革的意见》[EB/OL].(2018-01-20)[2022-9-9].http://www.moe.gov.cn/jyb_xxgk/moe_1777/moe_1778/201801/t20180131_326144.html.)

▶▶ 第二节　教师职业活动中的基本关系及其行为规范

教师职业道德的作用在于调节教师职业活动中的各种关系，2008年修订的《中小学教师职业道德规范》主要也是依据教师职业活动中的基本关系设计的。具体来说，爱国守法处理的是教师与国家、社会之间的关系；爱岗敬业处理的是教师与教育事业之间的关系；关爱学生处理的是教师与学生之间的关系；教书育人处理的是教师与职业劳动之间的关系；为人师表处理的是教师与自身行为之间的关系；终身学习处理的是教师与个人专业发展之间的关系。

在日常的教育教学活动中，教师主要面临四种关系：教师与学生的关系、教师与同事的关系、教师与学生家长的关系，以及教师与学校管理者的关系。在不同的关系中，教师的职业道德行为规范是不同的。把握这些行为规范，将更有助于教师更好地践行师德，建立和谐的教育人际关系，创造良好的教育人际氛围。

一、正确处理与学生的关系

师生关系是教师职业活动中最基本、最重要的关系，良好的师生关系是教育活动有效实施的基础，也是学生健康成长的保障。

（一）师生关系的性质

师生关系是教师和学生之间的关系，从不同的角度看，这种关系表现为多种形式或具有不同性质。处理好教师与学生的关系，教师必须正确理解教师与学生关系的性质。在教育教学活动之中，师生关系主要表现为下面三种形式：

1. 教育关系

师生关系首先是一种教育关系，即教育者与受教育者之间的教育、教学、指导和管理关系，也就是工作关系。这是师生关系的核心性质和根本特点所在。它是由教师和学生的特定角色决定的，也是由教师独特的教书育人性质决定的。无视这层关系，教师就会遗忘、懈怠教育责任。

2. 伦理关系

师生之间的伦理关系，主要表现为在教育活动中，师生双方因各自承担教育活动所赋予的责任、义务及遵守相应的道德规范而形成的关系。这是维系师生关系的重要基础，也是教师为人师表的重要体现。师生间的伦理关系主要表现为尊重友善、民主平等、关爱引导。

3. 心理关系

心理关系指"教师和学生在教育、教学和指导的实践过程中，师生间相互的认知、情感、意志、依赖状态、行为影响等等方面的心灵感应关系①"。人与人的深入交往需要情感做基础,而且需要达到心灵上的相通、相系。心理关系为师生构建温馨的关系奠定基础。

在师生关系中,教育关系是根本,没有教育关系,在教育世界中,其他一切关系都会失去价值;伦理关系和心理关系是推动教育关系实现的重要手段,也是良好师生关系的表现之一。

(二)中学师生关系出现的主要问题

构建良好的师生关系对于顺利、有效地开展教育活动至关重要,但是受到应试教育氛围、传统教师观、不良教育理念等的影响,中学师生关系出现了一些问题,主要表现为非人道化、功利化、专制化、冷漠化。

1. 非人道化

非人道化的典型表现是教师无视中学生的人格、尊严,随意讽刺、训斥、谩骂学生,甚至滥用教师权力体罚学生。一些教师忽视中学生仍然是一个发展中的人,在道德判断和自律性上还存在不足,不能客观地看待学生出现的问题,不能宽容地对待他们的错误,甚至夸大问题、错误,羞辱其人格,打击其自尊和自信。更有甚者,对中学生做出极为不良的鉴定,剥夺其受教育权。

2. 功利化

功利化指师生关系被附着了教师的私利考虑,主要表现为以下三种情况:一是,教师利用职务之便赚取外快。比如,兜售辅导材料,进行有偿家教;二是,教师以关照学生为由,通过学生家长谋取私利。比如,借家长的关系帮助解决亲属的工作;三是,教师变相收取班费或挪用班费满足个人所需。比如,挪用班费购买烟酒。功利化的师生关系是一种交易关系,它会导致教育的不公,也会导致学生对教师失信。

3. 专制化

专制化表现为教师忽视中学生的自主意识,无视他们的主体性,不允许学生自由表达想法,更不允许学生质疑教师,以高压为手段,以学生听话、顺从为目的。专制化极易造成师生之间的抵触、抗拒乃至冲突。

4. 冷漠化

冷漠化表现为教师疏于对学生的关心和指导。在师生关系中,教师对学生缺乏喜爱之情,缺乏欣赏之心,不愿与学生交流;对学生疏于指导和帮助,尤其是当学生出现问题时;对待工作缺乏热情、激情和责任,应付了事,面对任务更是能推则推。表面上看不出教师对学生有何过失之处,但教师与学生之间非常陌生、疏远。

---

① 钱焕琦.高等学校教师职业道德概论[M].南京:南京师范大学出版社,2006:99.

(三)教师正确处理师生关系的行为规范

良好的师生关系应该是尊师爱生的、民主平等的、积极互动的和心理相容的。要构建良好的师生关系,教师应该注意以下行为规范。

1. 尊重学生

尊重学生,是建立学生对教师的基本信任,拉近师生关系的第一步,也是教师建立师生间平等关系的表现。有了尊重,教师对学生的爱,才是真诚的、真心的,才能确保学生感受到教师的爱,继而愿意接受教师的教育影响。

要体现尊重学生的美德,教师要做到以下四点。一是,尊重学生的人格、尊严。中学生的自我意识、自尊心更加强烈,他们更在意他人对自己的尊重和评价。教师应该注意尊重、保护学生的自尊心,在学生出现问题时,不能随意讽刺、嘲笑、训斥学生,应该注意问题解决的方法和语言的道德性,尤其要注意维护中学生在学生群体或他人面前的形象与尊严。二是,要尊重学生的自主意识和主动性,要民主地管理学生、管理课堂,善于调动学生的学习积极性和班级事务的参与性,允许、鼓励学生合理地表达想法和感受,要善于与学生沟通、协商。三是,要尊重中学生的心理发展特点和问题,客观地看待这一时期他们的情感发展,以及出现的人生困惑。四是,要尊重、保护中学生的隐私,不能随意翻查学生的书包、手机等,不能翻看学生的日记,更不能当众泄露学生的隐私。

2. 公正地对待学生

在教师面前,每个学生都享有人的尊严与权利,每个学生也都是独特的、平等的,教师应该公正地对待每一个学生。这对于中学师生关系的良好建立非常重要,因为中学生自我意识的发展使得他们更具有权利意识和公正意识,对教师的公正有着更高的诉求和更敏锐的捕捉力。中学教师获得学生的认同、信服,也与此密不可分。

公正地对待学生,其内涵有四点。一是,教师要平等地与学生相处,要将学生看作和自己一样人格平等的人,要尊重学生,平等地与学生对话。二是,教师要爱无差等,一视同仁。教师要关心每一个学生,不能因为家庭背景、成绩、性别、个性、亲疏关系、个人的喜好甚至相貌而有差别地对待。三是,教师要赏罚分明。教师要做到,在规则面前所有的学生都是平等的,坚持规则的公正性。面对赏罚时,教师也要做到公正,赏罚不公往往是激起学生对教师不满的最大因素。四是,教师要注意长善救失、因材施教。长善救失、因材施教是教师公正的另一方面。在对学生的爱护、帮助、评价和奖惩上,教师一视同仁、坚持统一规则是正确的,但是僵化地坚持一种标准并不是真正意义上的教育公正,而是一种刻板机械的公正。教师的公正具有实质性,即目的在于推动学生的发展。教师在公正地对待学生时,要注意考虑学生的个性、知识水平和智力程度等方面的差异,因材施"爱",因材施"罚"。

3. 关爱学生

关爱学生是教师处理与学生关系的根本出发点和核心精神所在。没有对学生的爱,教师的一切教育行动都会缺乏持久的动力和深厚的根基,教师对于学生所发生的一切行为,也很难有道德可言。

关爱学生,意味着教师在教育活动中把学生的成长和发展放在第一位。对于中学生而言,教师的关爱主要体现在以下几点。一是,理解学生,做学生的心理关怀者。中学生正处于青春期,心理上出现了很多新的变化,也面临很多新的问题,需要教师的理解。理解学生,教师要把握中学生的身心发展特点,要善于站在学生的角度看问题,要冷静地看待他们的心理困惑和问题,以及学业问题和道德发展问题,并积极与学生交流,倾听他们的情感、想法和感受。二是,宽容有加,耐心指导。中学生不论在学业上、心理上,还是在品德发展上都面临新的问题,教师应该耐心、细心地指导学生,循循善诱。面对学生的不足和出现的问题,教师应该抱有宽容之心,并帮助其分析原因,寻找解决方法。三是,严慈相济。爱学生并不代表教师对学生不能严格,严格要求恰恰是爱生的一种表现,也是教师的爱具有理智性的体现。严格要求学生,教师要严而有理、严而有方、严格有度,不能伤害学生的自尊心和自信心,也不能无视学生的接受心理和意愿,更不能打着严格要求的幌子,对学生提出无理的、过于严苛的要求。

4. 对学生负责

教书育人的职责要求教师要对学生的发展担负起教育责任。一是,教师要认真完成教学工作,精心备课,认真上课。二是,教师要积极担负育人工作,班主任教师要以建立良好班集体为己任,其他学科教师要积极在教学中融入价值引导,面对学生的问题不回避、不推脱。三是,教师要注意为人师表,要使自己的行为符合教育教学的要求,为学生树立良好的榜样。四是,教师要坚持尊重与严格要求相结合的原则,关注学生的发展,留心学生的问题,针对学生的实际情况提出合理的要求,积极帮助学生解决问题。

小知识

《中小学教育惩戒规则(试行)》第八条规定:教师在课堂教学、日常管理中,对违规违纪情节较为轻微的学生,可以当场实施以下教育惩戒:

(一)点名批评;

(二)责令赔礼道歉、做口头或者书面检讨;

(三)适当增加额外的教学或者班级公益服务任务;

> （四）一节课堂教学时间内的教室内站立；
> （五）课后教导；
> （六）学校校规校纪或者班规、班级公约规定的其他适当措施。
> 教师对学生实施前款措施后，可以以适当方式告知学生家长。

二、正确处理教师与家长的关系

家长是学生的监护人，也是学生重要的教育者之一，教师与学生打交道，背后必然牵涉与家长的关系。正确处理教师与家长的关系，是教师重要的人际道德之一。

（一）教师与家长关系的性质

在中小学阶段，学生受到的教育主要来自学校和家庭，教师和家长在学生的发展上负有重要的责任和义务，学生的良好发展需要教师和家长的共同努力。因此，教师和家长的关系在性质上表现为社会地位上的平等，交往联系上的互尊，以及教育学生上的相互配合。认清教师和家长之间的基本关系性质，有助于双方的顺利交往和良好关系的建立。

（二）教师与家长之间存在的问题

由于对学生了解情况、教育要求、情感的不同，以及教师和家长身份的不同，甚至因一些传统观念的影响，在实际的教育过程中，教师与家长之间会出现一些问题。

1. 缺乏相互尊重

具体表现为两个方面，即教师不尊重家长和家长不尊重教师。一方面，在应试教育氛围依然挥之不去的教育形势下，教师成为影响学生成绩的关键性人物，教师在学生教育上被赋予了更大的权威和话语权。于是，一些教师面对家长时出现了趾高气扬、盛气凌人的一面。他们既不能主动地与家长沟通，在学生出现问题时更是迁怒、责怪、训斥家长。此外，也有一些教师会因学生的表现和家长的背景等区别对待家长，对有的家长和颜悦色，对有的家长则爱答不理或者声色俱厉，这都是不尊重家长的表现。另一方面，受到功利化价值观的影响，一些家长尤其是有一定经济实力或权势的家长对教师缺乏尊重，在言语上透露对教师职业的嘲弄、贬低，在自己孩子出现问题时，更是在不了解实情的情况下，对教师无端训斥、横加指责，甚至殴打教师。

2. 家长不理解、不支持教师

由于职业的原因，教师在教育理念与方法上有更理性的认识和选择，而大多数家长则缺乏教育孩子的系统方法。这往往会导致家长对教师的某种教育举措或行为不理解甚至产生误解。于是，一些"爱子心切"的家长在孩子出现问题时，会对教师的行为产生质疑，与教师发生对峙，甚至冲突。今天出现的所谓"家闹"既是家长不理解教师的表现，也是不尊重教师的表现。还有一些家长受错误教育观的影响，认为花钱把孩子送进学校，教师就要负起教育学生的全责，对教师提出的配合请求或教育建议，家长非常反感，认为教师是在推卸责任，极力推脱或回避。

3. 教师与家长之间缺乏必要的沟通

中学生的生活主要在"家庭—学校"两点一线的生活轴线上，教师和家长对学生的了解，由于时空不同而各有侧重。相互沟通学生在校在家的表现对于综合了解学生的情况是必需的。但是，由于工作繁忙、缺乏沟通意识等种种原因，教师和家长之间缺乏必要的沟通，少有的沟通主要发生在教师和家长在各自的教育环境中发现学生出现问题时。而且由于现代通信技术的发展，教师和家长之间的沟通多是不见面的，甚至不闻声的，面对面的沟通日益减少，这在一定程度上影响了他们之间沟通的深化。

(三) 处理教师与家长关系的职业行为准则

1. 相互尊重，平等相待

这是教师和家长相处的基本准则。首先，教师要尊重学生家长的人格，尤其是同等尊重成绩差和品行落后的学生的家长，要平等地对待每一位学生家长，不能训斥家长，羞辱家长，在批评学生时也不能影射家长。其次，教师要摆正自己的教育姿态，不能因目前尚存的应试教育氛围和专业素养上的优势，而夸大自己的教育权威，在教育学生上妄自尊大。相反，教师应该更加明确教书育人的职责，尽己所能地投入教育工作，只有这样，才能获得家长的尊重。最后，教师要平等地对待每一位家长，不能以职务、职业、民族、经济状况等原因偏袒或歧视学生家长等。

同样，家长要尊重教师。尊重教师的人格和劳动，改变"教师工作只是'一种重复的、简单化的教书工作'"的错误认识，家长更不能因教师待遇问题而看轻教师甚至讽刺教师；家长要正确评价教师的工作，不要在公开场合指责教师，谩骂教师，更不能伤害教师；家长要维护教师在孩子心目中的形象，不能在孩子面前批评教师，更不能只听孩子在师生问题上的一面之词。

2. 主动与家长联系，真诚沟通

全面了解学生，准确把握学生的发展近况，教师才能有的放矢地开展工作。这需要教师主动地与家长联系、沟通。为此,教师应该尽可能地抽出时间,利用各种形式,如定期的家长会、电话、书信、家访等方式与家长沟通,了解学生的在家表现,反馈学生的在校情况。在沟通中,教师要真诚,不要只报忧,不要埋怨孩子和家长,要让家长感到教师对孩子的真诚关心,取得家长的信任;教师要客观地反映孩子的情况,不能夸大学生的不良表现,更不能推卸自己的责任;教师也要让家长知道,他需要得到怎样的支持,以取得教育立场的一致。在沟通中,教师不能向学生家长索要钱财或谋取其他好处。

总之,教师与家长的主动沟通应该力求做到互通信息,沟通感情,相互理解,谋求一致,共同做好学生的教育工作。

3. 积极听取家长的意见和建议,取得家长的支持和配合

教师的工作需要家长的支持和配合。取得家长的支持和配合,是推进家校合作的重要内容,也是有效推动学生发展的不可或缺的途径之一。取得家长切实而有效的支持和配合,教师需要积极听取家长的意见和建议。为此,教师应该放下教育权威的架子,展现平易近人的一面,注意自己的言行举止,不要给家长盛气凌人、拒人千里之外的感觉;教师要诚心诚意地表达希望家长给予配合的心愿,消除家长不敢向教师提意见的心理;教师要主动地、真诚地向家长征求意见,虚心听取他们的批评和建议,重要的是,要将家长的意见和建议加以落实,以取得家长的信任和支持;教师还应该适时地向家长提出合理的合作要求,吸引家长参与教育工作,调动家长配合教师工作的意愿和积极性。

4. 给予家长指导和帮助

在中学生的教育上,教师和家长需要取得一致的教育立场,这不仅需要教师和家长相互沟通,明确一致的教育要求或期待,更需要双方坚持先进的教育理念和合理的教育方法。然而,目前我国的家庭教育进展较慢,一些家长在孩子的学习和发展上存在不良的认识和要求,以及不合理的教育观念和不当的教育方法。比如,很多家长只关注孩子的物质生活,疏于对孩子心理和精神的关心,缺少与孩子的沟通,而对于正处于青春期的中学生而言,亲子沟通是非常重要的。一些家长忙于工作而对孩子的学习和发展不闻不问,更有一些家长由于对孩子寄予过高期望而事事包办、"不离不弃"。因此,为了保证家校合作的最大效果,教师应该给予家长必要的指导和帮助。

> **小知识**
>
> **中共中央办公厅 国务院办公厅《关于进一步减轻义务教育阶段学生作业负担和校外培训负担的意见》**
>
> (2021年7月24日)(节选)
>
> 完善家校社协同机制。进一步明晰家校育人责任,密切家校沟通,创新协同方式,推进协同育人共同体建设。教育部门要会同妇联等部门,办好家长学校或网上家庭教育指导平台,推动社区家庭教育指导中心、服务站点建设,引导家长树立科学育儿观念,理性确定孩子成长预期,努力形成减负共识。
>
> (资料来源 中共中央办公厅 国务院办公厅《关于进一步减轻义务教育阶段学生作业负担和校外培训负担的意见》[EB/OL].(2018-07-24)[2022-9-9].http://www.moe.gov.cn/jyb_xxgk/moe_1777/moe_1778/202107/t20210724_546576.html.)

在实践中,教师要给予家长指导和帮助,就应该从以下几个方面考虑:首先,教师面对家长的不良做法应该表示理解,不能指责、训斥和嘲笑,更不能炫耀自己的教育专业学识,应该让家长切实感到教师是真心帮助家长的。其次,教师要耐心指导家长认识自己的错误想法和做法,耐心帮助家长分析孩子的特点和需要,给予观念和方法上的指导。再次,教师可以利用家长会或班会等活动,让家长相互介绍有益经验,加强家长之间的沟通,也可以让学生现身说法,表达对父母的希望,使家长了解孩子的内心想法和感受,激发家长主动寻求改变。最后,教师还可以向家长推荐有关家庭教育方面的通俗读物,让家长吸取成功经验等。

三、正确处理教师与同事的关系

在教育世界中,除了师生关系,教师日常接触最多的莫过于同事。教师与同事之间的关系,不仅关乎教师集体的氛围,关乎教师集体劳动的质量,更关乎学生个体的发展,以及教师对职业生活的积极体验和专业成长。正确处理教师与同事之间的关系,至关重要。

(一)教师与同事关系的性质

教师的劳动具有集体性,是一种集体行为。也就是说,不论是学校教育质量的提升还是学生的发展,都需要教师的共同努力。一个具有凝聚力的教师集体才能形成最大的教育合力,教育工作才能高效进行。离开教师个体,教育工作无法开展;缺乏团结氛围的教师集体,教育工作的成效将受到影响。这决定了教师与同事之间关系的根本性质——团结协作。

（二）教师与同事关系存在的问题

在普通人眼中，教师看似每天是一个人面对自己的工作，完成自己的教学任务，教师与同事之间应该是相安无事的，但事实并非如此。由于教师的个性、分担的教育任务、教育教学观念等存在不同，教师之间往往会出现矛盾，表现出一些不和谐的地方。

1. 缺乏相互尊重

在我国，受到中考、高考的影响，人们对教师在重要性上做出了一种区分，无形中影响了人们对教师的尊重程度，这种不良风气在教师身上也有所体现。一些教师对音乐、体育教师缺乏尊重，班主任对其他学科任教教师缺乏尊重，甚至一些老教师对新教师缺乏尊重。前类教师经常会在后者面前摆出趾高气扬的姿态，在语言上缺乏亲切、平和之气。

此外，受到我国传统文人相轻风气的影响，一些教师在抬高自己学科地位的同时，会出现贬低其他学科地位的倾向，进而对其他教师表现出不尊重的倾向。比如，语文教师认为，语文是民族的文化，学好语文更重要；而英语教师则认为，英语是国际发展所需，学好英语才重要。

2. 缺乏深入沟通与合作

中学教师由于工作繁重、忙碌，习惯于只专注、关心自己的工作，基本上处于"各自为战"的状态。于是，教师与教师之间就工作心得或困惑、教学问题、学生问题等，进行深入地沟通、探讨较少，往往都是闲聊中一带而过地提一下，在很多问题的解决上更是缺少合作。班主任与班主任之间、班主任与课任教师之间、同一学科的教师之间、同一年级的教师之间、同一班级的代课教师之间、同一年龄阶段的教师之间，都存在这一问题。有些教师对其他教师提出的帮助需求，要么以缺乏能力为借口百般推脱，要么是口头上应许，但行动上或者应付了事，或者遮遮掩掩。无疑，造成缺乏合作的原因是多方面的，有现行教育体制带来的阻碍，有学校对教师集体建设的疏忽，也有教师个体的原因。比如，碍于合作的麻烦，为了追求教学的个性化，保密自己的经验，以及个性问题等。

3. 存在不合理竞争

当前，很多学校评价教师依然以考试成绩、升学率为主要标准，而且对教师的评价直接与教师的绩效、奖酬、职称评审、评先评优等挂钩，这在无形中滋生了教师之间的不良竞争风气，教师之间出现了一些不文明的行为。比如，有些教师为了个人的名利使用一些不正当的竞争手段，如拉帮结派、伪造文章等，来增加竞争砝码；有些教师嫉贤妒能，不能客观地评价他人，对他人的错误坚决打击，甚至做出诋毁他人、诽谤他人的行为。

(三)处理教师与同事关系的职业行为准则

与同事建立积极的合作关系,教师要积极做到以下几点。

1. 相互尊重,互相学习

尊重是避免人际纷争和推进人际相处的重要规范之一,教师与同事之间保持最基本的和谐状态必须建立在相互尊重的基础上。

第一,相互尊重人格和工作。教师之间要互相尊重,不能受应试教育氛围的影响而对同事做出三六九等之分,不能在公开场合或学生面前诋毁其他教师的人格、声誉、威信和工作绩效,不得抄袭、剽窃、贬低其他教师的教育教学成果,不得无故妨碍其他教师的正常工作。教师也要克服文人相轻的心理,尊重其他教师的工作及成果,认可他们的工作价值,对同事的工作进行客观、公正地评价,对其成绩给予尊重和赞赏。

第二,教师要相容互谅。由于分工不同,价值观、个性问题,工作之中,交往之中,教师之间难免会出现小矛盾、小摩擦,教师应该怀有宽容之心,对于某些教师出现的错误不能抱有嘲讽之心,处理某些矛盾时,也要注意体谅他人、宽容他人。

第三,教师之间要互相学习。班主任之间、同一学科教师之间、新老教师之间、优秀教师和普通教师之间,乃至每一个教师之间,在教学上、学生管理上、自我成长上,都有相互可取之处。因此,相互尊重还表现为尊重、认可其他教师的长处、优点,主动请教、学习,取长补短。在相互学习中,教师应该怀有谦逊之心,尊重其他教师的工作方法、心得体会和经验,虚心听取其他教师提出的建议和意见。教师还要经常主动地与其他教师沟通,获取有益经验。

2. 维护集体荣誉,团结互助

一个有凝聚力的教师集体一定是团结的集体,教师之间的关系决定了集体的发展及其质量,集体的状态也会影响教师个体的工作。因此,教师与同事之间的关系,应该以良好教师集体的建立为目标。为此,教师应该注意做到以下两点。

第一,教师要维护集体荣誉。教师要关心集体的发展,以集体利益为首,要正确认识并处理好个人和集体的关系;教师应该维护集体的荣誉,注意自身的言行,不做有损集体形象和荣誉的事情。

第二,教师之间要团结互助。一方面,教师要以集体利益为重,在集体利益受到侵害时,能共同分担困难而不是推诿、退缩,指责某位教师。教师要注重维护教师群体的形象和威信,不在学生面前非议其他教师,更不能贬低其他教师而抬高自己。对于教师之间出现的一些争论,应该理性看待,不能因争论出现相互不敬、怨恨的情绪。教师还应该平和友善待人,正直做事做人,以良好的德行团结、融洽教师集体。另一方面,教师之间要互相关心、互相帮助,不论是在工作上还是在生活上。只有互助、团结的教师集体才易于形成和稳定发展。

3. 积极协作

学生的成长是教师集体劳动的结果,而且教育教学过程具有复杂性,教师一人单打独干的作用总是有限的,这需要教师之间的相互支持、配合。积极协作是教师与同事相处的根本行为规范。要实现积极协作,教师可以从以下四个方面入手:

(1)教师要充分认识到协作的重要意义。教师要认识到协作是开展教育活动所必需的,只有协作,教师才能更加高效地开展教育工作。当今教育发展非常强调教师的研究者角色,在倡导校本课程开发和教育行动研究的形势下,协作对于教师的专业发展也具有重要意义。教师要认识到,只有协作,教师个体才能在集体中获得更快、更好地成长。

(2)教师要积极创造机会开展协作。任课教师要打破"分内分外"的成见,积极配合班主任的工作,及时反馈学生的表现和问题,配合班主任开展相关活动。班主任之间、同一学科教师之间、同一年级教师之间等,可以就班级管理、学生发展、课堂教学、班级活动等展开探讨和合作,共同研究、解决问题。

(3)教师要处理好个体的教育方式与教师之间协作的关系。每个教师都有自己的教育观念、惯常的教育方式以及教育风格。有些是合理的,有些则是有问题的。在协作中,可能会出现对教师原有的不良教育观念、教育方式构成冲击和挑战的情况,这时教师应该从集体利益的角度出发,从提高素养的角度出发,合理地接受这些挑战并积极做出调整,以保证协作的进行。

(4)合理竞争。在一个集体中,竞争是必需的也是合理的,有竞争才能激发个体的动力,激发群体向上的斗志。教师与同事之间的合作并不拒斥竞争,而是主张合理的竞争。

第一,教师应该正确看待竞争与合作的关系。一些教师认为,一个团结的集体就不能有竞争,竞争会激发矛盾,伤害感情。这种认识是错误的。合作和竞争是两种基本的相互作用形式,二者只有相伴而生才能推动个体和集体的发展,只有其中一方都是不合理的。所以,教师与同事在合作的同时,也要进行合理的竞争。教师要具有竞争意识,要克服消极无为、安于现状、故步自封的心理,要积极进取,敢于争先,敢于挑战,教师也要对其他教师的竞争行为给予尊重和理解。

第二,教师要有合理的竞争观念和正当的竞争行为。合理的竞争观念指教师要认识到,竞争不能伤害其他教师和学校的利益;竞争的目的不是个人的私利,而是基于教育活动和个体专业发展的需要。正当的竞争行为指教师不能依靠弄虚作假、造谣污蔑、虚假合作、暗中拆台等不正当手段竞争,应该正直、公平、友善地展开竞争。

> **小知识**
>
> **微妙的教师同事关系**
>
> 我们总能够看到其他人的闪光点:A 的教态很好,很有亲和力;B 的练习非常有针对性,而且讲解很容易理解;C 经常能秒杀大型考试的习题,并且能够拓展出非常有价值的变式题;D 总能在学生工作上四两拨千斤,将班级管理得井井有条;E 的班级总能够考出非常理想的成绩,……所有的这一些都能够让人产生羡慕的心理,但羡慕稍不注意就会变成嫉妒:羡慕是因为他人能做到,而我怎么努力也做不到,从而折服;而嫉妒是"我努力了能做到",但"还是没别人做得更好"的心理落差感。嫉妒和羡慕只是一念之差,羡慕的情感放任不管很容易变为嫉妒,故内心中一定要有另一个自己保持着清醒和理智。
>
> (资料来源 论青年教师的幸福感(三):同事关系 https://www.bilibili.com/read/cv9455736/[EB/OL].[2023-1-8] http://www.moe.gov.cn/jyb_xxgk/xxgk_jyta/jyta_jiaoshisi/201712/t20171219_321760.html,2021-1-25.)

四、正确处理教师与教育管理者的关系

教师与教育管理者是学校中两个重要的教育主体,他们之间的关系会影响学校教师队伍的整体人际质量,也会影响教育活动的有效开展。

(一)教师与教育管理者关系的性质

学校是一个组织,组织的运作是在管理中实现的,这就有了教育管理者。教师是在学校组织中开展工作的,因而也必然要在教育管理者的管理下开展工作。从管理的角度看,教师与教育管理者是管理与被管理的关系。但是,这种管理与被管理的关系,不意味着人格上、地位上的差异或不平等。教师与教育管理者的关系,只是学校中承担不同任务的教育者之间的关系,归根结底,是一种同事关系。所以,在本质上,教育管理者与教师之间的管理与被管理的关系仍然是一种民主、平等的关系,是一种相互信任、支持和合作的关系。

(二)教师与教育管理者之间存在的问题

目前,由于体制的原因、传统管理模式的问题,以及教师和教育管理者自身的问题等,中学教师与教育管理者在工作中时常会出现一些矛盾。这主要表现在以下方面。

1. 因职责不同出现矛盾

教师和教育管理者在学校中担负不同的工作,承担不同的职责。教育管理者主要负责学校常规组织、学校教学工作、学生发展等的规划、组织、管理和监督,教师主要负责具体教学活动的开展,学生的指导和辅导。由于分担不同的工作,教师和管理者的关注点不同,思考问题的视角不同,对很多问题的认识不同,对工作要求的理解也会不同,所以会出现一些误解、冲突和矛盾。比如,有些中学班主任为了活跃班级气氛,缓解学习压力,会利用一些特定节日,如中秋节、元旦等,在班里组织学生开展一些文娱活动,而管理者在不知情的情况下,通常会认为这干扰学校的正常教学秩序,而且会给其他班级学生带来不好的影响,进而对教师指责、批评等。

2. 因立场不同出现矛盾

教育管理者作为学校的管理者,作为教师队伍的管理者,总是需要站在学校发展和全校教师的角度和立场考虑问题,不可能顾及每一位教师的现实情况和利益需要。相对于教育管理者,教师则习惯于站在自己的立场,从自身利益的角度考虑问题,这就容易造成教师和教育管理者之间出现一些矛盾。比如,教育管理者会基于学校的整体发展出台一些教师管理方面的政策和措施,这难免会触及一些教师的利益,一些教师可能会认为,这是学校领导有意针对他的,所以对政策和领导表现出强烈的不满、不理解,更不支持,甚至发生明显的抵制和冲突。

3. 因管理观念、方式出现矛盾

一些中学的教育管理者至今在管理观念上存在一种错误认识,认为管理就是管制、控制和约束,这样才能让学校井然有序。于是在实际管理过程中,他们过于侧重对教师的"管",习惯采用行为控制的硬性管理,"创造"出一些操作性很强的管理措施,并且附带较为严厉的惩罚办法。这种管理观念和方式缺乏对教师的人文关怀,有损教师的个人利益和专业发展。因而,一些教师会不满管理者的做法,工作积极性受到影响,对于管理者的工作也表现出不配合的举动,双方出现矛盾。

(三)处理教师与教育管理者关系的职业行为准则

教师处理好与教育管理者的关系,能为其在学校积极开展工作创造良好的支持氛围。处理与教育管理者的关系,教师需要注意以下四个方面。

1. 相互尊重

教育管理者和教师的具体工作领域、职责和方式虽然不同,但他们工作的目标指向是一致的,都是为了实现学校组织的有序发展,推动教育活动的有序开展和学生的良好发展。因此,教育管理者和教师之间不存在根本的对立或矛盾,以及地位和人格上的差异,彼此应该相互尊重。

一方面,管理者要尊重教师,克服官本位的思想,树立服务者的意识和角色;改变单纯凭借行政手段对教师进行简单化、粗暴化管理的模式,在具体的工作中,注意尊重教师的权益和意见。管理者只有尊重教师,才能拉近与教师的心理距离,赢得教师的尊重和支持。另一方面,教师应当尊重教育管理者,克服"管理者爱给教师找麻烦"的错误观念,尊重他们的工作职责,尊重他们根据管理职责所开展的教育管理活动,克服对教育管理者的抵触情绪,既不猜疑管理者,也不在背后议论管理者,尤其是带有情绪地对教育管理者的工作进行有失客观、公正的指责。

2. 理解与支持

教育管理者主要是通过安排教师的工作,监督、评价教师的工作,实现对学校整体教育活动的有序管理。教师是在教育管理者的组织、协调下开展活动的,教育管理者有权对教师的工作进行管理。因此,教师要理解教育管理者的工作性质和行为,要服从、接受学校管理者的工作安排,理解管理者的决策,主动完成学校管理者分配的任务,自觉接受管理者的检查和监督。对管理者的一些有争议的措施或要求,教师要注意以合理的方式表达。

3. 发挥主人翁意识,积极工作

在本质上,教师与教育管理者之间是团结一致、相互合作的关系,教师要积极配合管理者的工作,这是教师尊重、理解和支持教育管理者工作的核心表现。积极配合管理者的工作,说到底,就是教师要自觉、积极地完成自己的工作,这其实也是教师尽职尽责的重要表现。为此,在教育工作中,教师要心怀学校的发展,要从学校发展的全局利益出发,克服"我干好,他得利"的观念,要充分发挥主人翁意识,主动参与学校的各项工作,积极开展并完成自己的工作,与教育管理者团结一致,同心协力地推进学校的发展。

五、师德实践案例研学

请同学们阅读教育部教师司2021年发布的一起违反教师职业行为十项准则典型案例:

福建省福州市华伦中学多名教师参加学生家长付费的宴请及违规收受礼品问题

2021年7月,该校陈某等9名教师参加初三毕业班学生聚餐,并收受了价值人均400多元的礼品,费用均由学生家长分摊,事后退还了礼品和餐费。该9名教师的行为违反了《新时代中小学教师职业行为十项准则》第九项规定。根据《中小学教师违反职业道德行为处理办法(2018年修订)》等相关规定,取消该9名教师当年评奖评优资格,降低年度绩效考核等次,对其中1名党员教师给予诫勉谈话,对其他8名教师给予批评教育;对分管校领导和年级负责人作出停职处理。

【案例深究】

研读案例后请同学们思考三个问题：

1. 华伦中学老师具体违背了《新时代中小学教师职业行为十项准则》《中小学教师违反职业道德行为处理办法（2018年修订）》中的哪些条款？请找出来细细读一读。

2. 为何教师"事后退还了礼品和餐费"依然要接受教育行政部门的处理？请说出您的理由或依据。

3. 从教师与家长关系角度来考虑，在处理这一职业关系上华伦中学教师有何不妥之处？其不良社会影响可能会有哪些？

【对策研判】

请同学们分小组讨论后，给案例中违规教师提出3-5条改进建议，注意建议的科学性、逻辑性与可操作性，并在全班范围内交流评比，看看哪一组的建议更有针对性。

【课堂实战】

请以"我与家长约法三章"为题，拟定一个自我约束的师德规范，并请组内同学、任课教师帮您把脉改进。

【同步练习】

（一）单项选择题

1. 某校实施师徒制，经验丰富的吴老师对新入职的蒋老师进行帮助时，要做到（　　）。

A. 尊重同行，等蒋老师请教时才进行指导

B. 主动指导，和蒋老师商讨并确定教学方案

C. 推门听课，发现不妥之处及时在课堂上纠正

D. 充分信任，让蒋老师独自探索并积累教学经验

【参考答案】B

【题目解析】教师职业行为规范要求：在处理同事关系时教师之间应该做到"互相尊重，切忌嫉妒；相互学习，取长补短；平等相待，不亢不卑；乐于助人，关心同事。"要做到"相互学习""关心同事"，就必须主动指导。（NTCE-2017-1）

2. 年轻的男老师王勇在课堂上与男生互动多，与女生互动很少，理由是"避免别人认为我与女生太亲近"，王老师的做法（　　）。

A. 合理，体现教育智慧

B. 合理，符合传统观念

C. 不合理,违背因材施教的原则

D. 不合理,有悖公平待生的理念

【参考答案】D

【题目解析】教师的教学行为规范要求,在处理同事关系时教师应该做到:"既要严格要求学生,又要尊重学生,对待学生要一视同仁。热情、耐心地回答学生提问。不能讽刺、挖苦学生。"要体现"一视同仁"要求,就必须公平待男生与女生。(NTCE-2020-2)

(二)材料分析题

【材料】从教二十余年,某老师的很多事迹,让学生终生难忘。

一年秋天,学生们刚开始上课,外面突然大雨倾盆,班上三名学生晒在宿舍外面的被褥被淋湿了,该老师就让他们晚上住在自己家里,还给他们做饭吃;一名学生从几十里外的山区乘汽车来校时,生活费被盗,该老师除与有关部门协调外,还自己掏钱替学生垫付伙食费;有一次,校外不良青年来到学校,拿刀威逼学生,索要学生财物,她奋不顾身地保护学生,而后积极向有关部门呼吁,净化校园周边环境,同时向学生讲解自我保护的方法。

有一年春季刚开学,一位老人把她的孙女小芳领到该老师的面前,老人说:"小芳以前一直跟着打工的父母在外地,转了几次学,学习成绩不好,她害怕老师和同学们嫌弃她,希望老师多费心。"该老师说:"小芳是我的学生,我会尽心去教的,只要她肯努力,踏实学,认真做事,就是好学生。"在该老师有针对性的帮助和指导下,小芳进步很快,初中毕业时以优异成绩考上了高中。

该老师很注重对自己的教育教学成败进行反思总结。她的教育随笔《我的表扬何以会成为学生的压力》《如何让文言文不再枯燥难学》《如何让学生在青春期不恐慌》《班主任怎样才能赢得科任教师的支持》相继获奖,大家都说她是名副其实的好老师。

【问题】请结合材料,从教师职业道德的角度,评析该老师的行为。

【参考答案】

该老师的教育行为符合教师职业道德行为的要求,是优秀履行师德规范的模范。《中小学教师职业道德规范》第三条"关爱学生"要求教师做到:关心爱护全体学生,尊重学生人格,平等公正对待学生。对学生严慈相济,做学生良师益友。保护学生安全,关心学生健康,维护学生权益。不讽刺、挖苦、歧视学生,不体罚或变相体罚学生。该老师的做法非常值得倡导。

(1)该老师的行为践行了关爱学生的师德要求。在该老师身上具体体现为:不仅让学生在自己家住,给学生垫付伙食费,同时,在学生需要保护的时候,奋不顾身地保护学生等,该老师做到了关心爱护全体学生、尊重学生人格、平等公正对待学生、对学生严慈相济,做学生良师益友、保护学生安全、关心学生健康、维护学生权益等师德规范要求。

(2)该老师的行为还间接体现了教书育人的师德精神。在该老师身上,这种精神体现为:不以分数来看待学生小芳,尽心尽力地帮助小芳学习,使得小芳在学业上取得了显著的进步,体现了作为教师应有的教书育人职业道德精神。这种循循善诱、诲人不倦、因材施教、关心学生成长的精神品行值得倡导与赞赏。

(3)该老师的行为还折射出其终身学习的师德品性。该老师发扬终身学习精神,积极总结自己的教学经验,反思自己的教学得失,历练教学成果,追求教学创新,使自己的专业水平持续长进,值得广大教师学习。

【题目解析】作为新时代教师,中小学教师要牢记六条基本师德规范,并对照自己工作实践,在磨砺中持续提升自己的师德品性,才可能在答题中表达出自己真实的师德修养与境界。(NTCE-2016-1)

【阅读链接】

1. 檀传宝. 教师职业道德[M]. 北京:北京师范大学出版社,2015.

2. 教师职业道德编写组. 教师职业道德[M]. 西安:西北大学出版社,2011.

3. 赵宏义,于秀华. 新时期教师职业道德修养[M]. 长春:东北师范大学出版社,2005.

4. 杨启华. 为师之梦:中学教师师德案例读本[M]. 上海:华东师范大学出版社,2016.

5. 全国师德教育研究课题组. 师德突出问题典型案例评析(中学教师读本)[M]. 北京:北京师范大学出版社,2014.

6. 教育部:《新时代中小学教师职业行为十项准则》

7. 教育部:《中小学教育惩戒规则(试行)》

8. 中共中央 国务院《关于全面深化新时代教师队伍建设改革的意见》(2018年1月20日)

【创意实践】

为教育行政部门建言献策:结合身边师德负面问题调研,拟定一份《中学教师师德提升议案》,提交相关教育行政机构,供其教育决策参考。

第三编　教育法律法规

【学习目标】

【依法治教】

1. 了解国家主要的教育法律法规,如《中华人民共和国教育法》《中华人民共和国义务教育法》《中华人民共和国教师法》《中华人民共和国未成年人保护法》《中华人民共和国预防未成年人犯罪法》《学生伤害事故处理办法》等。

【依法执教】

2. 理解教师的权利和义务,熟悉国家有关教育法律法规所规范的教师的教育行为,依法从教。

3. 能够依据国家教育法律法规,分析评价教师在教育教学实践中的实际问题。

4. 了解有关学生权利保护的教育法规,保护学生的合法权利,能够依据国家教育法律法规,分析评价教育教学活动中的学生权利保护等实际问题。

【知识导航仪】

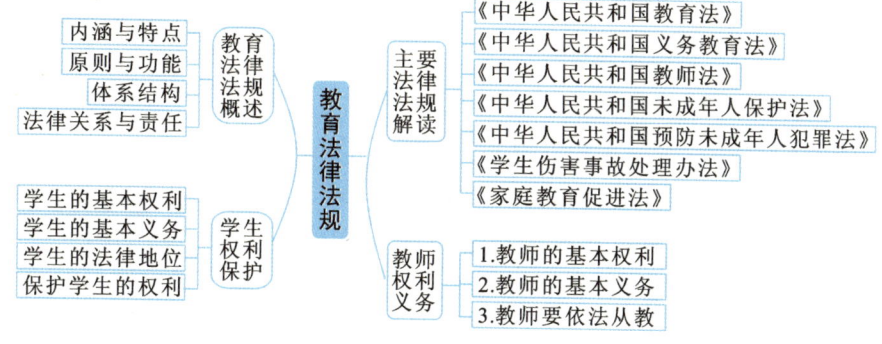

依法从教、依法执教是当代教育活动的重要特征。中小学教师要顺利开展教育教学活动,就必须了解我国主要教育法律法规及相关教育规定,掌握教师与学生的主要权利、义务及法律关系。本章将重点就这一问题展开讨论。

第五章 教育法律法规

教师只有了解相关教育政策法规,才可能依法执教,教师只有按照教育法律法规来约束自己的言行,才可能维护教师职业的尊严,规范自己的言行。

本章主要探讨中学教师应该如何理解教育法律政策,应该掌握哪些教育法律法规,如何做到依法执教等问题。

第一节 教育法律法规概述

> **智慧起点**
>
> 教师怀疑学生偷窃财物或考试作弊,要求学生当众打开书包展示物品、相互或自我搜身;学校未经学生本人同意,私摄学生生活肖像,用于招生广告之需;学校将学生的投稿修改后,以校团委的名义发表,并参加评比活动;教师以爱护学生为由,擅自开拆学生私人信件;学校按成绩高低排序,张榜公布学生的学习成绩;语文教师怀着"奇文共欣赏"的心态,"演说"学生写得不好的作文……这些做法涉嫌教师侵权吗?侵犯了学生的哪些权利?请同学们思考后开启本章学习旅程!

一、教育法规的内涵与特点

(一)教育法规的内涵

教育法规是有关教育方面的法律、条例、规章等规范性文件的总称,也是对人们的教育行为具有法律约束力的行为规则的总和,是现代国家管理教育的基础和基本依据。① 教育法规的基本形式(内涵)为以下三个方面：

1. 教育法律

这里是指国家立法机构依据一定的立法程序制定或认可的教育方面的规范性法律，着重指国家权力机关制定或认可的有关教育的成文法，例如，《中华人民共和国教育法》等。

2. 教育条例

教育条例是指国家权力机关及行政机关制定或认可的教育方面的规范性法律文件。它是为调整特定教育活动中的关系所作出的规定。在我国，全国人民代表大会、国务院、国务院各部委和地方国家行政机关都有权制定和批准有关教育条例，例如，《扫除文盲工作条例》等。

3. 教育规章

教育规章是指国家最高行政机关或省、直辖市、自治区的国家权力机关为执行宪法、法律，根据国家或本行政区域的具体情况和实际需要，在法定权限内制定的有关教育的专门的规范性文件。教育规章也可以是针对已经颁行的教育法律制定补充性的实施"办法"或"细则"，例如，某省《教师法》实施办法，国家教委颁布的《中小学校园环境管理的暂行规定》《中小学教育惩戒规则(试行)》，等等。

(二)教育法规的特点

教育法规是国家法规体系中的一个子系统，具有一般法规的基本特征：是由国家制定或认可的国家意志；是调整法律关系和规范法律秩序的规则；是以国家强制力保证实施的行为准则；是以权利义务双向规定作为其调整机制的；等等。教育法规除具有这些特征外，还具有一些在现实条件下需要特别强调的特点②。

1. 遵循教育规律与顺应市场经济要求相结合

教育法规的制定必须遵循教育规律，是辩证唯物主义的认识论、方法论所要求的。依法治教口号的提出，事实上也是基于对过去教育发展遭到了过多人为的干扰，没有按照客观规律办教育，使其或多或少走了弯路的认识。为了保证能够按照客观规律办教育，就要求把符合教育规律的教育模式用法律来规范化，使其具有权威性、强制性，从而避免个人意志的随意干扰。

同时，我国教育法规中又坚持了社会主义方向、原则，并且及时吸取在市场经济条件下深化教育改革、发展教育事业的成功的做法和经验。如在教育投入上，逐步形成以政府财政拨款为主，辅之以社会各方面集资、捐资办学等多渠道增加教育

---

① 张乐天.教育政策法规的理论与实践[M].上海:华东师范大学出版社,2002:21.
② 张乐天.教育政策法规的理论与实践[M].上海:华东师范大学出版社,2002:21.

经费的格局。这样,就使遵循社会主义教育的自身规律与推进社会主义市场经济条件下的教育变革有机结合起来,从而构成了我国教育法规的一个突出特点或称中国特色。这样做的最终目的是有效地规范教育活动,引导和促进社会主义市场经济条件下的教育改革和发展。

2. 系统性与独立性相结合

从法理学上讲,作为一个完整、成熟的部门法,应当具有较强的系统性,从体系框架的形成到具体法规的出台,必须通盘考虑,精心谋划并认真付诸实施。但是,由于我国教育法制建设起步较晚,加上十年浩劫的耽搁,与一些发达国家比较,差距很大,教育立法的任务艰巨,又难毕其功于一役。针对这种情况,邓小平同志提出的重要指导思想是,有比没有好,快搞比慢搞好。这就是首先要有,而且要搞得快一些;在此基础上,法律条文开始可以粗一点,逐步完善;修改补充法规,成熟一条就修改补充一条,不要等待"成套配套"。这里所谓"成套配套"是讲法规的完整性,"快搞""先有",是讲法规的独立性。如前所述,我国先有教育单行法规后才有教育母法,即教育基本法《中华人民共和国教育法》,就是系统性与独立性的结合运用。它使教育立法增强了适应社会经济生活需求和促进教育事业发展的能力。快些起步,紧密结合,避免了在开始起步时,因求全、求细、讲究完整而使教育立法滞后。

3. 原则性与灵活性相结合

这一特征取决于下列因素:一是我国的教育改革是一场革命,它是逐步向前推进的,并非能一步到位。与之相适应的教育法规在重大问题上,如教育改革走向、人才培养规格等,固然要从长计议、深思熟虑,但在一些具体阶段性目标上,又要有一定的灵活性。二是教育作为一个复杂的系统,涉及广泛的利益关系,面对不同的承受能力,因而只能在协调各方利益、兼顾多方面实际承受能力的基础上进行立法,稳步推进。这样,在某些问题上,既要坚定不移地坚持原则,又要灵活地加以变通处理。三是中国是个大国,情况复杂,既要坚持法制的统一,又要考虑到不同地区、不同层次的差别,因此,需要做更多更细的工作。如,有的法规先由地方去搞,然后经过总结提高,再上升为国家的法律。有的则是先制定出全国性的统一规定,然后由地方予以具体化。可以说,教育法规的原则性与灵活性相结合,是与推动经济发展、社会进步,以及教育改革和稳步前进的实际需要相适应的。

4. 针对性与可操作性相结合

针对性和可操作性在我国教育法规中是紧密联系在一起的。教育法规是根据教育事业发展的实际需要制定的,是调整教育主体关系、规范教育活动的依据。只有增强其针对性,才能起到这种作用。而这种作用又要求教育法规能够实施,即在实际生活中是可以操作的。因此,我国已制定的教育法规是立足于现实、指向具体行为的,并且越来越要求有很强的针对性。法规条文必须是明确的、具体的,可以作为规范来引导、约束人们的行为。对于情况起了变化的,则应及时废止或修改,以反映新的情况,汲取新的经验,确定新的规则,从而体现教育法规很强的针对性与可操作性的统一。这一特点,在一些地方性教育法规中表现得尤为明显。

5. 立法自主与择优借鉴相结合

世界各国的教育立法经验及其教育法规中的某些内容,是十分可贵的成果,这为我们制定教育法规提供了参照物。尽管出于国情的差异,教育事业的发展会呈现出不同的特点,但是,它运行的基本规律不受国界、地域的限制。特别是我国加入WTO组织后,外国将依据关贸总协定中的有关条款,参与到除特殊教育外的我国教育各个领域的办学活动之中,我国的教育也可以据此进入国际教育市场参与竞争。所以,对我国现行教育法规进行全面修订,与WTO规则保持一致,并注意学习借鉴别国的教育立法经验及其成果,在实践中加以改造、吸纳,实现相互之间的"接轨",是教育法治建设方面一项十分迫切的任务。这也是教育法规鲜明地反映时代精神、体现时代特征的必然要求。如,日本的教育法规从内容上看比较完整,立法的技术也有可借鉴之处。又如,教育与宗教必须相分离,不得以营利为办学的目的等,可谓当今世界各国共同遵循的通则。对此,《中华人民共和国教育法》从优选择,大胆借鉴,使之融入相关条文之中。

二、教育法规的原则与功能

教育法规的制定与实施必须遵循一些基本原则,这些原则的践行有助于教育法规预期功能的实现。

(一)教育法规的基本原则

教育法规的基本原则,是指贯穿于全部教育法规的立法、实施和法规文本之中的指导思想和基本要求,是所有教育法律、教育法规应当遵循的总原则。

1. 坚持教育的社会主义方向

教育法规必须坚持教育的社会主义方向,保证各级各类教育事业的协调发展。坚持教育的社会主义方向,是教育事业发展必须长期坚持的一项原则。《中华人民共和国宪法》第十九条规定:"国家发展社会主义的教育事业,提高全国人民的科学文化水平。"《中华人民共和国教育法》第三条规定:"国家坚持中国共产党的领导,坚持以马克思列宁主义、毛泽东思想、邓小平理论、'三个代表'重要思想、科学发展观、习近平新时代中国特色社会主义思想为指导,遵循宪法确定的基本原则,发展社会主义的教育事业。"

我国的教育是社会主义教育,教育必须为社会主义建设服务,培养能够坚持社会主义方向的各级各类人才。《中华人民共和国教育法》第五条规定:"教育必须为社会主义现代化建设服务、为人民服务,必须与生产劳动和社会实践相结合,培养德智体美劳全面发展的社会主义建设者和接班人。"

2. 维护教育的公共性原则

《中华人民共和国教育法》第八条规定:"教育活动必须符合国家和社会公共利益。"教育的公益性体现了教育直接使个人受益、间接使社会受益的功能。这一规定说明,坚持教育的公共性,是贯穿在教育活动中的一项基本原则,其基本含义如下:第一,教育面向全体社会成员提供服务,围绕整个社会的公共利益和国家利益运行。即教育的服务对象是全体社会成员,而非社会的一部分人群、特定的阶层或特定的利益团体。第二,国家保障各级各类教育的主要经费。这是保障国家教育制度的公共性的基本前提。第三,国家实行相对稳定、统一和完整的学校教育制度,为教育真正面向全体社会成员、保障社会公共利益和国家利益提供基础。第四,国家规定任何组织和个人不得以营利为目的举办学校及其他教育机构。第五,实行教育与宗教分离,禁止任何宗教团体干涉学校教育活动,这是教育法规公共性原则的重要内容。实行教育与宗教分离,是世界各国教育法规公共性原则的当然内涵和重要准则之一。

3. 保障教育机会平等原则

《中华人民共和国宪法》第四十六条第一款规定:"中华人民共和国公民有受教育的权利和义务。"《中华人民共和国教育法》第九条规定:"中华人民共和国公民有受教育的权利和义务。公民不分民族、种族、性别、职业、财产状况、宗教信仰等,依法享有平等的受教育机会。"教育机会平等原则的内容是多方面的,主要表现在义务教育阶段入学机会的无差别的平等、教育条件平等、教育效果平等、竞争机会平等、成功机会平等。

4. 维护教育的终身性原则

终身性原则是指人的整个一生应当不断地接受教育,任何年龄阶段的人都有机会接受教育,教育应当面向所有的人。《中华人民共和国教育法》第十一条规定:"国家适应社会主义市场经济发展和社会进步的需要,推进教育改革,推动各级各类教育协调发展、衔接融通,完善现代国民教育体系,健全终身教育体系,提高教育现代化水平。"

(二)教育法规的功能

教育法规的功能是指教育法规的属性、内容及其结构所决定的,对教育改革和发展所发挥的效用。教育法规的功能是客观存在的,同时又是主观追求的。任何教育法规都会对教育实践带来影响,无论这种影响的范围、深度、持续的时间等情况如何,都是其功能的反映。综合起来,教育法规主要有规范功能、保障功能、管理功能和强制功能。

1. 规范功能

教育法规是通过规定法律主体的权利与义务及其实施后所承担的责任来调整教育活动和教育关系的,为教育事业的发展提供某种标准与范式,起着某种规范性的作用。

教育法规的规范性功能主要表现在:

第一,指引作用。教育法规作为人们的行为规范,明确规定人们的行为准则,明确规定可以如何行为,应该如何行为,禁止如何行为,从而为不同的法律关系主体指明了方向。教育法规的这种指引作用具有稳定性和连续性的特点。

第二,评价作用。教育法规作为规范性文件,是对自己和他人的行为是否合法进行判断、衡量的标准。当人们询问某教育行为是否合法时,就是隐含着将教育法规作为评价标准进行参照。

第三,预示作用。教育法规作为严格而稳定的规范性文件,可以预先知晓或估计到如何开展教育活动,或在什么范围内开展教育活动,从而调整人们的行为。同时,法律制裁违法行为,不仅对违法者具有教育改造作用,而且对所有社会成员具有教育作用,避免同类行为的发生。

2. 保障功能

所谓保障功能,是指教育法规对维护和保障教育事业的发展客观上起着保障性的作用。对于教育事业来说,如果没有必要的法律法规作保障,那么它的发展将举步维艰。

教育法规的保障功能主要体现在以下四个方面:

第一,保障教育事业正确的发展方向。古今中外的一切阶级和政治势力,为了维持自己的统治地位,无不通过制定和发布教育法规等方式,将政治基本准则贯彻到教育领域中,保障教育事业沿着一定的方向发展。《中华人民共和国教育法》第五条规定:"教育必须为社会主义现代化建设服务、为人民服务,必须与生产劳动和社会实践相结合,培养德智体美劳全面发展的社会主义建设者和接班人。"同时明确指出,我国的教育是社会主义性质的。我国教育法规首要作用就是保障教育事业的社会主义发展方向,为社会主义建设培养各种人才。

第二,保障教育事业的改革与发展有法可依。这是由制定教育政策的目的决定的。制定这样或那样的教育政策的目的,就是为了满足教育领域的实际需要。教育政策的制定,本身就是为教育事业的改革与发展提供支持与保障。

第三,保障按教育规律办教育。教育规律客观存在,不管是在教育与社会关系、教育与人的自身发展的关系,还是在人的自身发展与社会的关系中,教育规律都不以人的意志而转移。通过教育立法将按教育规律办教育的要求转化为法律规范,以避免教育工作中的随意性,保障教育活动中按照教育规律办事。

第四,保障有关各方在教育上的合法权益。教育法规明确规定和保障与教育相关各方(如学生、家长、教师、学校、政府各部门、社团等)的权利和义务,客观上有激励相关各方焕发热情、鼓舞干劲,以促进教育事业不断向前发展,同时,防止和制裁违法行为的作用。

3. 管理功能

所谓管理功能,是指教育法规对教育工作具有管理的作用。教育工作离不开教育管理,教育管理则在很大程度上是通过执行教育法规进行的。离开教育法规谈教育管理,或者离开教育管理谈执行教育法规,都是不切实际的。教育法规的管理功能具体体现在以下两个方面:

第一,对教育活动实施有效的控制,即保障教育行为的合法性,避免不合法的教育行为的发生。教育法规的管理功能所体现的控制,是与规范功能、制约功能所具有的控制相联系的。

第二,协调教育活动中的各种利益关系,以保证教育活动和谐进行。管理是一种协调,协调需遵循一定的准则与原则,这种准则与原则突出地表现为政策性与合法性。任何教育法规均涉及利益的调整和利益关系的分配。而在教育实践活动中,利益的冲突与碰撞也在所难免。协调好教育活动中各种利益的关系,对于教育活动的顺利推进无疑十分重要。这种协调就需要依凭法律,需要有效地发挥法律的功能与作用。

4. 强制功能

所谓强制功能,是指教育法规有限制或禁止某种教育行为的作用。如发改委、教育部联合颁布的《关于规范中小学服务性收费和代收费管理有关问题的通知》就是一种禁令。在非禁令性的教育法规中,也存在着种种对禁止性行为的限制。法律制裁可以保证权利得以实现,义务得以履行,使教育活动有序化。教育法律制裁多种多样,有行政制裁,如警告、宣告无效、没收、取消资格、停止招生、行政拘留等;有民事制裁,如停止侵害、排除妨碍、消除危险、返还原物、赔偿损失、支付违约金等;有刑事制裁,如管制、拘役、有期徒刑、无期徒刑、死刑等。教育法律制裁大多属于行政制裁,这些制裁具有强制功能。

> **小知识**
>
> **劳凯声：《中华人民共和国义务教育法》的免费性和强制性**
>
> 义务教育就其最初的含义而言，就是一种"强迫教育"，通过国家的强制性手段迫使每一个适龄儿童入学接受规定年限的学校教育。伴随着义务教育强制性的必然是义务教育的免费性，这是因为如果不能解决由于经济能力的原因而上不起学的问题，则强制性就会成为一句空话，因此教育的强制性必然带来教育的免费性。
>
> （资料来源　更好体现义务教育本质要求——专家解读新修订的义务教育法四大亮点[N]. 中国教育报，2006-6-3.）

三、教育法规的体系结构

教育法规的体系，是指不同形式的教育法律、法规按照一定的原则，形成一个相互协调一致、完整统一的法律系统。教育法规的目标是规范教育领域各主体间关系，保证不同形式、不同性质和不同层次的教育协调发展，以期形成一个合理的、符合社会发展需要的现代教育结构体系。

法律体系应包括以下几个方面的内容：(1)构成法律体系的法律规范必须是国内具有法律效力的现行法律规范。(2)组成法律体系的法律规范根据所调整的社会关系性质和构成要素的不同，分别形成若干个并行的法律部门。这些法律部门的并行关系，就构成法律体系的横向结构。(3)组成法律体系的法律规范，根据其适用范围和效力的不同，形成等级不同的层次。这些不同等级层次的法律、法规之间的相互关系，即构成法律体系的纵向结构。(4)作为一个大系统，法律体系要求其内部的法律、法规之间的横向联系和纵向联系相互协调统一，具有体系的有机性和整体性，即内容上的和谐一致，形式上的完整统一。①

改革开放以来，我国开始加强民主与法治建设，促进教育立法的发展。1982年的《中华人民共和国宪法》中关于教育的规定，为教育法的制定和体系的完善、依法治教提供了依据。为了落实教育优先发展的原则，我国全面展开了教育立法工作。发展至今，我国已经初步形成了以《中华人民共和国宪法》确立的基本原则为基础，以《中华人民共和国教育法》为核心，以教育专门法和行政法规为骨干，以教育规章和地方性法规、规章为主体的有中国特色社会主义的教育法规体系。我国教育法

---

① 李连宁. 我国教育法规体系刍议[J]. 中国法学，1988(01)：77-82.

规的体系构成,如图 5-1 所示。

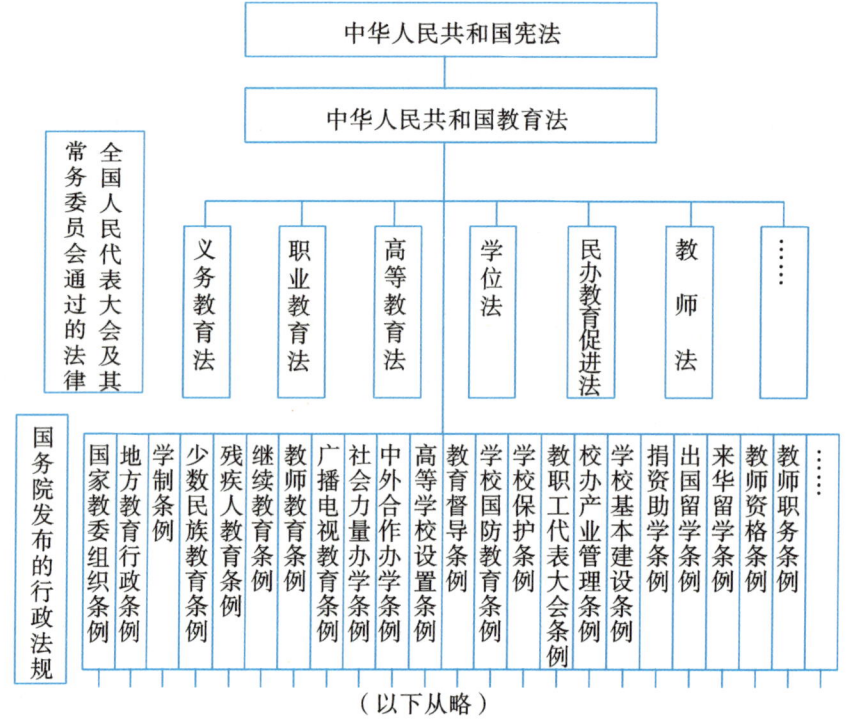

图 5-1 中国教育法规的体系构成图[①]

我国教育法规的体系是由一定的纵向或横向的结构联系组成的,它覆盖各级各类教育和各种教育法律关系主体,体现出不同的效力。

1. 纵向结构

教育法规的纵向结构,是指由不同层级的教育法律文件组成的等级、效力有序的纵向体系。它是教育法规的表现形式,具体排列为:

(1) 宪法中的教育条款。《中华人民共和国宪法》是由国家最高权力机关(全国人民代表大会)制定的,是国家的根本大法,具有最高的法律地位和法律效力,是其他一切法律法规制定的依据。其他任何形式、类型的教育法规都不得与之相抵触,否则无效。《中华人民共和国宪法》第四十六条规定:"中华人民共和国公民有受教育的权利和义务。国家培养青年、少年、儿童在品德、智力、体质等方面全面发展。"

(2) 教育基本法律。由全国人民代表大会制定,宏观调控教育内部、外部相互关系的教育基本法律是《中华人民共和国教育法》。有人称其为"教育的宪法"或教育法规的"母法"。

---

① 余雅风. 新编教育法[M]. 上海:华东师范大学出版社,2008:7.

(3)教育单行法律。由全国人民代表大会常务委员会制定,调整某类教育或某一方面教育工作的教育法规。我国先后制定和公布实施的其他教育单行法有五部,即《中华人民共和国义务教育法》《中华人民共和国教师法》《中华人民共和国职业教育法》《中华人民共和国学位条例》和《中华人民共和国高等教育法》。

另外,其他法律中有关教育的相关条款,如《中华人民共和国国旗法》中涉及教育的条款,全国人大及其常委会制定的有关教育方面的决定、决议等有法律效力的规范性文件。例如,1985年第六届全国人大常委会第九次会议通过的关于教师节的决定等,均属于教育法律的范畴,其效力仅次于教育基本法。

(4)教育行政法规。教育行政法规是由国家最高行政机关(国务院)依据《中华人民共和国宪法》和教育法律规定的有关教育行政管理的规范性文件,如《扫除文盲工作条例》《教师资格条例》等。

(5)地方性教育法规。地方性教育法规是指省、自治区、直辖市的人大或其常委会制定的规范性文件。地方性教育法规一般称为条例、规定、实施办法、补充规定等。如全国绝大多数省、自治区、直辖市为贯彻执行《中华人民共和国教师法》《中华人民共和国义务教育法》而制定了本地区的实施办法。

(6)教育行政规章。教育行政规章是中央和地方有关国家行政机关依照法律规定的权限和程序,制定并公布的有关教育的规定性文件,包括部门教育规章和地方政府教育规章。部门教育规章通常由教育部部长以教育部令的形式签发,或者由教育部会同国务院其他部门联名发布,常用名称为规定、办法、规程、大纲、标准等。地方政府教育规章是指省、自治区、直辖市人民政府根据有关法律规定,在其权限范围内发布的调整教育行为的规范性文件。

为简明起见,请大家参考《教育法规体系的纵向结构简表》,见表5-1。

表5-1 教育法规体系的纵向结构简表

层次	形式	制定机关	举例
1	《中华人民共和国宪法》中的教育条款	国家最高权力机关(全国人民代表大会)	《中华人民共和国宪法》第四十六条规定:"中华人民共和国公民有受教育的权利和义务。"
2	教育基本法律	国家最高权力机关(全国人民代表大会)	《中华人民共和国教育法》
3	教育单行法律	全国人民代表大会常务委员会	《中华人民共和国义务教育法》
4	教育行政法规	国家最高行政机关(国务院)	《扫除文盲工作条例》
5	地方性教育法规	省、自治区、直辖市的人大或其常委会	某省《教师法》实施办法

续表

层次	形式	制定机关	举例
6	教育行政规章 — 部门教育规章	教育部及国务院有关部委	国家教委颁布的《中小学校园环境管理的暂行规定》(教基[1992]19号)
	教育行政规章 — 地方政府教育规章	省、自治区、直辖市人民政府	某省幼儿园登记注册管理办法

2. 横向结构

教育法规体系的横向结构是指依据教育法规所调整的教育活动与教育关系的性质及构成要素的不同,划分出若干处于同一层级的部门法,形成教育法规调整的横向体系。

由于人们对教育内外部教育关系构成要素的认识不同,对判别教育法规横向构成种类的标准不同,所以,对教育法规横向结构的表现形式会有不同的划分。我们认为,从实际出发,可以将教育法规横向结构的表现形式划分为以下八类:

(1)教育基本法:《中华人民共和国教育法》

(2)基础教育法:《中华人民共和国义务教育法》

(3)高等教育法:《中华人民共和国高等教育法》

(4)职业教育法:《中华人民共和国职业教育法》

(5)成人教育或社会教育法:《中华人民共和国家庭教育促进法》

(6)学位法:《中华人民共和国学位法》

(7)教师法:《中华人民共和国教师法》

(8)教育投入法或教育财政法

> **小知识**
>
> 我国教育法历史上的"第一":
>
> 我国第一部教育法律是1980年颁布的《中华人民共和国学位条例》。
>
> 我国历史上第一部关于基础教育的法律是1986年制定的《中华人民共和国义务教育法》。
>
> 我国教育史上第一部关于教师的法律是1993年制定的《中华人民共和国教师法》。
>
> 我国历史上颁布的第一部全面规范教育领域的大法是1995年制定的《中华人民共和国教育法》。

四、教育法律关系与法律责任

(一)教育法律关系

1. 教育法律关系的概念

教育法律关系,是指由教育法律规范所确认和调整的教育法律关系主体间权利与义务的社会关系。人们在社会生活中发生的种种联系,并不都是法律关系,只有由法律所调整的,即由法律所规范的才具有法律关系的性质,不由法律规范所调整的社会关系不是法律关系。"教育法律关系的产生以教育法律规范的存在为前提,只有适用教育法律规范调整的教育关系才能转化成为教育法律关系。"①

2. 教育法律关系的主体与客体

教育法律关系主体是指教育法律关系的参加者,包括教育法律关系中权利的享受者与义务的承担者。在我国,教育法律关系的主体可分为三类:第一,国家。国家作为一个整体,参加某些重要的法律关系。第二,集体。集体主体包含两类,即一类为国家权力机关、行政机关、审判机关和检察机关等;一类为学校、社会团体、企事业单位等社会组织。第三,个人。个人主体包括教师、学生、学生家长和其他社会成员等。

教育法律关系的客体又称为权利客体,是法律关系主体的权利与义务所指向的对象。教育法律关系的客体,一般包括物质财富、非物质财富和行为三个方面。物质财富一般可以分为动产与不动产两类,动产包括资金和教学仪器设备等;不动产包括土地、房屋和其他建筑设施等。非物质财富包括创作活动的成果(如著作、专利、发明等)和其他与人身相联系的非财产性财富(如姓名、肖像、名誉、身体健康、生命等)。行为指教育法律关系主体实现权力和履行义务过程中的作为与不作为,如教育行政机关的行政行为、学校的管理行为、教师的教育教学行为等。

---

① 李晓燕.教育法学[M].北京:高等教育出版社,2006:81.

3. 教育法律关系的内容

法律关系的核心内容是权利与义务的关系,法律的实质是确定法律关系主体的权利与义务,教育法律关系的核心内容是教育活动中人们的权利与义务的关系。

教育法律关系中的权利,是教育法律所许可的行为,也是对教育法律关系主体作为与不作为的许可。教育法律的授权行为,主体也有选择权。如法律规定,教师享有发表学术观点的权利,如果教师没有发表学术观点,法律也许可。

教育法律关系中的义务,是对教育法律关系主体进行约束的行为。教育法律关系中的义务人,必须履行法定义务,不得拒绝或变更法定义务,否则,将受到法律追究与制裁。与权利的选择性不同,法律规定的必须做或禁止做的行为,法律关系主体只能履行,无可选择,这种法律约束是具有强制性的。

权利与义务是不可分的,没有无权利的义务,也没有无义务的权利。在教育活动中,教师依法享有进行教育活动的权利,但也有保证受教育者得到平等受教育的机会,教师不能随意剥夺学生受教育的权利。

(二)教育法律责任

1. 教育法律责任的概念

教育法律责任,是指教育法律关系主体因未能履行义务而应依法承担的惩罚性的法律后果。可见,法律责任与法律义务、法律制裁相联系。"义务含有法律责任和法律制裁的条件,与后二者在法律上是相反的行为表现……义务具有不同于权利的特点,它是一种行为的约束,表现为:受合法权利所需要的行为要求的约束,义务人不得拒绝或变更法定的义务;未履行义务受法律追究的约束,义务人不得推卸应承担的法律责任;接受法律制裁的约束,义务人必须服从最终的法律制裁决定。"[①]

2. 教育法律责任的归责要件

归责是指法律责任的归结,以解决法律责任应由谁来承担的问题。教育法律关系主体只有具备有损害事实、有违法行为、行为人主观上有过错、违法行为与损害事实之间有因果关系四个法律责任的归责要件,才被认定为教育法律责任主体,才应该承担相应的法律后果。

有损害事实即行为人有侵害教育管理、教学秩序,以及从事教育教学活动的公民、法人和其他组织的合法权益的客观事实存在。有违法行为即行为人实施了违反法律法规的行为。行为人主观上有过错,即行为人主观上的故意或过失的心理状态。违法行为与损害事实之间有因果关系,即指违法行为是导致损害事实发生的原因,损害事实是违法行为所造成的必然结果,二者之间是必然联系。

---

① 曾庆敏.法学大辞典[M].上海:上海辞书出版社,1998:70.

3. 教育法律责任的类型

根据违法主体的法律地位、违法行为的性质,以及危害程度的差异,教育法律责任可以分为三种类型,即行政法律责任、民事法律责任和刑事法律责任。

《中华人民共和国义务教育法实施细则》第四十二条规定:"有下列行为之一的,由有关部门给予行政处分;违反《中华人民共和国治安管理处罚条例》的,由公安机关给予行政处罚;构成犯罪的,依法追究刑事责任:(一)扰乱实施义务教育学校秩序的;(二)侮辱、殴打教师、学生的;(三)体罚学生情节严重的;(四)侵占或者破坏学校校舍、场地和设备的。"

《中华人民共和国教育法》最新版第八十三条规定:"违反本法规定,侵犯教师、受教育者、学校或者其他教育机构的合法权益,造成损失、损害的,应当依法承担民事责任。"

第二节 主要法律法规解读

> **小知识**
>
> 2017年9月至12月间,泰兴市实验初级中学教师封某于每周星期一至星期五晚上、星期六上午,在其家中为学生蒋某某补课,并收取蒋某某母亲支付的补课费用共计人民币4 500元。2018年1月22日上午,封某在教室检查学生作业时,因学生蒋某某部分作业未按要求完成,遂对蒋某某进行打骂,造成不良影响。2018年2月,泰兴市教育局给予封某降低岗位等级处分,并将其调离教学一线。这则案例对你有何启发?当代教师有必要研读教育法律法规吗?

鉴于教育法律法规的数量庞大,本节只能对我国已经颁行的有关教育的几部主要法律法规做些简要介绍,论述的内容包括这些教育法规的总体规定、地位和颁行意义、基本结构和主要内容等。

一、《中华人民共和国教育法》的解读

《中华人民共和国教育法》(以下简称《教育法》),从1985年开始起草,经过10年的磨砺,最终于1995年第八届全国人民代表大会第三次会议通过,并于同年9月1日起施行。此后,本法分别于2009年、2015年、2021年先后进行了三次修订。本法的文本结构,如图5-2所示:这是我国教育史上具有里程碑意义的大事。《教育法》的颁行,标志着我国进入全国依法治教的新时期,对我国教育事业的改革和发展,以

及物质文明、精神文明建设,将产生巨大而深远的影响。

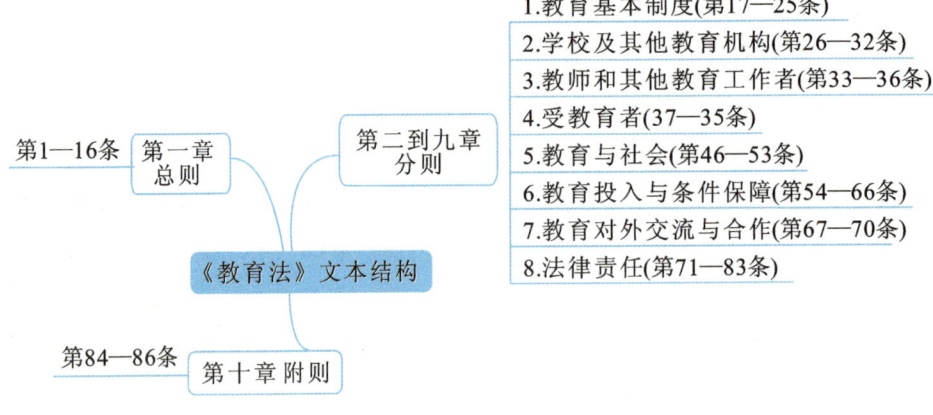

图 5-2 《教育法》的文本结构

(一)《中华人民共和国教育法》的总体规定

1.《教育法》的立法基础①

《教育法》是教育改革和发展关键时期的必然产物,它的诞生经历了长期的孕育过程,有着坚实的立法基础。

(1)邓小平同志建设中国特色社会主义的理论,特别是他的教育思想为《教育法》的制定提供了理论基础。

(2)《中华人民共和国宪法》为《教育法》的制定提供了立法依据。宪法规定了国家的根本制度和任务,是国家的根本法。我国一切法律的制定都要以宪法为依据。宪法规定了我国发展教育事业的基本原则,以及公民接受教育的权利与义务。

(3)《中国教育改革和发展纲要》为《教育法》的制定提供了全面的政策依据。中共中央、国务院颁发的《中国教育改革和发展纲要》,总结了新中国成立以来教育改革和发展的经验,为新时期教育的改革和发展绘制了宏伟的蓝图,是指导我国 20 世纪 90 年代乃至 21 世纪初期教育改革和发展的纲领性文件。它确定的教育改革和发展的主要原则、目标、战略、方针、政策措施,是制定《教育法》的政策基础。

(4)教育改革和发展的实践,为《教育法》的制定打下了良好的实践基础。我国的《教育法》在教育改革和发展的土壤中产生,教育改革和发展的实践为《教育法》的制定提供了扎实的基础。

总之,《教育法》是从中国的国情出发,立足国内教育实际,借鉴国外教育法的有益经验,历经十年的调查研究,集全党、全社会的智慧形成的一部重要法律。

---

① 《中华人民共和国教育法》解读[E/OL].[2023-2-2]. http://www.yxedu.net/show.aspx?cid=305&id=40446.

2.《教育法》的立法宗旨①

《教育法》总则第一条明确了教育法的立法宗旨:"为了发展教育事业,提高全民族的素质,促进社会主义物质文明和精神文明建设,根据宪法,制定本法。"其含义如下:

(1)发展教育事业。实践证明,发展教育事业,单靠政策手段和行政手段,靠领导人的重视等"人治"手段,是不能从根本上解决问题的,必须有完备的法制来规范和保障。因此,有必要制定《教育法》,以进一步深化教育改革,加快教育事业的发展。

(2)提高全民族素质。民族素质,关系到民族的振兴和国家的兴旺发达。当今世界竞争日趋激烈,国家综合实力的竞争,根本上还是人才的竞争、教育的竞争。从这个意义上说,谁掌握了21世纪的教育,培养出高素质的国民,谁就能在未来的国际竞争中取胜。我国是一个人口大国,劳动者接受教育的程度普遍偏低,已成为制约我国经济发展的因素之一,如何将人口压力转化为人才优势,就需要制定教育法,发展教育事业,从法律上保障公民的受教育权利和义务,提高民族素质。

(3)促进社会主义现代化建设。我们大力发展教育事业,提高全民族素质,最终是为了促进社会主义物质文明建设、精神文明建设和政治文明建设。我国社会主义物质文明建设的根本任务是发展生产力,集中力量进行现代化建设。生产力的发展有赖于文化教育的繁荣。《教育法》的制定,将使我国的国民素质提高到一个新的水平,为现代化建设所需的合格劳动者和各类专门人才的培养打下坚实的基础,从而为社会主义物质文明建设创造必要的条件。社会主义精神文明是社会主义的重要特征。精神文明建设的根本任务,是适应社会主义现代化建设的需要,培养"四有"公民,提高整个中华民族的思想道德素质和科学文化素质。而社会主义政治文明建设又是前两个文明建设的保证。因此,制定《教育法》是社会主义物质文明、精神文明和政治文明建设所必需的。

3.《教育法》的立法特点②

(1)全面性和针对性相结合。《教育法》作为教育的基本法,要为其他法律、法规提供依据,这就要求《教育法》的内容要尽可能全面。我国的《教育法》把应当纳入法律调整范围的重要事项,如教育的性质、地位、方针、基本原则等,做了全面的规定,充分体现了教育基本法全面性的特点。《教育法》在全面规范和调整各类教育关系的同时,又抓住了现阶段教育改革和发展中的突出问题,做了有针对性的规定。如德育工

---

① 《中华人民共和国教育法》解读与实施[E/OL].[2023-2-2]. http://www.hnlsjy.com/gov/ShowArticle.asp?ArticleID=3087.
② 《中华人民共和国教育法》解读[E/OL].[2023-2-2]. http://www.yxedu.net/show.aspx?cid=305&id=40446.

作;不得以营利为目的举办学校及其他教育机构;教育经费单独列项;等等。全面性和针对性相结合,既体现了基本法的要求,同时也体现了《教育法》的现实性。

(2)规范性和导向性相结合。《教育法》把四十多年来,特别是改革开放以来,我国教育改革和发展的成熟经验,通过法律规范的形式固定下来,如教育管理体制中的分级管理,分工负责;学校法人地位及自主权;以财政拨款为主的多渠道筹措教育经费等,巩固了教育改革和发展的成果。同时,《教育法》也对符合改革和发展方向,但还有待于进一步实践和探索的问题,如终身教育体系的建立和完善、运用金融和信贷手段支持教育事业的发展等,做出了导向性的规定,通过法律手段来保障和推进教育的改革和发展。

(3)原则性和可操作性相结合。《教育法》作为教育的根本大法,只能对关系到我国教育改革与发展全局的重大问题,如教育的性质、方针、教育活动的原则等,做出原则性的规定,而不可能对具体问题做出规定。但过于原则而不易操作,不易操作则难以落实。《教育法》在突出原则性的同时,又注意到实施上的可操作性,特别是法律责任部分,明确了违反《教育法》的法律责任、处罚形式、执法机关等,加强了《教育法》的可操作性,以保证《教育法》的顺利实施。

(二)《中华人民共和国教育法》的重要地位与颁行的意义

1.《教育法》的重要地位

《教育法》是教育的根本大法。在我国法律体系和教育法规体系中占有重要的地位。

《教育法》是我国最高权力机关——全国人民代表大会审议通过的基本法。《中华人民共和国宪法》(以下简称《宪法》)是国家的根本大法,《教育法》是《宪法》之下的国家关于教育的基本法律。《宪法》是制定《教育法》的依据,《宪法》中有关教育的条款具有最高的法律效力,《教育法》不能同其抵触。《教育法》又是一部独立的法律,它以教育关系作为调整对象,有着特有的法律关系主体和法律基本原则,并运用相应的处理方式。它与刑法、民法、劳动法等基本法律相并列,处于同等的法律地位。

《教育法》是国家全面调整各类教育关系、规范我国教育工作的基本法律,在我国教育法规体系中处于"母法"地位,具有最高的法律权威。其他单行教育法规都只是调整和规范某一方面的教育关系,或某一项教育工作的,都是"子法"。这些单行教育法规的制定和实施,都要以《教育法》为依据,不得与《教育法》确立的原则和规范相违背。《中国教育改革与发展纲要》提出,要在20世纪末初步建立起教育法律、法规的基本框架,形成协调一致、层次有序、完整统一的教育法规体系。在这个体系中,《教育法》是统帅,起着统领作用。

2.《教育法》颁行的意义①

《教育法》为教育的改革和发展提供了法律保障,对我国教育事业的发展起着极大的促进作用。

(1)《教育法》为我国建立内容和谐一致、形式完整统一的教育法律体系,奠定了坚实的法律基础。教育法律体系并非现行教育法律规范的简单相加,它应该是以宪法和教育基本法所确定的基本原则为指导,以不同内容的法律规范组成的若干法律部门为横向结构,以不同效力等级的法律规范为纵向层次,所形成的严密、协调和完备的法律系统。

(2)《教育法》为我国的教育改革和发展、真正走上依法治教道路,提供了基本的法律依据。《教育法》的颁行使我国的教育工作开始全面置于它的规范之下,标志着我国开始进入全面依法治教的新时期。

(3)《教育法》从许多具体方面为我国今后的依法治教提供了坚实的法律依据。第一,《教育法》确立了我国教育的社会主义性质、方针和基本原则。第二,《教育法》确立了教育在我国社会主义现代化建设中的优先发展地位。第三,《教育法》确立了具有中国特色社会主义的现代教育制度的法律基础,规定了我国教育的基本制度,并为建立和健全我国的终身教育体系提供了法律依据。第四,《教育法》确立了各类教育法律关系主体的法律地位及其权利义务,从而把教育关系主体的行为纳入法制化的轨道。第五,《教育法》针对已经确立的义务性和禁止规范,结合我国实际规定了相应的法律责任和处罚形式,并明确了执法机关,具有较强的操作性和权威性。

(三)《中华人民共和国教育法》的基本结构与主要内容

1.《教育法》的基本结构

《教育法》共有十章,八十六条,由总则、分则和附则三部分组成。总则(第一章)是对我国教育活动的总体规定,分则(第二至九章)是对我国教育活动各个领域的分别规定,附则(第十章)是未尽事项的补充规定和说明。

2.《教育法》的基本内容

(1)关于我国教育的总体规定:

第一,关于我国教育性质与地位的规定。《教育法》第三条规定:"国家坚持中国共产党的领导,坚持以马克思列宁主义、毛泽东思想、邓小平理论、'三个代表'重要思想、科学发展观、习近平新时代中国特色社会主义思想为指导,遵循宪法确定

---

① 彭化杰.教师道德与心理健康教育[M].郑州:河南大学出版社,2005:100.

的基本原则,发展社会主义的教育事业。"这确立了我国教育事业的社会主义性质。《教育法》第四条第一款规定:教育是社会主义现代化建设的基础,对提高人民综合素质、促进人的全面发展、增强中华民族创新创造活力、实现中华民族伟大复兴具有决定性意义,国家保障教育事业优先发展。这一规定,确定了我国教育的地位,即教育是社会主义现代化建设的基础,它应处于优先发展的战略地位。

第二,关于我国教育方针的规定。教育方针是国家教育政策的总概括,是教育发展的总方向。从我国教育的社会主义性质出发,《教育法》第五条规定了我国的教育方针是:教育必须为社会主义现代化建设服务、为人民服务,必须与生产劳动和社会实践相结合,培养德智体美劳全面发展的社会主义建设者和接班人。据此,教育方针主要包括三个方面的内容:一是教育工作的总方向;二是培养途径;三是培养目标。

第三,关于我国教育若干基本原则的规定。教育的基本原则是发展我国教育事业必须遵循的基本要求和指导原则。《教育法》将我国教育的若干基本原则以法律的形式固定下来,使其法制化和规范化。根据《教育法》的规定,我国教育的基本原则包括,对受教育者进行政治思想道德教育的原则,继承和吸收优秀文化成果的原则,教育公益性原则,教育与宗教相分离原则,受教育机会平等原则,帮助特殊地区和保护弱势群体的原则,建立和完善终身教育体系原则,鼓励教育科学研究原则,推广普通话原则,奖励突出贡献原则。

第四,关于我国教育管理与监督体制的规定。关于教育管理和监督体制的规定,包括管理权限与分工,主要分布在《教育法》总则中第十四、十五、十六条。《教育法》第十四条规定:"国务院和地方各级人民政府根据分级管理、分工负责的原则,领导和管理教育工作。中等及中等以下教育在国务院领导下,由地方人民政府管理。高等教育由国务院和省、自治区、直辖市人民政府管理。"第十六条"国务院和县级以上地方各级人民政府应当向本级人民代表大会或者其常务委员会报告教育工作和教育经费预算、决算情况,接受监督。"规定了教育管理的监督机制。

(2)关于我国教育各领域的规定:

第一,关于我国教育基本制度的规定。《教育法》将我国有组织的教育和教学体系及其密切相关的内容,集中在其第二章中加以规定,构成了关于我国教育基本制度的法律表述。《教育法》从我国的教育实际出发,根据立法需要确定了关于教育基本制度的规定,具体包括:学校教育制度、九年制义务教育制度、职业教育制度、成人教育制度、教育考试制度、学业证书制度、学位制度、扫除文盲教育制度、教育督导制度和教育评估制度。

第二,关于学校及其他教育机构的规定。为了将学校及其他教育机构的行为纳入法制化、规范化的轨道,《教育法》在第三章明确规定了学校及其他教育机构的构成条件、享有的权利、应当履行的义务,使学校的法律地位得以保障。具体包括学校及其他教育机构的构成条件、学校及其他教育机构的权利、学校及其他教育机构的义务。

第三,关于教育者与受教育者的规定。《教育法》在第四、第五章分别对教师和其他教育工作者、受教育者的权利与义务进行了规定,以便更好地维护教育者和受教育者的合法权益,确保教育活动的顺利进行。具体包括:教师和其他教育工作者的权利和义务,受教育者的权利和义务。

第四,关于教育与社会的规定。《教育法》在第六章对社会各方面参与、支持教育的责任和形式做了法律规定。具体包括教育与社会之间的关系、创造良好的社会环境、社会对教育的参与和支持。《教育法》第四十六条规定:"国家机关、军队、企业事业组织、社会团体及其他社会组织和个人,应当依法为儿童、少年、青年学生的身心健康成长创造良好的社会环境。"这是说,在教育法律关系的社会教育主体方面,拥有享有的教育权利,也负有相应的教育义务。学校教育必须同社会教育相结合,社会的教育力量必须纳入教育体系中来。将学校、家庭和社会教育的结合,纳入教育的法律关系中,是国家教育发展的必然要求。

第五,关于教育投入与条件保障的规定。《教育法》第七章对教育投入和条件保障进行了规定,具体包括我国教育经费筹措的体制、教育经费的管理与监督、教育条件保障。我国要逐步建立起"以(国家)财政拨款为主、其他多种渠道筹措教育经费为辅"的教育投资体制。教育经费筹措的渠道主要包括七个方面:国家财政性教育经费支出、城乡教育费附加、校办产业和社会服务等收入、社会力量捐资助学和集资办学、运用金融和信贷手段融资、设立教育专项资金、收取学杂费。

第六,关于教育对外交流与合作的规定。《教育法》在第八章对教育对外交流与合作进行了规定,在教育国际化的条件下,这方面的规定具有重要意义。具体包括中国公民可以出国留学、研究、进行学术交流或者任教;境外个人符合国家规定的条件并办理有关手续后,可以进入中国境内学校及其他教育机构学习、研究、进行学术交流或者任教,其合法权益受国家保护;境外教育机构颁发的学位证书、学历证书及其他学业证书,在国家规定的范围内予以承认。

第七,关于法律责任的规定。《教育法》在第九章规定了教育法律关系主体未履行相关义务应承担的法律责任。具体包括六类:①违反教育经费规定的法律责任;②扰乱教育秩序,破坏、侵占学校财产的法律责任;③使用危险教育设施造成人员伤亡或重大财产损失的法律责任;④违反国家规定向学校收费的法律责任;⑤违法办学、招生、举办考试、颁发学业学位证书及向学生违法收费的法律责任;⑥招生考试中舞弊作弊的法律责任。

以上六类违反《教育法》的行为,主要应负行政法律责任和民事法律责任,应负刑事法律责任的,同时,也要追究民事法律责任。此外,《教育法》分别对学校及其他教育机构、受教育者、教育者享有的权利做了规定,凡侵犯其合法权益而造成损失、损害的,同时违反了《教育法》和《中华人民共和国民法通则》的,均应由人民法院依法追究民事法律责任。

> **违法案例**
>
> 【案例】某地一所农村小学,学校的房舍由于年久失修,损坏严重,上级主管部门为其专门拨出经费2万,让他们完善整修校舍,而校长张某却把此款用来为自己修建了房屋。在一个阴雨天,校舍倒塌,致使三名学生和教师当场死亡,10名学生受伤。
>
> 案发后,引起了上级有关部门的高度重视,对校长张某立案审判。人民法院以贪污罪、教育设施重大安全事故罪数罪并罚判处张某有期徒刑17年,没收非法所得。
>
> 【分析】《教育法》第71条第2款规定:"违反国家财政制度、财务制度,挪用、克扣教育经费的,由上级机关责令限期归还被挪用、克扣的经费,并对直接负责的主管人员和其他直接责任人员,依法给予行政处分,构成犯罪的,依法追究刑事责任。"
>
> (资料来源 校舍倒塌师生死亡,校长承担什么责任?[EB/OL].[2022-10-8].http://www.lawyerm.cn/65/2019121841516.shtm,2019-12-18.)

二、《中华人民共和国义务教育法》的解读

1986年4月12日,第六届全国人民代表大会第四次会议审议通过了《中华人民共和国义务教育法》(以下简称《义务教育法》),并于同年7月1日起施行。2006年6月29日,第十届全国人大常委会第二十二次会议通过了修订后的《义务教育法》,共八章六十三条,于同年9月1日起施行。2018年12月29日,第十三届全国人民代表大会常务委员会第七次会议通过了第二次修订案。本法的文本结构如图5-3所示:

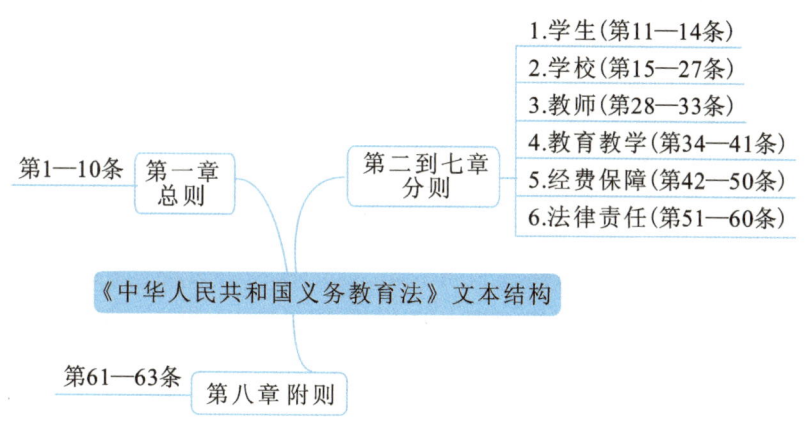

图 5-3 《中华人民共和国义务教育法》的文本结构

(一)《中华人民共和国义务教育法》的总体规定

1.《中华人民共和国义务教育法》的立法依据

《中华人民共和国义务教育法》(以下简称《义务教育法》)的立法依据是《宪法》和《教育法》。《宪法》是国家的根本大法,具有最高的法律地位和法律效力,是制定其他一切法律法规的依据。《教育法》是"教育的宪法"或教育法规的"母法"。

《宪法》第十九条规定:"国家发展社会主义的教育事业,提高全国人民的科学文化水平。国家举办各种学校,普及初等义务教育,发展中等教育、职业教育和高等教育,并且发展学前教育。"《教育法》第十九条规定:"国家实行九年制义务教育制度。各级人民政府采取各种措施保障适龄儿童、少年就学。适龄儿童、少年的父母或者其他监护人以及有关社会组织和个人有义务使适龄儿童、少年接受并完成规定年限的义务教育。"

2.《义务教育法》的立法宗旨

《义务教育法》第一条明确规定了本法的立法宗旨即立法目的。该法第一条规定:"为了保障适龄儿童、少年接受义务教育的权利,保证义务教育的实施,提高全民族素质,根据宪法和教育法,制定本法。"

3.《义务教育法》的制定目标

《义务教育法》体现以人为本的理念和科学发展观的要求,更有力地推动"科教兴国"战略的落实,明确我国义务教育的强制性、免费性、义务性、公益性和平等性。同时,对解决增加教育投入、实现教育均衡发展、免收学杂费、教育乱收费等热点问题进行了说明。

(二)《中华人民共和国义务教育法》的重要地位与颁行的意义

1.《义务教育法》的重要地位

《义务教育法》制定的依据是《宪法》和《教育法》。《教育法》所规定的"国家实行九年义务教育制度"是其制定的直接依据。《义务教育法》将《教育法》的九年义务教育制度具体化。同时，又是对九年义务教育领域中不同方面进行规范的法律依据。

2.《义务教育法》颁行的意义

义务教育，是依照法律规定，适龄儿童和少年必须接受的，国家、社会、学校、家庭必须予以保证的国民教育。制定和贯彻执行《义务教育法》，对国家和民族的未来具有重大的战略意义:《义务教育法》以法律的形式确立了我国实施义务教育的制度;《义务教育法》的颁布，对实施科教兴国战略，促进社会主义现代化建设具有重要作用;《义务教育法》的颁布，表明我国教育立法工作进入了一个新的阶段。

《义务教育法》的颁布和施行，是我国教育史上的一件大事，它对于逐步改变我国基础教育的落后局面，提高整个中华民族的文化素质，培养德、智、体等全面发展的社会主义建设者和接班人，有着深远的意义。

(三)《中华人民共和国义务教育法》的基本结构

1986年的《义务教育法》共有十八条，其中第一条是规定本法的立法宗旨，最后一条是规定本法的生效时间，其他十六条均为规范性的内容。"它对我国实施义务教育的性质、目的、年限、步骤，国家、社会、学校、家庭所承担的义务，学校管理体制、师资、经费、设备，以及违反《义务教育法》应受到的处罚等重大问题，都做了全面、明确、原则的规定。"[①]

2018年修订后的《义务教育法》有八章六十三条，分总则、分则和附录三部分。总则(第一章)是对义务教育活动的总体规定;分则(第二章至第七章)是对义务教育各方面的分别规定，具体包括学生、学校、教师、教育教学、经费保障、法律责任六个方面;附则(第八章)是对相关未尽事项的说明和施行时间的规定。

> **违法案例**
>
> 【案例】小陈在陕西某县实验初级中学上初三，临近中考，学校搞了一次摸底考试，并划定了一个分数线，规定凡低于这个分数线的学生都将被班主任"劝退"，不能报名参加当年的中考。考试结果出来，小陈的名字赫然在被"劝退"之列。小陈的父亲曾找过班主任和学校领导，要求学校准许孩子报名，但被学校拒绝。"孩子才16岁，这么小就流向社会，今后可咋办呢?"
>
> 【分析】根据《义务教育法》第二十七条规定:"对违反学校管理制度的学生，学校应当予以批评教育，不得开除。"第五

---

① 李晓燕.教育法学[M].北京:高等教育出版社,2006:334.

条规定:"依法实施义务教育的学校应当按照规定标准完成教育教学任务,保证教育教学质量。"第十一条规定:"适龄儿童、少年因身体状况需要延缓入学或者休学的,其父母或者其他法定监护人应当提出申请,由当地乡镇人民政府或者县级人民政府教育行政部门批准。"因此,适龄儿童少年依法享有平等接受义务教育的权利,学校应当依法保护其接受义务教育的权利,不得以任何理由和借口,包括"劝退"的方式,来侵犯适龄儿童少年接受义务教育的权利。

(资料来源 保障适龄儿童少年受教育权[EB/OL].[2022-9-2]. http://nm.cz.xhedu.sh.cn/cms/app/info/doc/index.php/25120,2006-09-19.)

三、《中华人民共和国教师法》的解读

1993年10月31日,第八届全国人民代表大会常务委员会第四次会议审议通过了《中华人民共和国教师法》(以下简称《教师法》),于1994年1月1日起施行。《教师法》是我国教育史上第一部专门为教师制定的法律。2009年8月27日,第十一届全国人民代表大会常务委员会第十次会议通过了第一次修订案,共有九章43条。2021年11月,教育部公布了《教师法(修订草案)》,公开向社会征求意见。本法的基本结构如图5-4所示:

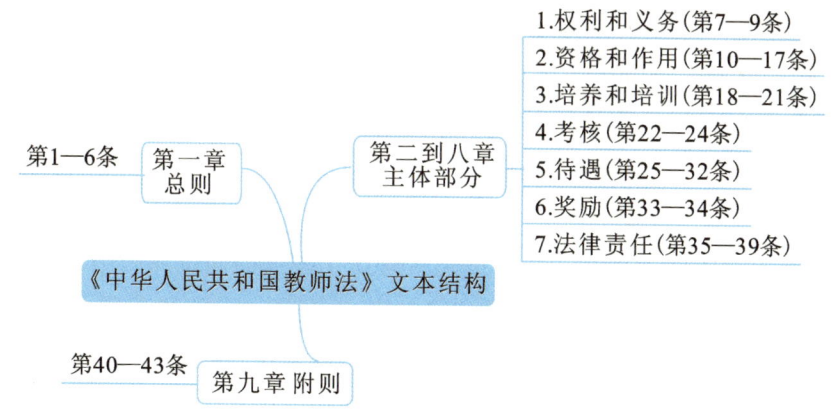

图5-4 《中华人民共和国教师法》的基本结构

(一)《中华人民共和国教师法》的总体规定

1. 《教师法》的立法宗旨

《教师法》第一条明确规定了本法的立法宗旨,即"为了保障教师的合法权益,建设具有良好思想品德修养和业务素质的教师队伍,促进社会主义教育事业的发展"。

2. 《教师法》的立法依据

由于我国的教育母法《教育法》一直到 1995 年才颁行,颁行《教师法》时,教育母法尚未完成。因此,"《教师法》的立法依据,有三个方面,即宪法依据、政策依据和现实依据"[①]。教师是教育活动的重要因素,提高教师队伍素质、维护教师合法权益、规范教师队伍建设等现实问题,关系到整个教育活动的规模和质量,是《教师法》立法的现实依据。

3. 《教师法》的适用对象

《教师法》第二条规定:"本法适用于在各级各类学校和其他教育机构中专门从事教育教学工作的教师。"教师是《教师法》的适用对象。凡是中华人民共和国境内各级各类学校和其他教育机构中的教师,均是其适用对象。这里的教师是指"在学校中传递人类文化科学知识和技能,进行思想品德教育,把受教育者培养成社会主义的建设者和接班人的专业人员。而教育行政管理部门、校办企业管理人员、工勤人员则不能纳入教师法的适用范围"[②]。

(二)《中华人民共和国教师法》的地位与颁行的意义

1. 《教师法》的地位

《教师法》是一部集教师的行政管理和权益保护为一体的综合性的专门的法律,也是我国教育史上第一部关于教师的单行法律。它是党和国家重视人民教师的体现。如果说,教师是教育质量的保障,那么,《教师法》就为教师质量的保障提供了法律基础。

2. 《教师法》颁行的意义

《教师法》的颁布,第一次以法律的形式确认了教师的地位和作用,明确了教师的权利和义务,确立了教师资格制度,规定了教师的培养、考核、待遇等方面,对我国建设一支数量充足、质量优良的教师队伍,保障教师的合法权益,加强教师队伍管理,发展社会主义教育事业等方面,都具有十分重要的意义。

[①] 韩绍祥.中华人民共和国教师法学习与实施指导[M].北京:科学普及出版社,1994:17.
[②] 潘世钦,刘小干,颜三忠.教育法学(第二版)[M].武汉:武汉大学出版社,2010:117.

(三)《中华人民共和国教师法》的特点

《教师法》具有系统性、针对性、导向性的特点。①

《教师法》全面系统地总结了新中国成立后特别是改革开放以来教师队伍建设的基本经验,对教师队伍建设做了比较系统全面地规定,并使教师管理的各项制度相互配套和相互衔接,以形成一个有机整体。

《教师法》针对教师工作中的一些问题做出了规定,如对教师工作水平、任职、医疗、退休金、民办教师,特别是拖欠教师工资等问题做出了有针对性地规定。

随着我国经济体制向社会主义市场经济的转变,教育改革有待进一步深化。《教师法》肯定了改革所取得的成果,同时,又为改革的进一步发展提供了保障和导向。

(四)《中华人民共和国教师法》的基本结构

《教师法》有九章四十三条,分总则、分则和附则三部分。总则(第一章)总体规定了本法的制定目的、教师的社会地位、教师的管理、教师节等;分则(第二章至第八章)分别规定了教师的权利和义务、资格和任用、培养和培训、考核、待遇、奖励、法律责任;附则(第九章)说明了各级各类学校、其他教育机构、中小学教师的范围和相关未尽事项,规定了施行时间。

违法案例

【案例】某校化学教师李某,按照上级要求参加预先安排的培训活动,且各项工作均已协调安排好,校长却无故不予批准。

【分析】《教师法》第七条规定:教师享有"参加进修或者其他方式的培训"的权利,校长的做法侵犯了教师的进修培训权。

四、《中华人民共和国未成年人保护法》的解读

1991年9月4日,第七届全国人民代表大会常务委员会第二十一次会议通过了《中华人民共和国未成年人保护法》(以下简称《未成年人保护法》),于次年1月1日起施行。2006年12月29日,第十届全国人民代表大会常务委员会第二十五次会议通过了修订后的《未成年人保护法》,于次年6月1日起施行。2020年10月17日,第十三届全国人民代表大会常务委员会第二十二次会议通过了第二次修订案,2021年

---

① 潘世钦,刘小干,颜三忠.教育法学[M].2版.武汉:武汉大学出版社,2010:115.

6月1日起实施。本法的文本结构如图5-5所示：

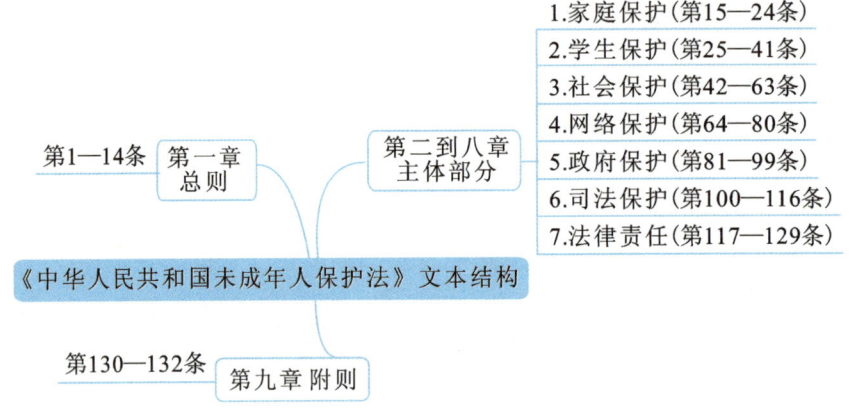

图5-5 《中华人民共和国未成年人保护法》的文本结构

(一)《中华人民共和国未成年人保护法》的总体规定

1.《未成年人保护法》的立法宗旨

《未成年人保护法》第一条明确规定了本法的立法宗旨与立法依据。立法宗旨为"为了保护未成年人身心健康，保障未成年人合法权益，促进未成年人德智体美劳全面发展，培养有理想、有道德、有文化、有纪律的社会主义建设者和接班人，培养担当民族复兴大任的时代新人，根据宪法，制定本法"。

2.《未成年人保护法》的立法依据

《未成年人保护法》的立法依据为《宪法》、《中华人民共和国民法通则》(以下简称《民法通则》)中的有关规定和未成年人的身心发展特点与生存现状等客观现实依据。

"根据宪法，制定本法"则明确规定该法的立法依据为《宪法》。《宪法》第四十六条第二款规定："国家培养青年、少年、儿童在品德、智力、体质等方面全面发展。"《宪法》第四十九条第一款规定："婚姻、家庭、母亲和儿童受国家的保护。"

《中华人民共和国民法典》的前身——《民法通则》也是《未成年人保护法》的立法依据。民法是调整平等主体的公民之间的财产关系和人身关系的。儿童是未成年的公民，他们与社会上的一切人都是平等的，其财产关系和人身关系也是民法调整的对象。例如，《中华人民共和国民法典》第二十七条规定："父母是未成年子女的监护人。"未成年人是人类的幼稚个体，其身心还未成熟，若要健康成长就必须受到保护。

(二)《中华人民共和国未成年人保护法》颁行的意义

在教育领域中，教师与学生是教育活动的两大要素，如果说，《教师法》是对教师及其工作方面的规范，那么，《未成年人保护法》就是从学生方面进行的规范。

《未成年人保护法》颁行的重要意义就是使全社会都明确保护未成年人顺利成长的重要意义,明确社会中各主体对未成年人保护的责任、义务和要求,统一各方面的教育思想,使社会各方面形成教育合力,使年轻一代能够在一个较为健康的环境中成长。

《未成年人保护法》对家庭、学校、社会和司法等方面的保护责任,都做了具体地法律规定。这些规定对正确开展未成年人的保护工作具有重大的意义。第一,它使人们明确,保护未成年人健康成长,不仅仅是父母和学校的事情,也是社会各界义不容辞的责任和应尽的义务。第二,《未成年人保护法》对社会各方在未成年人保护方面所必须做到的行为做了具体地规定。第三,《未成年人保护法》中的规定还保证了社会各方面的教育协调,可以使教育形成合力,更有效地对未成年人实施教育。

(三)《中华人民共和国未成年人保护法》的基本结构与内容

1.《未成年人保护法》的基本结构

1991年的《未成年人保护法》有七章五十六条,2006年修订的《未成年人保护法》有七章七十二条。2020年修订的《未成年人保护法》包括九章一百三十二条,2021年6月1日起实施,可以分为总则(第一章)、分则(第二章至第八章)、附则(第九章)三部分。总则的主要内容包括立法宗旨、立法依据、未成年人权利、"国家、社会、学校和家庭对未成年人"的教育责任、保护未成年人工作的原则、保护未成年人的责任主体等;分则从家庭、学校、社会、网络、政府和司法六个方面规定了相关主体的保护未成年人的义务,并规定了相关的法律责任;附则规定了该法的施行时间。

2.《未成年人保护法》的基本内容

(1)保护未成年人的基本原则。《未成年人保护法》第四条规定:"保护未成年人的工作,应当坚持最有利于未成年人的原则:(一)给予未成年人特殊、优先保护;(二)尊重未成年人人格尊严;(三)保护未成年人隐私权和个人信息;(四)适应未成年人身心健康发展的规律和特点;(五)听取未成年人的意见;(六)保护与教育相结合。"

(2)家庭保护。家庭保护是指父母或者其他监护人对未成年人的生理发展、心理状况、行为习惯、受教育权利等方面实施家庭方面的教育与保护。

《未成年人保护法》第十五条规定:"未成年人的父母或者其他监护人应当学习家庭教育知识,接受家庭教育指导,创造良好、和睦、文明的家庭环境。""共同生活的其他成年家庭成员应当协助未成年人的父母或者其他监护人抚养、教育和保护未成年人。"该法第十七条规定:"未成年人的父母或者其他监护人不得实施下列行为:(五)放任或者迫使应当接受义务教育的未成年人失学、辍学。"

(3)学校保护。学校保护是指各级各类学校在其职责范围内,依照法律法规的规定,对在校未成年人进行教育并保护其身心健康与合法权益。

主要包括以下三个方面:第一,学校对未成年人受教育权的保护。第二,教职员工对未成年人人格尊严的尊重。第三,学校对未成年人的人身安全、健康的保护等。

(4)社会保护。社会保护是指在社会生活环境中对未成年人的保护,主要要求社会给未成年人提供好的条件、场所,禁止他们参加一些不利于其成长的活动。主要包括以下两个方面:第一,保护未成年人在心理上和思想上健康成长,具体包括对未成年人的心理和思想活动进行积极引导;尊重未成年人的人格尊严;禁止有害于未成年人心理健康及侵蚀其思想的行为;保护未成年人的智力成果权和荣誉权;保护有特殊天赋和有突出成就的未成年人。第二,保护未成年人的安全与健康,具体包括在与未成年人接触的日常生活中,在疾病防治和劳动就业方面,社会有责任保护未成年人的安全和健康,"任何组织或者个人不得招用未满十六周岁的未成年人";保护流浪乞讨或者离家出走的未成年人。

(5)网络保护。网络保护是网信部门及其相关部门应该保护未成年人身心健康发展的权利。其中第六十六条规定:"网信部门及其他有关部门应当加强对未成年人网络保护工作的监督检查,依法惩处利用网络从事危害未成年人身心健康的活动,为未成年人提供安全、健康的网络环境"。第七十二条规定:"信息处理者通过网络处理未成年人个人信息的,应当遵循合法、正当和必要的原则。处理不满十四周岁未成年人个人信息的,应当征得未成年人的父母或者其他监护人同意,但法律、行政法规另有规定的除外。"同时,学校、家庭、社会、社区、文旅、出版机构等要协助做好未成年人网络保护工作。

(6)政府保护。政府保护是指国家各级人民政府要提供未成年人家庭教育指导服务、保障未成年人受教育权、保障未成年人活动场所安全等,为其健康成长提供条件。例如,第八十六条规定:"各级人民政府应当保障具有接受普通教育能力、能适应校园生活的残疾未成年人就近在普通学校、幼儿园接受教育;保障不具有接受普通教育能力的残疾未成年人在特殊教育学校、幼儿园接受学前教育、义务教育和职业教育。"另外,第九十一条规定:"各级人民政府及其有关部门对困境未成年人实施分类保障,采取措施满足其生活、教育、安全、医疗康复、住房等方面的基本需要。"

(7)司法保护。司法保护是指公安机关、人民检察院、人民法院,以及监狱、少年犯管教所等机关,依法履行职责,对未成年人实施的专门保护活动。主要包括以下几个方面:①对违法犯罪的未成年人,实行教育、感化、挽救的方针,坚持教育为主、惩罚为辅的原则。对违法犯罪的未成年人,应当依法从轻、减轻或者免除处罚。②办理未成年人犯罪案件过程中应注重对未成年被告人合法权益的保护。③对未成年人采取收容教养、劳动教养、劳动改造的合法、有效的教育改造工作方式。④依靠社会力量协助做好未成年违法犯罪人的教育改造工作。⑤广泛利用社会力量,做好未成年违法犯罪人的社会帮教和妥善安置工作。⑥应依法保护未成年人的继承权和受抚养权。

(8)法律责任。法律责任规定了侵害未成年人合法权益的情形和处罚办法。《未成年人保护法》明确规定了国家机关及其工作人员、父母或者其他监护人、学校、幼儿园、托儿所、社会其他机构或人员等侵害未成年人合法权益行为的法律责任。

违法案例

【案例】1996年冬天某日的一个上午,某市一小学二年级(1)班班主任数学教师马某(民办教师),因该班学生刘某未完成家庭作业,非常生气,把学生刘某叫到其办公室训话,他越说越着急,顺手拿起在其旁边的热炉钩子将刘某脸部烫伤有三处之多。马某体罚学生的恶劣行为,在当地造成极坏的影响,教师马某后来被学校开除。

【分析】《未成年人保护法》第二十七条规定:"学校、幼儿园的教职员应当尊重未成年人人格尊严,不得对未成年人实施体罚、变相体罚或者其他侮辱人格尊严的行为。"本案例中涉案教师应受到严惩。

五、《中华人民共和国预防未成年人犯罪法》的解读

1999年6月28日,第九届全国人民代表大会常务委员会第十次会议通过了《中华人民共和国预防未成年人犯罪法》(以下简称《预防未成年人犯罪法》),于同年11月1日起施行。该法与1991年颁布的《未成年人保护法》有着密切的关系,两部法律对于保护未成年人的健康成长有着不同的作用。2020年12月26日,第十三届全国人民代表大会常务委员会第二十四次会议通过了第二次次修订案。

(一)《中华人民共和国预防未成年人犯罪法》的总体规定

1.《预防未成年人犯罪法》的立法宗旨

《预防未成年人犯罪法》第一条明确规定了立法宗旨,即旨在"保障未成年人身心健康,培养未成年人良好品行,有效预防未成年人犯罪"。

2.预防未成年人犯罪的基本原则

《预防未成年人犯罪法》第二条规定:"预防未成年人犯罪,立足于教育和保护未成年人相结合,坚持预防为主、提前干预,对未成年人的不良行为和严重不良行为及时进行分级预防、干预和矫治。"可见,预防未成年人犯罪的基本原则可以归纳为教

育、保护、从小抓起、预防和矫治。

(二)《中华人民共和国预防未成年人犯罪法》的主要特点

1. 特定的预防对象

未成年人不同于成人,在身心发展方面,未成年人生理和心理发展不平衡,身心发育正处于一个由不成熟向成熟的过渡时期,他们的人生观、价值观、世界观等思想体系也正处在形成之中;在文化知识结构与水平方面,文化知识片面增长,道德修养相对滞后;在生活环境方面,他们受到家庭、学校、社会多方面的影响。

2. 多样的预防主体

该法的第四条明确规定了多样的预防主体,即"预防未成年人犯罪,在各级人民政府组织下,实行综合治理。国家机关、人民团体、社会组织、企业事业单位、居民委员会、村民委员会、学校、家庭等各负其责、相互配合,共同做好预防未成年人犯罪工作,及时消除滋生未成年人违法犯罪行为的各种消极因素,为未成年人身心健康发展创造良好的社会环境。"

3. 双重的预防内容

该法从第二章至第五章分别从预防未成年人犯罪的教育、不良行为的预防、不良行为的矫治、自我防范,以及重新犯罪的预防五个方面,对预防未成年人初次犯罪和重新犯罪做了具体明确的规定。

4. 复杂的预防方法

该法具体规定了对预防未成年人犯罪的方法,包括教育性预防方法、保护性预防方法、惩戒性预防方法,分别体现为:第二章预防犯罪的教育、第三章对不良行为的干预与第四章对严重不良行为的矫治。教育性预防方法包括家庭教育、学校教育、社会教育等。保护性预防方法包括保护未成年人不受外界不良影响的毒害,禁止从事有损于未成年人身心健康的活动。例如,第三十条规定:"公安机关、居民委员会、村民委员会发现本辖区内未成年人有不良行为的,应当及时制止,并督促其父母或者其他监护人依法履行监护职责。"第三十四条规定:"未成年学生旷课、逃学的,学校应当及时联系其父母或者其他监护人,了解有关情况;无正当理由的,学校和未成年学生的父母或者其他监护人应当督促其返校学习。"惩罚性预防方法包括对未成年人未尽保护职责、侵犯其合法权益、危害其身心健康的行为,依法追究民事责任、行政责任和刑事责任。

(三)《中华人民共和国预防未成年人犯罪法》颁行的意义

《预防未成年人犯罪法》与《未成年人保护法》有着密切的关系,两部法律从不同的方面保护着未成年人。一个是对预防犯罪方面的规定,一个是对保护其全面健康成长的各个方面的规定,二者相辅相成,共同保护着未成年人。《预防未成年人犯罪法》也是教育法律关系中的重要法律规范,对维护未成年人的合法权益,保障未成年人的健康成长有着重要的意义。

(四)《预防未成年人犯罪法》的基本结构

《预防未成年人犯罪法》有七章六十八条,可以分为总则、分则和附则三部分。总则(第一章)总体规定了预防未成年人犯罪的立法宗旨、基本原则、预防主体、各级人民政府在预防未成年人犯罪方面的职责等;分则(第二章至第六章)具体从预防犯罪的教育、对不良行为的干预、对严重不良行为的矫治、对重新犯罪的预防和法律责任五个方面做了规定;附则(第七章)规定了本法的施行时间。

六、《学生伤害事故处理办法》的解读

《学生伤害事故处理办法》(以下简称《办法》)是由教育部制定并颁布的教育规章,2002年6月25日教育部令第十二号发布,并于同年9月1日起实施。2010年12月13日,教育部令第三十号发布了《教育部关于修改和废止部分规章的决定》,对《办法》的第八条进行了修订。

2002年版本的第八条规定:"学生伤害事故的责任,应当根据相关当事人的行为与损害后果之间的因果关系依法确定……"2010年《教育部关于修改和废止部分规章的决定》将第八条修改为:"发生学生伤害事故,造成学生人身损害的,学校应当按照《中华人民共和国侵权责任法》及相关法律、法规的规定,承担相应的事故责任。"

(一)《学生伤害事故处理办法》的总体规定

《办法》的第一条明确了立法宗旨与立法依据。立法宗旨为"积极预防、妥善处理在校学生伤害事故,保护学生、学校的合法权益",立法依据为"《中华人民共和国教育法》《中华人民共和国未成年人保护法》和其他相关法律、行政法规及有关规定"。

(二)学生伤害事故的概念界定及处理原则

1. 学生伤害事故的含义

《办法》第二条明确规定了学生伤害事故的含义。学生伤害事故,是指"在学校实施的教育教学活动或者学校组织的校外活动中,以及在学校负有管理责任的校舍、场地、其他教育教学设施、生活设施内发生的,造成在校学生人身损害后果的事故"。

2. 学生伤害事故的处理原则

《办法》第三条规定:"学生伤害事故应当遵循依法、客观公正、合理适当的原则,及时、妥善地处理。"

(三)《学生伤害事故处理办法》颁行的意义

《办法》是教育部制定并颁发的。教育部作为国务院所属教育行政机关,在教育法律法规纵向体系中,其所制定的规范性文件应属于"教育规章"。《办法》是我国第一部处理在校学生伤害事故的教育规章。《办法》的颁布填补了我国教育立法在处理学生伤害事故专项规则方面的空白,为积极预防、妥善处理在校学生伤害事故,保护

学生和学校的合法权益提供了重要依据。

(四)《学生伤害事故处理办法》的基本结构与主要内容

1.《办法》的基本结构

《办法》有六章四十条,可以分为总则、分则和附则三部分。总则(第一章)规定了该规章的立法宗旨与依据、适用范围、事故处理原则、学校与教育行政部门的安全责任、学校的教育责任、学生的安全责任、监护人的安全责任,并确认学校一般不承担监护人的责任;分则(第二章至第五章)从事故与责任、事故处理程序、事故损害的赔偿、事故责任者的处理四个方面,对学生伤害事故的处理做了具体的规定;附则(第六章)明确了学校、学生所涉及的范围、其他未尽事宜的说明及施行时间的规定。

2.《办法》的主要内容

(1)在监护责任上,学校与学生的基本法律关系。第七条规定:"未成年学生的父母或者其他监护人(以下称为监护人)应当依法履行监护职责,配合学校对学生进行安全教育、管理和保护工作。学校对未成年学生不承担监护职责,但法律有规定的或者学校依法接受委托承担相应监护职责的情形除外。"因此,在监护责任上,学校不是未成年人的监护人,学校不承担未成年学生的监护职责。

(2)学生伤害事故中,学校民事责任的归责原则——过错责任原则。这里的过错责任原则,是指"以学校过错作为学生伤害事故责任的构成要件和归责原则的最终要件。同时,以过错作为确定学校责任范围的重要依据,也就是说,学校无过错则无责任"[①]。《办法》第八条第一款规定:"学生伤害事故的责任,应当根据相关当事人的行为与损害后果之间的因果关系依法确定。"

(3)学生伤害事故的类型。学生伤害事故总体可以分为过错事故和意外事故两类。过错事故包括故意和过失两种。故意是指明知自己的行为会发生不良后果,并且希望或放任这种结果发生;过失是指应当预见自己的行为可能发生不良后果,因疏忽大意而未能预见,或已预见但轻信能避免,而导致学生伤害事故的发生。在运动伤害、课余伤害、学校管理疏忽造成的伤害、教师教育不当造成的伤害、校外活动事故等对学生造成的伤害中,均可能存在过错事故。意外事故是指无过错方、无法预见的事故。《办法》第二章第十二条规定,"学校已履行了相应职责,行为并无不当的,无法律责任"的六种学生伤害事故,即"(一)地震、雷击、台风、洪水等不可抗的自然因素造成的;(二)来自学校外部的突发性、偶发性侵害造成的;(三)学生有特异体质、特定疾病或者异常心理状态,学校不知道或者难于知道的;(四)学生自杀、自伤的;

---

① 张艳红.学生伤害事故中学校民事责任的归责原则[J].郑州大学学报(哲学社会科学版),2007(01):51-54.

(五)在对抗性或者具有风险性的体育竞赛活动中发生意外伤害的;(六)其他意外因素造成的"。

> **违法案例**
>
> 2017年1月9日,××县职教中心女生吴某在上午考试时没有到校并失去联系,1月13日在县城东侧山下发现其尸体,市公安局法医鉴定结论为坠(滚)落摔跌致脑颅损伤死亡。
>
> 经公安机关调查发现,1月7日中午,吴某与同学张某在教室发生过争执打斗,吴将张摁倒在地后被同学拉开。1月8日下午放学后,张某纠结多名女同学将吴某等3人约到校外,商谈前一天发生的打架事情。其间发生了推打行为,被在场的同学及时拉开。后众人回学校上晚自习,吴某晚自习后回家。
>
> 1月9日早8:10,学校组织期终考试,班主任发现吴某没有到学校,但由于她正在患病,急于到校外医疗点输液,没有向家长询问和告知吴某没有到校情况。10:30左右,第二场考试开始后,班主任发现吴某还没有到校,遂将这一情况通知家长。家长到校后,开始联系吴某,但均未成功。于是,家长和学校分析原因并展开寻找,直至深夜未发现踪影。
>
> 1月10日家长向公安部门报案,1月13日发现吴某尸体。
>
> 【过错分析】学校没有及时将学生未到校情况告知家长。按照《预防未成年人犯罪法》第三十四条规定:未成年学生旷课、逃学的,学校应当及时联系其父母或者其他监护人,了解有关情况;无正当理由的,学校和未成年学生的父母或者其他监护人应当督促其返校学习。本案中,当班主任老师发现学生没到校,没有及时与家长取得联系,直至2个半小时以后才给家长打电话。学校在学生行为管理上存有明显漏洞。在本案发生前两天,吴某曾连续两次发生打架事件,其中一次在校内,一次在校外;一次为单打独斗,另一次涉嫌聚众打架,这说明学校对学生行为的教育、管理不到位,有欠缺。
>
> 【责任划分】××职教中心虽然存有未及时将学生吴某旷课情况告知其父母以及对学生行为监管失职的过错,但与吴某的死亡没有直接因果关系,所以应承担次要责任。
>
> 【处理结果】××职教中心按照不超过40%的责任比例赔付学生死亡赔偿金、丧葬费等15-20万元。

七、《中华人民共和国家庭教育促进法》的解读

家庭教育关乎广大未成年人的健康成长和国家民族的长远发展,成为党和国家重点关注的教育领域之一。近年来,党和国家高度重视优良家风建设工作,将之视为社会主义精神文明建设的奠基环节。在2015年春节团拜会上,习近平指出,"家庭是社会的基本细胞,是人生的第一所学校。不论时代发生多大变化,不论生活格局发生多大变化,我们都要重视家庭建设,注重家庭、注重家教、注重家风"。[①] 无疑,家庭是人生的第一个课堂,父母是孩子的第一任老师,家庭教育质量事关儿童一生发展的水平;将中华优良家庭教育传统、社会主义核心价值观融入家庭教育,引导全社会注重家庭、家教、家风建设,是新时代优秀家庭教育的内在要求。因之,《家庭教育促进法》开篇即指出,制定本法的出发点就是:发扬中华民族重视增进家庭幸福与社会和谐,培养德智体美劳全面发展的社会主义建设者和接班人。《中华人民共和国家庭教育促进法》(以下简称《家庭教育促进法》)由全国第十三届全国人民代表大会常务委员会第31次会议于2021年10月23日通过,2022年1月1日起施行。本法由总则、家庭责任、国家支持、社会协同、法律责任和附则等六章构成,总共55条。

(一)《家庭教育促进法》颁布的重大意义

党的十八大召开以来,党中央极其重视家庭家教家风建设跟踪,《家庭教育促进法》是对习近平总书记关于家庭家教家风建设系列重要论述的具体体现,它为做好新时期我国家庭教育工作指明了前进方向。《家庭教育促进法》坚持以习近平新时代中国特色社会主义思想为指导,将社会主义核心价值观融入立法,明确了家庭教育以立德树人为根本任务,强调家庭、学校、社会三者间强大教育合力的形成,致力提高家庭教育指导服务水平,助力青少年儿童健康成长,标志着我国家庭教育全面纳入法治实施轨道。同时,本法还明确了家庭教育"是什么""谁来教""怎么推""教什么""怎么教"、出现难题"怎么办"等重要问题,明确了推进家庭教育工作的领导体制、工作机制、保障措施,明确了相关主体、部门、司法机关、人民团体、社会组织的具体职责,有利于我国家庭教育工作持续、健康、稳步展开。

(二)《家庭教育促进法》的总体规定

《家庭教育促进法》第二条明确指出:家庭教育是指父母或者其他监护人为促进未成年人全面健康成长,对其实施的道德品质、身体素质、生活技能、文化修养、行为习惯等方面的培育、引导和影响,其基本任务是:以立德树人为根本任务,培育和践行社会主义核心价值观,弘扬中华优秀传统文化、革命文化、社会主义先进文化,促进未

---

① 徐国亮.深入学习习近平家风家教重要论述[J].红旗文稿,2019(09):29-31.

成年人健康成长。本法还指出了实施家庭教育的五条基本要求:尊重未成年人身心发展规律和个体差异;尊重未成年人人格尊严,保护未成年人隐私权和个人信息,保障未成年人合法权益;遵循家庭教育特点,贯彻科学的家庭教育理念和方法;家庭教育、学校教育、社会教育紧密结合、协调一致;结合实际情况采取灵活多样的措施。

(三)家庭教育中的家庭责任与教育内容

家庭是实施家庭教育的社会组织,家庭是孩子接受教育的第一个课堂,家长即父母或者其他监护人是孩子教育的第一任老师,承担着对未成年人实施家庭教育的主体责任,用正确思想、方法和行为教育未成年人养成良好思想、品行和习惯是家长的责任。

我国家庭教育的核心内容是:

1. "五爱"教育。对未成年人进行爱党、爱国、爱人民、爱集体、爱社会主义教育,引导他们树立维护国家统一的观念,铸牢中华民族共同体意识,培养家国情怀。

2. 优良道德品质教育。对未成年人进行崇德向善、尊老爱幼、热爱家庭、勤俭节约、团结互助、诚信友爱、遵纪守法,培养其良好社会公德、家庭美德、个人品德意识和法治意识等方面的道德品质教育。

3. 成才意识潜质教育。帮助未成年人树立正确的成才观,引导其培养广泛兴趣爱好、健康审美追求和良好学习习惯,增强科学探索精神、创新意识和能力。

4. 身体健康教育。保证未成年人营养均衡、科学运动、睡眠充足、身心愉悦,引导其养成良好生活习惯和行为习惯,促进其身心健康发展。

5. 心理安全教育。关注未成年人心理健康,教导其珍爱生命,对其进行交通出行、健康上网和防欺凌、防溺水、防诈骗、防拐卖、防性侵等方面的安全知识教育,帮助其掌握安全知识和技能,增强其自我保护的意识和能力。

6. 劳动观念能力教育。帮助未成年人树立正确的劳动观念,参加力所能及的劳动,提高生活自理能力和独立生活能力,养成吃苦耐劳的优秀品格和热爱劳动的良好习惯。

同时,本法第十七条还对家庭教育的方法进行了规定,主要包括:亲自养育、共同参与、相机而教、言传身教、严慈相济、尊重差异、平等交流、相互促进等方式方法。

(四)家庭教育中的国家支持

《家庭教育促进法》第二十四条开始全面规定了家庭教育相关国家机构部分应给予的支持与相关责任,具体包括:国务院负责制定、修订并颁布全国家庭教育指导大纲;省级人民政府负责组织编写或采用适合当地实际的家庭教育指导读本,统筹建设家庭教育信息化共享服务平台,提供线上家庭教育指导服务;县级地方人民政府应负责监督管理工作,推进学校教育和家庭教育相互配合,组织建立家庭教育指导服务专业队伍,确定家庭教育指导机构,对辖区内社区家长学校、学校家长学校及其他家庭教育指导服务站点进行指导,开展家庭教育研究、服务人员队伍建设和培训、公共服务产品研发,等等。

（五）家庭教育中的社会协同

家庭教育事关方方面面,离不开多方社会协同与支持。本法对参与家庭教育社会协同的相关组织与机构职能职责进行了具体规定,搭建了一个广覆盖的家庭教育协同体系。其中,居民委员会、村民委员会负责设立社区家长学校等家庭教育指导服务站点;中小学校幼儿园应当将家庭教育指导服务纳入工作计划、教师业务培训内容,定期组织公益性家庭教育指导服务和实践活动,组织开展家庭教育指导服务和实践活动,为家庭教育指导服务站点开展公益性家庭教育指导服务活动提供支持等;婴幼儿照护服务机构、早期教育服务机构为未成年人的家长提供科学养育指导等家庭教育指导服务;医疗保健机构开展科学养育知识和婴幼儿早期发展的宣传和指导;图书馆、博物馆等公共文化服务机构、爱国主义教育基地负责每年定期开展公益性家庭教育宣传、家庭教育指导服务和实践活动,开发家庭教育类公共文化服务产品;广播、电视、报刊、互联网等新闻媒体负责宣传家庭教育知识、理念和方法等。

（六）家庭教育中的相关法律责任

《家庭教育促进法》中主要涉及三类法律责任,并给出了处理建议:一是针对家长拒绝、怠于履行家庭教育责任,或者非法阻碍其他监护人实施家庭教育的,予以批评教育、劝诫制止,必要时督促其接受家庭教育指导;二是发现未成年人存在严重不良行为或者实施犯罪行为,或者未成年人的父母或者其他监护人不正确实施家庭教育侵害未成年人合法权益的,根据情况对父母或者其他监护人予以训诫,并可以责令其接受家庭教育指导;负有家庭教育工作职责的政府部门、机构中如出现不履行家庭教育工作职责,截留、挤占、挪用或者虚报、冒领家庭教育工作经费,其他滥用职权、玩忽职守或者徇私舞弊等情形者,由其上级机关或者主管单位责令限期改正,情节严重的对直接负责的主管人员和其他直接责任人员依法予以处分;三是家庭教育指导机构、中小学校、幼儿园、婴幼儿照护服务机构、早期教育服务机构等违反本法规定者由主管部门责令限期改正,情节严重者对直接负责的主管人员和其他直接责任人员依法予以处分。

八、教育法例研学

请同学们阅读以下违法案例后思考:

某中学某老师正在讲台上批改作业,这时,14岁的叶某与同桌因为座位谁用得多少发生争吵,继而又动起手来。该老师很恼怒,在把他们推往教室外面的途中,二人的脑袋撞在了一起。放学回家后的叶某,精神即出现异常现象,目光呆滞,不与别人说话,夜间哭醒,并胡说一些惊恐害怕的话,一直持续到天亮。第二天在父母和校方的帮助下,叶某先后被送往几家医院看病,但病情一直未能好转,其间一直未到校上学。后来,叶某被送往市第二精神病医院,被诊断为反应性精神病,脑血管痉挛。由于多次向该老师讨要医药费未果,家长一纸诉状将校方和该老师诉至市中级人民法院,诉请被告学校承担为女儿治病支付的医疗等各种费用35881元,另要求精神抚慰金25万元。法院经审理认为,由于被告不当的教育方式导致的原告受伤的后果,因被告老师是在教学活动中履行教学职责时发生的侵权行为,故学校应承担赔偿责任。因此判决被告法人单位学校负主要责任,赔偿原告叶某医疗费、住院伙食补助费、后续治疗费、陪护人员误工费、交通费、杂支费、鉴定费及精神抚慰费,共计45000元。

【案例研读】

请同学们阅读完上述案例后思考:

1. 该老师违反了哪些教育法律(不止1部)中的哪些条款?请查阅法律文件,找出来认真研读。

2. 为什么学校应该承担相关赔偿责任?

3. 该老师个人可能会受到哪些处理?为什么?

【现场释读】

该教师失手违法行为给学生、家长、社会带来了哪些危害?请同学讨论后列出一份《清单》,并在学习小组内交流。

【个人警示】

请以"如何做依法执教的好教师"为题,写一份200字左右的计划书,重点谈明:如何提高个人法治意识,注意个人教育行为,避免张老师的悲剧重演。

▶▶ 第三节　教师的权利与义务

在教育法律法规中,教师在被赋予了一定权利的同时,又必须履行一定的义务,二者之间是相辅相成的关系。这就是教师的权利与义务。

一、教师的权利

教师的权利是指教师在教育教学活动中依法享有的权益,是国家对教师能够做出或不做出一定行为以及要求他人相应做出或不做出一定行为的许可与保障。法律上的教师权利包括教师实施某种行为的权利以及要求义务人履行义务的权利。当教师的权利受到侵害时,有权诉诸法律,要求确认和保护其权利。

在法律上，教师的权利包括两部分。一部分是教师作为一般公民所享有的权利，即《中华人民共和国宪法》规定的公民的一般权利；另一部分是教师作为专业人员在从事教育教学活动中所享有的权利，即《教育法》《教师法》等规定的教师享有的职业权利。

（一）《中华人民共和国宪法》规定教师的基本权利

我国教师首先是国家的普通公民，应享有《中华人民共和国宪法》规定的普通公民在法律上的基本权利。《中华人民共和国宪法》规定的公民权利也是教师的权利。我国《中华人民共和国宪法》规定的公民基本权利有：①在法律面前一律平等；②政治权利和自由，包括选举权和被选举权，言论、出版、集会、结社、游行、示威的自由；③宗教信仰自由；④人身与人格权，包括人身自由不受侵犯，人格尊严不受侵犯，住宅不受侵犯，通信自由和通信秘密受法律保护；⑤监督权，包括对国家机关及其工作人员有批评、建议、申诉、控告、检举并依法取得赔偿的权利；⑥社会经济权利，包括劳动权利，劳动者休息权利，退休人员生活保障权利，因年老、疾病、残疾或丧失劳动能力时，从国家和社会获得社会保障与物质帮助的权利。⑦社会文化权利和自由，包括受教育权利，进行科研、文艺创作和其他文化活动的自由；⑧妇女保护权，包括妇女在政治、经济、文化、社会和家庭生活等各方面享有同男子同等的权利；⑨婚姻、家庭、母亲和儿童受国家保护；⑩华侨、归侨和侨眷的正当的权利和利益受国家保护。

（二）《中华人民共和国教师法》规定教师的职业权利

教师作为专业人员，在从事教育教学活动中所享有的权利。《教育法》第四章第三十三条对教师的权利和义务做了原则性的规定："教师享有法律规定的权利，履行法律规定的义务，忠诚于人民的教育事业。"第三十四条规定："国家保护教师的合法权益，改善教师的工作条件和生活条件，提高教师的社会地位。教师的工资报酬、福利待遇，依照法律、法规的规定办理。"2018年全国教育大会在北京召开，习近平出席并发表重要讲话，他指出："随着办学条件不断改善，教育投入要更多向教师倾斜，不断提高教师待遇，让广大教师安心从教、热心从教。"这一讲话进一步增强了整个社会对教师地位与待遇的重视程度。《教师法》第七条对教师的基本权利做了明确、具体地规定。

根据《教师法》及其解读，教师职业权利主要包括以下权利：

1. 教育教学权

教师享有"进行教育教学活动，开展教育教学改革和实验"的权利。教师这一权利是作为一种教育专业人员的权利，也是对教师追求实现专业人员价值的肯定。这项权利主要是指教师根据其职业特点，可以依据其所在学校的培养目标组织课堂教学；可在不违背课程计划、课程标准要求的前提下，制订自己的教学内容和进度，并不断完善教学内容;可以针对学生的实际情况,在教育教学的形式、方法、内容、过程方面进行设计、试验和改革完善。教师的这一专业自主权应当得到尊重,任何组织和个人不得干涉和剥夺。

2. 科学研究权

教师享有"从事科学研究、学术交流,参加专业的学术团体,在学术活动中充分发表意见"的权利。这是教师作为专业技术人员所享有的一项基本权利。作为教师,在完成规定的教育教学任务前提下,有权进行科学研究、技术开发、教育理论研究等创造性的劳动;有权在学术研究中发表自己的学术观点,将研究成果进行发表。有权参与学术交流活动,依法成立或参加学术团体并在其中兼任工作。当然,教师的科学研究必须紧紧围绕着教书育人进行。因为,教师毕竟不是专职研究人员,科研的目的是更好地促进教育教学活动的开展,提高教育教学水平。

3. 指导评价权

教师享有"指导学生的学习和发展,评定学生的品行和学业成绩"的权利。这项权利主要是指教师有权依据学生身心发展规律、教育发展规律等专业知识与技能,有针对性地对学生的学习、就业、升学等方面给予指导;有权通过平时考查,以及学期、学年、毕业考试等科学的方式,对学生的品德、学习、社会活动、文体活动、同学关系等方面的表现做出客观地评价,以促进学生德、智、体等方面全面发展。这是教育事业中业务性很强的一项专门工作,任何组织和个人都不得非法干预教师行使这项权利。

4. 获取报酬权

教师享有"按时获取工资报酬、享受国家规定的福利待遇以及寒暑假期的带薪休假"的权利。劳动者有获取报酬的权利,有享受国家规定的各种待遇、假期的权利,这是每一个劳动者都有的权利。教师作为一名劳动者,有权要求所在学校及教育主管部门按照法律及教师聘任合同的规定,按时足额地支付工资报酬、奖金津贴等收入;有权享受国家福利待遇。

教师的工资报酬一般包括基础工资、职务工资、课时报酬、奖金、教龄津贴、班主任津贴及其他各种津贴在内的工资性收入。福利待遇主要包括教师的医疗、住房、退休等方面的各项待遇和优惠以及寒暑假期的带薪休假。寒暑假带薪休假是教师的特殊权利。这些基本权利是教师自身及家庭生存和发展的物质保障,是十分重要的。

《教师法》之所以做这样的规定是有针对性的。当前,教师职业虽然是一个崇高的职业,教师本应受到社会的尊敬。但在实际生活中,教师待遇普遍偏低,这本身已然挫伤了教师的积极性。更有甚者,近些年,某些省市出现大量拖欠中小学教师工资的问题。要动员社会各界力量,采取有效措施,依据法律法规的规定,切实保障教师这一权利,提高教师教育教学的积极性。

5.民主管理权

教师享有"对学校教育教学、管理工作和教育行政部门的工作提出意见和建议,通过教职工代表大会或者其他形式,参与学校的民主管理"的权利。这项权利是指教师享有对学校及其他教育行政部门工作的批评权和建议权;享有通过职工代表大会、工会等组织形式,及其他适当方式,参与学校民主管理,讨论学校发展与改革等方面的重大问题的权利,是《中华人民共和国宪法》第四十一条"中华人民共和国公民对于任何国家机关和国家工作人员,有提出批评和建议的权利"规定的具体体现,有利于调动教师参政议政的自觉性和积极性,发挥教师的主人翁作用,加强对学校和教育行政部门工作的监督。作为教师,有权通过教职工代表大会、工会等组织形式以及其他适当的方式,参与学校民主管理,讨论学校改革、发展等方面的重大事项,保障自身的民主权利和切身利益,推进学校的民主管理。

2012年1月1日起施行的《学校教职工代表大会规定》第七条规定:"教职工代表大会的职权是:

(1)听取学校章程草案的制定和修订情况报告,提出修改意见和建议;

(2)听取学校发展规划、教职工队伍建设、教育教学改革、校园建设以及其他重大改革和重大问题解决方案的报告,提出意见和建议;

(3)听取学校年度工作、财务工作、工会工作报告,以及其他专项工作报告,提出意见和建议;

(4)讨论通过学校提出的与教职工利益直接相关的福利、校内分配实施方案,以及相应的教职工聘任、考核、奖惩办法;

(5)审议学校上一届(次)教职工代表大会提案的办理情况报告;

(6)按照有关工作规定和安排评议学校领导干部;

(7)通过多种方式对学校工作提出意见和建议,监督学校章程、规章制度和决策的落实,提出整改意见和建议;

(8)讨论法律法规规章规定的以及学校与学校工会商定的其他事项。

教职工代表大会的意见和建议,以会议决议的方式做出。"

6.进修培训权

教师享有"参加进修或者其他方式的培训"的权利。这是教师享有的接受继续教育、不断获得充实和发展的权利,是教师要求职业上的提升和进步,要求自身发展和价值升华的体现。教师作为一种专业人员,其发展是持续的,甚至是终身的。教师进修或者参加其他方式的培训,既是教师自身专业素养提高的过程,也是教育活动中教师质量提高的过程。因而参加进修或者接受培训是教师的自身的专业发展权。

教育行政部门、学校和其他教育机构应当采取多种形式,开辟多种渠道,保证教师进修培训权的顺利行使。教师有权参加达到法定学历标准和达到高一级学历的进修,或以拓宽知识为主的继续教育培训。学校和教育行政部门应当做出规划,为教师参加进修和培训创造条件,提供机会,切实保障教师权利的实现。

二、教师的义务

教师的义务是指依据法律规定,教师从事教育教学工作必须履行的责任,表现为必须做出或禁止做出一定的行为。与教师的权利一样,教师的义务也有两个方面:一方面教师作为公民所应该履行的义务;另一方面是教师作为一种特殊职业所应该履行的义务。其重点在于教师在从事教育教学工作的过程中,为了保障教育对象的权利而必须或禁止做出一系列行为。

(一)《中华人民共和国宪法》规定的教师基本义务

《中华人民共和国宪法》的第二章对公民的基本义务做了规定,具体包括:①维护国家统一和民族团结的义务;②遵纪守法和尊重社会公德的义务;③维护国家的安全、荣誉和利益的义务;④保卫国家和依法服兵役的义务;⑤依法纳税的义务;⑥其他诸如劳动的义务、受教育的义务、夫妻双方实行计划生育的义务、父母抚养未成年子女的义务以及成年子女赡养扶助父母的义务等。"任何公民享有宪法和法律规定的权利,同时必须履行宪法和法律规定的义务。"教师作为普通公民,也应该履行《中华人民共和国宪法》规定的公民基本义务。

(二)《中华人民共和国教师法》规定的教师职业义务

关于教师的义务,我国《义务教育法》第二十八条规定:"教师享有法律规定的权利,履行法律规定的义务,应当为人师表,忠于人民的教育事业。"第二十九条规定:"教师在教育教学中应当平等对待学生,关注学生的个体差异,因材施教,促进学生的充分发展。"依据《教师法》规定,我国教师应当履行下列义务:

1. 教师要"遵守宪法、法律和职业道德,为人师表"

教师作为人类灵魂的工程师,承担培养下一代的重要使命,就应模范地遵守宪法和法律,遵守职业道德。教师要在教育教学过程中,在传授学科文化知识的同时,应当以高尚的品质和优良的情操,来对学生的心灵产生潜移默化地影响,以敬业勤奋、诚实守信、遵纪守法、精益求精、博学多才、团结奋进等品质,作为学生的榜样。

2. 教师要"贯彻国家的教育方针,遵守规章制度,执行学校的教学计划,履行教师聘约,完成教育教学工作任务"

教师在教育教学活动中,应当全面贯彻国家关于教育必须为社会主义现代化建设服务,必须与生产劳动相结合,培养德、智、体等方面全面发展的社会主义事业建设者和接班人的方针;自觉遵守教育行政部门、学校及其他教育机构制定的教育教学管理的各项规章制度;认真执行学校依据国家规定的教学大纲、教学计划或教学基本要求制定的具体教学计划;严格履行教师聘任合同中约定的教育教学职责,完成规定的教育教学任务,保证教育教学质量。

由于我国教师是以合约方式雇用,因此教师必须履行聘任合同中约定的教育教学职责,完成职责范围内的教育教学任务,这是教师对工作的基本责任。教师职业与一般职业不同,教师工作的对象是人不是物,教师的工作关系到学生未来的发展。因此,教师履行合约的责任比一般职业更为重要。

3.教师要"对学生进行宪法所确定的基本原则的教育和爱国主义、民族团结的教育,法制教育以及思想品德、文化、科学技术教育,组织、带领学生开展有益的社会活动"

这项规定主要涉及教师对教育内容所承担的义务。教师的职责是"教书育人",其中"育人"尤其重要。教师应当结合自己教育教学业务的特点,把思想品德教育贯穿于整个教育教学活动的始终。人才必须有文化科学素养,因而教师有对受教育者进行文化、科学技术教育的义务。同时,教育形式与方法上应注意根据学生身心发展的特点,采取灵活多样的有益的活动形式,注重实效,避免形式主义。

4.教师要"关心、爱护全体学生,尊重学生人格,促进学生在品德、智力、体质等方面全面发展"

这项规定是教师对学生的教育保护义务。由于学生在教育活动中处于受教育者的地位,其人格尊严往往容易受到侵犯。特别是基础教育活动中的未成年人,其身心发展尚未成熟,需要教师给予各方面的保护,特别是教育保护。在家长将未成年学生托付给教师和学校的时候,一部分保护和管理的责任便义不容辞地转移到了教师和学校的身上。教师要尊重学生人格;关心爱护全体学生,对学生一视同仁,不因民族、性别、残疾、学习成绩等因素歧视学生,尤其是对那些有缺点的学生,教师应给予特别关怀;不能体罚或变相体罚学生,不能泄露学生隐私;要与学生建立良性互动的师生关系。

5.教师要"制止有害于学生的行为或者其他侵犯学生合法权益的行为,批评和抵制有害于学生健康成长的现象"

这项规定是教师保护学生合法权益的义务。未成年学生在辨别是非、自我保护方面能力不足,因此,保护学生的合法权益,促进其身心健康成长,是教师义不容辞的责任。教师不仅应当严格要求自己的言行,还应为学生尽力创造一个健康、安全的成长环境。教师履行此项义务的范围主要是在学校工作和教育教学活动中对侵犯其所负责教育管理的学生合法权益的违法行为进行制止;批评和抵制社会上出现的有害于学生身心健康成长的不良现象。

6. 教师要"不断提高思想政治觉悟和教育教学业务水平"

这项规定是教师不断促进自身专业成长的义务。教育教学既是专业性很强的工作,又是富有创造性和灵活性的工作,而且学生的发展与教师的专业成长是一种共进的关系,学生的积极发展需要教师不断提高自己的专业水平。这就要求教师必须不断学习,加强自身道德修养,调整知识结构,掌握新知识和新技术,不断提高思想觉悟和业务水平,做到与时俱进。同时,这也是社会进步与科技发展对教师提出的要求。

三、教师应依法从教

教师要依法从教,违反法律规定要依法承担法律责任。《教师法》第三十七条规定:"教师有下列情形之一的,由所在学校、其他教育机构或者教育行政部门给予行政处分或者解聘:(一)故意不完成教育教学任务给教育教学工作造成损失的;(二)体罚学生,经教育不改的;(三)品行不良、侮辱学生,影响恶劣的。教师有前款第(二)项、第(三)项所列情形之一,情节严重,构成犯罪的,依法追究刑事责任。"本条主要规定了教师的三类违法行为。除此之外,教师实施的其他违法行为,也要承担相应的法律制裁。

(一)故意不完成教育教学任务给教育教学工作造成损失应承担的责任

"故意不完成教育教学任务"包含两个前提:首先,是"故意",存在主观过错。即教师明知道自己行为的后果而追求这种后果的发生。其次,是"不完成",在客观上造成了不良后果。对故意不完成本职的教育教学任务,给学校的教育教学工作造成损失的教师,所在学校、其他教育机构或者教育行政部门要给予行政处分或解聘。例如,某教师因对学校不满,而故意采取的多次缺课、迟到、早退等措施,造成不良影响的,学校有权对其解聘。

(二)体罚学生、侮辱学生人格应承担的责任

体罚学生是指教师以暴力的方法或以暴力相威胁,或以其他强制性的手段,侵害学生的身心健康侵权行为。《义务教育法》第二十九条规定:"教师在教育教学中应当平等对待学生,关注学生的个体差异,因材施教,促进学生的充分发展。教师应当尊重学生的人格,不得歧视学生,不得对学生实施体罚、变相体罚或者其他侮辱人格尊严的行为,不得侵犯学生合法权益。"《未成年人保护法》第二十七条规定:"学校、幼儿园的教职员工应当尊重未成年人人格尊严,不得对未成年人实施体罚、变相体罚或者其他侮辱人格尊严的行为。"《教师法》第三十七条规定:教师"体罚学生,经教育不改的","由所在学校、其他教育机构或者教育行政部门给予行政处分或者解聘","情节严重,构成犯罪的,依法追究刑事责任"。

侮辱学生是指教师公然贬低或侵害学生的人格、破坏学生名誉的违法行为。品行不良、影响恶劣是指教师的人品或行为严重违反社会公德和教师的职业道德,严重有损教师为人师表的形象和身份,在社会上和学生中产生恶劣影响的行为。

教师体罚学生、侮辱学生人格等行为属于教师的民事侵权行为的一部分。民事侵权行为主要包含三种:一是教师对行为的危险性有预见却仍然实施该行为,是一种故意行为;二是教师应该能够预见行为的危险性,却没有预见到而导致实施该行为,是一种过失;三是教师有责任采取某一行为来保证学生免受不必要的风险,却没有采取该行为。教师主要对过失和故意的行为承担民事法律责任。

教师侵权行为承担的法律责任形式以赔偿损失为主,还包括停止侵害、消除影响、赔礼道歉、恢复名誉等。对体罚学生,经教育后仍不改正的教师,以及品行不良、侮辱学生的教师,情节较轻者,要给予行政处分或解聘;情节较重构成犯罪者,要依法追究刑事责任。

(三)实施性犯罪应承担的责任

教师性犯罪是指教师用欺哄、武力、讨好、教唆或者物质诱惑,及其他方式把未成年学生引向性接触,以求满足其需求的行为。这是教师利用学生对自己的崇拜和信任心理来实施的犯罪行为,也属于教师利用职务之便实施违法行为的范畴。由于教师身份和未成年学生身心发展的特殊性,教师的性犯罪造成的负面影响尤其大,对社会稳定有巨大的威胁。

教师的性犯罪一般按照由轻到重分为五个级别:(1)性骚扰,指教师传达侮辱、诋毁或性别歧视观念的语言或行为;(2)性挑逗,指教师的不合宜的或带有攻击性的口头或肢体上的行为;(3)性贿赂,指教师以利益承诺的方式,要求学生从事与性相关的活动;(4)性威胁,指教师以威胁惩罚的方式,迫使学生从事与性相关的活动;(5)性攻击包括强暴及任何具有伤害性或虐待性的性暴力及性行为。[①]

我国《中华人民共和国刑法》对性犯罪有明确的规定,此规定对教师的性犯罪也适用。《中华人民共和国刑法》第二百三十六条规定:"以暴力、胁迫或者其他手段强奸妇女的,处三年以上十年以下有期徒刑。奸淫不满十四周岁的幼女的,以强奸论,从重处罚。强奸妇女、奸淫幼女,有下列情形之一的,处十年以上有期徒刑、无期徒刑或者死刑:(一)强奸妇女、奸淫幼女情节恶劣的;(二)强奸妇女、奸淫幼女多人的;(三)在公共场所当众强奸妇女的;(四)二人以上轮奸的;(五)奸淫不满十周岁的幼女或者造成幼女伤害的;(六)奸淫不满十周岁的幼女或者造成幼女伤害的;(六)致使被害人重伤、死亡或者造成其他严重后果的。"

《中华人民共和国刑法》第二百三十七条规定:"以暴力、胁迫或者其他方法强制

---

① 余雅风.新编教育法[M].上海:华东师范大学出版社,2008:158.

猥亵妇女或者侮辱妇女的,处五年以下有期徒刑或者拘役。聚众或者在公共场所当众犯前款罪的,处五年以上有期徒刑。猥亵儿童的,依照前两款的规定从重处罚。"

为切实预防性侵犯少年儿童案件的发生,进一步加强少年儿童保护工作,确保教育系统和谐稳定,教育部、公安部、共青团中央、全国妇联联合颁布了《关于做好预防少年儿童遭受性侵工作的意见》(教基一〔2013〕8号)。该文件提出的意见为:科学做好预防性侵犯教育、定期开展隐患摸底排查、全面落实日常管理制度、从严管理女生宿舍、切实加强教职员工管理、密切保持家校联系、妥善处置中小学生性侵犯事件、努力营造良好社会环境和舆论氛围、积极构建长效机制。

(四)实施其他违法行为应承担的责任

教师由于职务的特殊性,可能会接触到一些秘密信息。比如重要考试的试题等。教师有责任保护这些秘密不被泄露。《中华人民共和国刑法》第三百九十八条规定:"国家机关工作人员违反保守国家秘密法的规定,故意或者过失泄露国家秘密,情节严重的,处三年以下有期徒刑或者拘役;情节特别严重的,处三年以上七年以下有期徒刑。非国家机关工作人员犯前款罪的,依照前款的规定酌情处罚。"由于国家秘密在维护社会稳定中的重要性,教师在这方面承担的责任也更加重大。法律责任仅仅是惩罚的手段,而更重要的是,要通过提高师德修养,从根本上杜绝这类违法行为的发生。

> **违法案例**
>
> 【案例】2018年7月,33岁的常某某遇到了20年前的初中班主任张某某,想起上学时被其殴打的经历,他拦下对方,连扇多个耳光,并拍下视频。12月中旬,打人视频在网络迅速传播,引发广泛关注,常某某随后因寻衅滋事罪被捕。2019年7月10日,河南省栾川县人民法院一审宣判,打人男子常某某因"犯寻衅滋事罪"被判处有期徒刑一年六个月,常某某当庭表示上诉;8月19日,河南省洛阳市中级人民法院对常某某寻衅滋事案二审宣判,裁定驳回上诉,维持原判。
>
> 【分析】《教育法》第三十三条规定:"教师享有法律规定的权利,履行法律规定的义务,忠诚于人民的教育事业。"第三十四条规定:"国家保护教师的合法权益,改善教师的工作条件和生活条件,提高教师的社会地位。教师的工资报酬、福利待遇,依照法律、法规的规定办理。"本案例中涉案班主任教师被侵权得到了法律的保护。

第四节　学生的权利及保护

学生是弱势群体,是教师与教育法律保护的对象,对学生权利的保护来自对学生法律地位的规定与确认。

一、学生的法律地位

学生是在依法成立或国家法律认可的学校及其他教育机构按规定条件具有或取得学籍并在其中接受教育的公民。学生的法律地位是指学生以其权利能力和行为能力在具体法律关系中取得的一种主体资格。学生的法律地位主要体现在学生的两种不同身份上。

（一）公民身份

所谓公民,是指具有一国国籍的自然人。学生作为一般社会关系中的公民,既享有《中华人民共和国宪法》所规定的公民的各项基本权利,也享有《教育法》等法律、法规所规定的教育法律关系主体的各项权利。同时,学生也应履行《中华人民共和国宪法》和《教育法》等法律、法规所规定的各项义务。

（二）特定的学生身份

特定的学生身份,指以学生身份享有的法律地位。《教育法》第三十七条规定:"受教育者在入学、升学、就业等方面依法享有平等权利。"《义务教育法》第四条规定:"凡具有中华人民共和国国籍的适龄儿童、少年,不分性别、民族、种族、家庭财产状况、宗教信仰等,依法享有平等接受义务教育的权利,并履行接受义务教育的义务。"第五条规定:"各级人民政府及其有关部门应当履行本法规定的各项职责,保障适龄儿童、少年接受义务教育的权利。适龄儿童、少年的父母或者其他法定监护人应当依法保证其按时入学接受并完成义务教育。依法实施义务教育的学校应当按照规定标准完成教育教学任务,保证教育教学质量。社会组织和个人应当为适龄儿童、少年接受义务教育创造良好的环境。"这些规定,反映了学生作为法律主体的地位与权利,可以区别于工人、农民等身份。

当然,由于年龄与类型的不同,学生身份之间也有部分不同。比如,小学生与大学生之间不同,未成年学生与成年学生之间不同,等等。

基于学生的公民身份和特定的学生身份,学生的权利与义务可以从两个层面进行归结:一是指国家宪法和法律规定的作为公民享有的权利与应当履行的义务;二是教育法律、法规规定的作为受教育阶段的学生的权利与义务。

二、学生的权利

在我国的宪法和法律规定中,学生享有以下两类权利:

（一）宪法赋予学生的基本权利

《中华人民共和国宪法》第三十三条规定："凡具有中华人民共和国国籍的人都是中华人民共和国公民。"学生作为普通公民，应享有宪法规定的普通公民的基本权利。我国宪法规定的公民基本权利在本章第三节已介绍，这里不再赘述。

（二）学生作为受教育者所享有的权利

学生作为在特定教育机构中接受教育的受教育者，我国教育法律、法规规定其拥有区别于其他公民的权利。《教育法》第四十三条对受教育者享有的权利做了明确地规定。

1. 受教育的权利

这是指学生享有"参加教育教学计划安排的各种活动，使用教育教学设施、设备、图书资料"的权利。这是学生作为受教育者的基本权利，是保障学生参加学习、接受教育、享有实质性的受教育权的前提和基础，它包括"参加教育教学活动权"和"使用教育教学设施权"。在教育教学过程中，学生有权参加教育教学计划安排的各种课堂教学、讲座、课堂讨论、观摩、实验、见习、实习、测验和考试等活动。学生也有平等使用教育教学设施、设备、图书资料的权利。例如，教室和课桌椅、实验室里的仪器设备（包括微机、试剂、模型、标本等）、学校图书馆（室）等，都是开展教育教学活动所离不开的物质条件。

2. 获取教育的物质保障的权利

这是指学生享有"按照国家有关规定获得奖学金、贷学金、助学金"的权利。这项规定体现了国家对学生提供完成学业的物质保障的重视，但这种获取物质保障的权利是有条件的。这里的"国家有关规定"主要是指《义务教育法》及《中华人民共和国义务教育法实施细则》等对义务教育阶段学生的相关规定，以及教育行政部门颁发的有关高等学校学生奖学金制度、贷款制度、勤工助学制度的相关规定。

3. 获得公正评价与相应证书的权利

这是指学生享有"在学业成绩和品行上获得公正评价，完成规定的学业后获得相应的学业证书、学位证书"的权利。学业成绩评价是教育机构对学生在受教育的某一阶段（时期）的学习情况和知识结构、能力水平的概括性鉴定，包括课程考试成绩记录、平时学习情况和总评等。品行评价是教育机构对学生的思想品德和行为表现做出的鉴定，包括对学生的政治觉悟、道德品质、劳动态度等的评定。学生有权要求获得学业成绩评价和品行评价，而且有权要求评价实事求是，体现公平公正，并享有要求对失真的评价予以更正的权利。

学业证书、学位证书是对学生的学业成绩、学术水平和品行的终结性评定，对学生升学、就业和发展具有重要的作用。学生在思想品德等方面合格的前提下,经考核及格或修满学分,均有获得该教育阶段相应学业证书以及学位证书的权利。

4. 获得救济的权利

这是指学生享有"对学校给予的处分不服向有关部门提出申诉,对学校、教师侵犯其人身权、财产权等合法权益,提出申诉或者依法提起诉讼"的权利。这项权利是公民申诉权和诉讼权在学生身上的具体体现。依据"无救济就无管理"的现代法治思想,各级学校及教育行政部门要建立健全学生申诉制度,确保学生享有申诉权和诉讼权。

当学生权益受到损害时,可以通过以下程序来解决:①通过班主任与当事人沟通;②通过政教、教务处向校长反映,或通过校长信箱直接向校长反映;③通过学生权益保护委员会向有关处室或校长反映;④对上述渠道处理不服,可向上级主管部门反映直至诉诸法律。

5. 法律、法规规定的其他权利

这主要指有关教育的法律、法规以及依据其他法律、法规制定的有关教育的规章所规定的学生的权利。《预防未成年人犯罪法》第二十条规定:"教育行政部门应当会同有关部门建立学生欺凌防控制度。学校应当加强日常安全管理,完善学生欺凌发现和处置的工作流程,严格排查并及时消除可能导致学生欺凌行为的各种隐患。"第三十四条规定:"未成年学生旷课、逃学的,学校应当及时联系其父母或者其他监护人,了解有关情况;无正当理由的,学校和未成年学生的父母或者其他监护人应当督促其返校学习。"第三十六条规定:"对夜不归宿、离家出走或者流落街头的未成年人,公安机关、公共场所管理机构等发现或者接到报告后,应当及时采取有效保护措施,并通知其父母或者其他监护人、所在的寄宿制学校,必要时应当护送其返回住所、学校;无法与其父母或者其他监护人、学校取得联系的,应当护送未成年人到救助保护机构接受救助。"

三、学生的义务

(一)宪法规定学生应履行的基本义务

《中华人民共和国宪法》第三十三条规定:"任何公民享有宪法和法律规定的权利,同时必须履行宪法和法律规定的义务。"学生作为普通公民,享有宪法和法律规定的权利,也应履行宪法和法律规定的基本义务。我国公民的基本义务是以宪法的形式所确认的国家、社会、他人对公民个人的基本要求。就国家主体而言,公民义务亦即国家权利,是国家主体的权利主张,是宪法规定的公民必须履行的法律责任。公民的基本义务具有如下特征:①基本义务表明公民的宪法地位；②基本义务具有制度保障或法律保障的性质；③基本义务与基本权利具有一体性。义务是一项必须承担的责任，也是一项必须完成的任务，更是为履行责任而采取的行动。

我国宪法规定的公民的基本义务有：①维护国家统一和民族团结的义务；②遵纪守法和尊重社会公德的义务；③维护国家的安全、荣誉和利益的义务；④保卫国家和依法服兵役的义务；⑤依法纳税的义务；⑥其他诸如劳动的义务、受教育的义务、夫妻双方实行计划生育的义务、父母抚养未成年子女的义务，以及成年子女赡养扶助父母的义务等。

(二) 学生作为受教育者应履行的义务

学生作为受教育者应履行的义务是指学生依照教育法及其他有关法律、法规，在参加教育活动中必须履行的义务。依学生就读学校的类别及其年龄，学生的具体义务各有差异。《教育法》第四十四条对各级各类学校及其他教育机构的学生（受教育者）的义务专门做了规定，具体包括以下四个部分：

1. 学生要"遵守法律、法规"

任何公民都必须遵守法律、法规，作为国家公民的学生，也不例外。这是宪法规定的每个社会公民应尽的义务，也是作为合格公民的基本素养。对学生来说，除了要遵守一般公民要遵守的法律、法规之外，还要遵守教育法律、法规和规章做出的有关学生权利、义务的规定。

2. 学生要"遵守学生行为规范，尊敬师长，养成良好的思想品德和行为习惯"

学生行为规范特指国家教育行政管理机关制定、颁发的关于学生行为的统一规定，包括《中小学生守则》《小学生日常行为规范（修订）》《中学生日常行为规范（修订）》《高等学校学生行为准则》和《高等学校学生守则》等。这些规章体现了国家对不同阶段学生政治、思想、品德等方面的基本要求。各级各类学校的学生应当遵守相应的行为规范，自觉养成良好的思想品德和行为习惯。

尊敬师长是学生遵守学生行为规范的具体要求，是学生良好的思想品德和行为修养的具体体现。在教育教学活动中，教师是文化知识的传播者，承担着教书育人、培养社会主义事业建设者和接班人、提高民族素质的使命，理应受到学生和全社会的尊重。

3. 学生要"努力学习，完成规定的学习任务"

学习科学文化知识、完成规定的学业、使自己成为德、智、体全面发展的人是学生的首要任务，也是学生区别于其他公民的一项主要义务。《中华人民共和国宪法》第四十六条规定："中华人民共和国公民有受教育的权利和义务。"该条款在规定受教育是公民权利的同时，强调了接受教育也是公民应履行的义务。《教育法》第四十四条将"努力学习,完成规定的学习任务"明确为受教育者的义务。学生进入学校就意味着其主要任务是学习,意味着要承担接受教育、完成学业的义务。

4. 学生要"遵守所在学校或者其他教育机构的管理制度"

学校的管理制度是国家教育管理制度的重要组成部分,是确保学校教育教学活动有序进行的基本制度保证,也是为实现国家教育权而赋予学校的制定必要纪律的权利。

学校或者其他教育机构的管理制度主要包括以下几类:学校的教学管理制度;学校的学籍管理制度(包括入学注册、成绩考核、登记、对升级、留学、转学、复学、休学、退学的处理、考勤记录、纪律教育、奖励处分、毕业资格审查等的管理规定);学校的体育管理、卫生管理、图书仪器管理、校园及宿舍管理等方面的制度。

但由于我国教育法制建设尚不完善,学校在制定内部管理制度时,往往忽视管理制度的合法性。管理制度的内容与法律、法规的规定有差距,由此也导致学生状告母校案件的大量产生。如何制定与法律、法规协调一致、内容合乎法律、法规规定的学校管理制度是依法治校的重要方面,也是维护学生权利、促使学生履行义务的重要途径。

> **小知识**
>
> 2021年,教育部办公厅《关于加强中小学生手机管理工作的通知》中对学生提出了以下要求:学校应当告知学生和家长,原则上不得将个人手机带入校园。学生确有将手机带入校园需求的,须经学生家长同意、书面提出申请,进校后应将手机交由学校统一保管,禁止带入课堂。

四、保护学生的权利

在教育教学活动中,法律重点保护的是学生的以下权利:

(一)学生的受教育权

受教育权是一项基本人权,是指公民享有从国家接受教育的机会和获得受教育的物质帮助的权利。受教育权是公民的一项基本权利,也是公民享受其他文化教育的前提和基础。受教育权包括两个基本要素:一是公民均有上学接受教育的权利;二是国家提供教育设施,培养教师,为公民受教育创造必要机会和物质条件。如果某一个人没有受教育的机会,无法上学,他就丧失了受教育权;如果缺乏教育的物质保障或法律保障,公民的受教育权也可能落空。

保护学生受教育权涉及教育机会均等与学业成就平等两个问题。《中华人民共和国宪法》第四十六条规定:"中华人民共和国公民有受教育的权利和义务。"《教育法》第三十七条规定:"受教育者在入学、升学、就业等方面依法享有平等权利。"因此,平等的受教育权是公民的一项基本权利。但是在学生平等受教育权利的实现与保障方面,我国还需要进一步完善体制,使一些群体的子女享受均等的受教育机会。所谓学业成就平等就是指学生应该通过自己的努力和学校的补偿教育,取得与同龄人一样的学习成绩,通过一样的考试获得同样的升学机会。目前,城市新移民的子女、农村学生往往涉及学业成就平等的问题。我们的社会、学校、家庭应给予这部分学生更多的关注,保护其受教育权不被侵害。

(二)学生的财产权

财产权是指以财产利益为内容,直接体现经济利益的民事权利。财产权与人身权是民法的两大基本权利。财产权包括物权、债权、继承权,以及知识产权中的财产权利。侵害他人财产权应依法承担返还财产、恢复原状、赔偿损失等民事责任;情节严重构成犯罪的,还要承担刑事责任。

学校、教师在教育教学活动过程中,侵害学生财产权的行为主要表现为两类:一是对违纪学生的罚款;二是对学生携带的与学习无关物品的没收、毁坏或丢弃。这些行为不但给学生及其家庭带来额外的经济负担,也容易引发学生及其家长与学校之间的矛盾,不利于教育目的的实现,学校及其教师应当设法予以避免。

(三)学生的人身权

人身权是指公民依法享有的、与特定人身相联系而又不直接具有财产内容的民事权利。人身权是公民最基本的权利。尽管在学校侵犯学生人身权的现象仅是个别教师的行为,但它将对学生的成长造成非常严重的负面影响,因此是法律所不允许的。学校教师侵犯学生人身权主要表现在以下三个方面:

1. 对学生进行体罚或变相体罚

体罚是对身体的责罚,以试图达到惩罚或教育目的的行为。学校教师或其他人员对学生进行体罚或变相体罚,会造成学生身体或心理的痛苦,是对学生人身权的侵犯。无论惩罚行为是否由教师亲自实施,只要学生身体受到损伤或产生不适,都属于体罚。例如,罚站、罚跪、打耳光、打手心、打屁股等,而变相体罚是一种具有隐蔽性、欺骗性的体罚行为,如罚抄作业等。

《义务教育法》第二十九条规定:"教师在教育教学中应当平等对待学生,关注学生的个体差异,因材施教,促进学生的充分发展。教师应当尊重学生的人格,不得歧视学生,不得对学生实施体罚、变相体罚或者其他侮辱人格尊严的行为,不得侵犯学生合法权益。"《未成年人保护法》第二十八条规定:"学校应当保障未成年学生受教育的权利,不得违反国家规定开除、变相开除未成年学生。"第二十七条为:学校、幼儿园的教职员工应当尊重未成年人人格尊严,不得对未成年人实施体罚、变相体罚或者其他侮辱人格尊严的行为。《教师法》第三十七条规定:教师"体罚学生,经教育不改的",要"给予行政处分或者解聘""情节严重,构成犯罪的,依法追究刑事责任"。

2. 侮辱学生人格

人身权由人格权和身份权组成。人格权包括生命权、健康权、姓名权、肖像权、名誉权等。《中华人民共和国民法典》第四条规定:"民事主体在民事活动中的法律地位一律平等。"然而,侮辱学生人格的行为时有发生,比如,罚学生吃塑料片,侵犯了学生生命权和健康权;智商正常的学生却被学校说成是"弱智",侵犯了学生名誉权;冒名升学侵犯了学生姓名权等。

在教育教学活动中,侮辱学生人格的行为主要表现为侮辱性的言语和侮辱性的惩罚行为。比如,侮辱责骂学生是"笨蛋""弱智""猪脑子""畜生"等;在学生胸前挂黑牌、在学生脸上贴字条或写侮辱性文字等行为,都侮辱了学生的人格,伤害了学生的身心健康。

3. 侵犯学生隐私权

隐私是指不愿告人或不为人知的事情。隐私权是自然人就自己个人私事、个人信息等个人生活领域内的事情不为人知悉、禁止他人干涉的权利。隐私权的内容具有真实性和隐秘性,隐私权是以事实不被公开为内容的权利,因被公开而受到侵害。[①] 在教育教学中,学生隐私权主要包括学生的通信自由权和学生的成绩保密权。教师侵犯学生隐私权主要表现为私拆或扣留学生信件,公开宣读或张贴学生信件、私自翻阅学生日记、公布学生成绩等形式。《未成年人保护法》第六十三条规定:"任何组织或者个人不得隐匿、毁弃、非法删除未成年人的信件、日记、电子邮件或者其他网络通信内容。"除特殊情况外,"任何组织或者个人不得开拆、查阅未成年人的信件、日记、电子邮件或者其他网络通信内容。"2021年6月1日,教育部颁布《未成年人学校保护规定》。其中第十条明确规定:"学校在奖励、资助、申请贫困救助等工作中,不得泄露学生个人及其家庭隐私;学生的考试成绩、名次等学业信息,学校应当便利学生本人和家长知晓,但不得公开,不得宣传升学情况;除因法定事由,不得查阅学生的信件、日记、电子邮件或者其他网络通信内容。"

作为教育工作者,对有不良行为或成绩不好的学生不能采取简单粗暴的方法,任意侵犯学生的人格权益,而应该以说服教育为主。如果动辄采取打骂等粗暴方法,不仅不能取得理想效果,甚至有可能违法,从而对自己和学生都产生不良后果。教师对

[①] 余中根.学生人格权的法律保护[J].教育理论与实践,2002(02):32-35.

学生的爱是教育内在的根本保障,法律并不是万能的,法律需要与教师的爱心相结合,才能使教育教学取得理想的效果。

> **违法案例**
>
> 【案例】2001年12月19日下午,某小学三(1)班学生在学校的音乐教室里上音乐课。音乐老师丁某弹钢琴时,坐在下面的王同学一直在说话。丁老师开始"警告"王同学:在课堂上不要讲话了,如果再讲话,就用胶带纸把嘴巴封起来。但9岁的王同学没有听老师的话,又开始自言自语。这回,丁老师火了,立刻站起来,走到王同学跟前,掏出一段封箱胶带纸贴在了他的嘴上。在场所有的学生一下子哄堂大笑,而此刻的王同学却大哭起来,但丁老师见状,没有理会,继续上课。就这样,王同学被封住嘴巴上完了大半截音乐课,在同学们的笑声中一路哭回了教室。
>
> 【分析】《教师法》中规定,教师应当履行下列义务:"(一)遵守宪法、法律和职业道德,为人师表";应当"(四)关心、爱护全体学生,尊重学生人格,促进学生在品德、智力、体质等方面全面发展";《未成年人保护法》中规定:"学校、幼儿园的教职员应当尊重未成年人人格尊严,不得对未成年人实施体罚、变相体罚或者其他侮辱人格尊严的行为。"本案例中涉案教师明显违法,没有履行教师义务并侵犯了学生权利。

【同步练习】

单项选择题

1. 沈某购买用于考试作弊的隐形耳机,以每副1千元的价格向参加高考的考生出售,累计获利1万元,依据《中华人民共和国教育法》,当地公安机关可对沈某处以罚款的金额是(   )。

A. 1千元以上,5千元以下   B. 5千元以上,1万元以下

C. 1万元以上,5万元以下   D. 5万元以上,10万元以下

【参考答案】C

【题目解析】《中华人民共和国教育法》第八十条规定:任何组织或者个人在国家教育考试中有下列行为之一,有违法所得的,由公安机关没收违法所得,并处违法所

得一倍以上五倍以下罚款;情节严重的,处五日以上十五日以下拘留;构成犯罪的,依法追究刑事责任;属于国家机关工作人员的,还应当依法给予处分:

(一)组织作弊的;

(二)通过提供考试作弊器材等方式为作弊提供帮助或者便利的;

(三)代替他人参加考试的;

(四)在考试结束前泄露、传播考试试题或者答案的;

(五)其他扰乱考试秩序的行为。(NTCE-2020-2)

2.教师何某时常在微信朋友圈暗示学生家长送礼,还在家长群里展示家长送的礼物,造成了不良影响。依据《中华人民共和国教师法》,当地教育行政部门可对何某采取的措施是(　　)。

A.给予行政处分或者解聘　　　B.给予行政拘留或者罚款

C.责令退还礼物,加倍罚款　　D.责令停课,永久取消教师资格

【参考答案】A

【题目解析】《中华人民共和国教师法》第三十七条规定:教师有下列情形之一的,由所在学校、其他教育机构或者教育行政部门给予行政处分或者解聘。

(一)故意不完成教育教学任务给教育教学工作造成损失的;

(二)体罚学生,经教育不改的;

(三)品行不良、侮辱学生,影响恶劣的。

题干中教师何某属于《中华人民共和国教师法》第三十七条(三)品行不良且影响恶劣的,应该由教育行政部门给予行政处分或者解聘。(NTCE-2020-2)

3.由于琳琳的父母外出务工,琳琳无人看管。根据未成年人保护法,应当(　　)。

A.指定琳琳所在学校为监护　　　B.委托琳琳的伯父代为监护

C.要求当地人民政府监护　　　　D.要求当地民政部门代为监护

【参考答案】B

【题目解析】《中华人民共和国未成年人保护法》第二十二条规定:"未成年人的父母或者其他监护人因外出务工等原因在一定期限内不能完全履行监护职责的,应当委托具有照护能力的完全民事行为能力人代为照护;无正当理由的,不得委托他人代为照护。未成年人的父母或者其他监护人在确定被委托人时,应当综合考虑其道德品质、家庭状况、身心健康状况、与未成年人生活情感上的联系等情况,并听取有表达意愿能力未成年人的意见。"第九十二条规定:"具有下列情形之一的,民政部门应当依法对未成年人进行临时监护:(一)未成年人流浪乞讨或者身份不明,暂时查找不到父母或者其他监护人;(二)监护人下落不明且无其他人可以担任监护人;(三)监护人因自身客观原因或者因发生自然灾害、事故灾难、公共卫生事件等突发事件不能

履行监护职责,导致未成年人监护缺失;(四)监护人拒绝或者怠于履行监护职责,导致未成年人处于无人照料的状态;(五)监护人教唆、利用未成年人实施违法犯罪行为,未成年人需要被带离安置;(六)未成年人遭受监护人严重伤害或者面临人身安全威胁,需要被紧急安置;(七)法律规定的其他情形。"基于该规定,琳琳的伯父作为监护人更加合适一些。(NTCE-2022-2)

4.依据《中华人民共和国未成年人保护法》,依法设置的专门学校( )。

A.由公安机关进行管理 B.由司法部门进行管理

C.由教育行政部门进行管理 D.由地方人民政府进行管理

【参考答案】D

【题目解析】《未成年人保护法》第二十五条规定:"对于在学校接受教育的有严重不良行为的未成年学生,学校和父母或者其他监护人应当互相配合加以管教;无力管教或者管教无效的,可以按照有关规定将其送专门学校继续接受教育。"依法设置专门学校的地方人民政府应当保障专门学校的办学条件,教育行政部门应当加强对专门学校的管理和指导,有关部门应当给予协助和配合。(NTCE-2019-2)

5.某中学违规向学生收取补课费。依据《中华人民共和国教育法》,责令该校退还费用的机关是( )。

A.教育行政部门   B.工商管理部门   C.纪检部门   D.公安部门

【参考答案】A

【题目解析】《中华人民共和国教育法》第七十八条规定:学校及其他教育机构违反国家有关规定向受教育者收取费用的,由教育行政部门或者其他有关行政部门责令退还所收费用;对直接负责的主管人员和其他直接责任人员,依法给予处分。

6.初中生冯某经常夜不归宿,其父母放任不管。依据《中华人民共和国预防未成年人犯罪法》,应由公安机关对冯某父母( )。

A.予以拘留   B.予以罚款   C.予以训诫   D.予以劝诫

【参考答案】C

【题目解析】《中华人民共和国预防未成年人犯罪法》第六十一条规定:"公安机关、人民检察院、人民法院在办理案件过程中发现实施严重不良行为的未成年人的父母或者其他监护人不依法履行监护职责的,应当予以训诫,并可以责令其接受家庭教育指导。"(NTCE-2018-1)

7.某高中教师孙某旷工给学校教学工作造成一定损失,依照《中华人民共和国教师法》学校可依法( )。

A.给予孙某行政处分 B.给予孙某行政处罚

C.取消孙某教师资格 D.给予孙某罚款处理

【参考答案】A

【题目解析】《中华人民共和国教师法》第三十七条规定:教师有下列情形之一的,由所在学校、其他教育机构或者教育行政部门给予行政处分或者解聘……

(一)故意不完成教育教学任务给教育教学工作造成损失的;

(二)体罚学生,经教育不改的;

(三)品行不良、侮辱学生,影响恶劣的。(NTCE-2017-1)

8. 中学生程某经常违反班规,班主任让程某缴纳违纪金充作班费,班主任的做法( )。

A. 合法,教师有惩戒学生的权利　　B. 合法,教师有管理班级的权利

C. 不合法,教师没有罚款的权利　　D. 不合法,学校才有罚款的权利

【参考答案】C

【题目解析】《教育法》规定:学校及其他教育机构应当履行"维护受教育者、教师及其他职工的合法权益"的义务,学生的合法权益中就包括学生的财产权。《中华人民共和国义务教育法》第二十五条规定:学校不得违反国家规定收取费用,不得以向学生推销或者变相推销商品、服务等方式谋取利益。因此,学校、教师没有罚款权。(NTCE-2017-1)

【阅读链接】

1. 教育部官网政策法规栏:http://www.moe.edu.cn/publicfiles/business/htmlfiles/moe/moe_191/list.html.(包含以下法律法规全文:《教育法》《义务教育法》《教师法》《未成年人保护法》《预防未成年人犯罪法》《学生伤害事故处理办法》)

2. 徐兴旺,曾文革. 教育法案例评析[M]. 北京:对外经济贸易大学出版社,2010.

3. 卢珺. 教育法律纠纷案例与实务[M]. 北京:清华大学出版社,2018.

4. 王鹏炜等. 中小学依法治校评估标准的文本分析与改进策略[J]. 信阳师范学院学报(哲学社会科学版),2021(01):60-64.

5. 陈鹏,祁占勇. 论教育法的价值冲突及其选择[J]. 中国教育学刊,2004(05):17-20.

6. 劳凯声. 论教师法律身份的演变与选择[J]. 中国教育学刊,2020(04):5-14.

【创意实践】

模拟法庭角色扮演。依照法庭现场原形,以小组为单位模拟建立一个线上虚拟法庭或线下模仿法庭,针对某一热点教育法律案例,开展模拟法庭与辩护活动。

第四编　教育研究方法

【学习目标】

【研究过程】

1. 了解教育研究的内涵和类型，熟悉每一种研究方法的定义和类型；了解教育研究的一般过程、基本方法和成果表达方式。

2. 针对教育教学工作中的现实需要与问题，学会反思教育教学行为，提出有价值的教育研究问题，形成良好的问题意识，能够独立制定研究计划，使用不同方法收集、整理和分析研究资料，独立撰写研究报告。

【研究素养】

3. 能够运用研究成果改进教育教学工作，不断提高自身专业素质。

4. 了解教育研究的意义与价值，在学习和研究实践过程中逐步形成教育研究的意识和信念，养成基本的研究素养。

【知识导航仪】

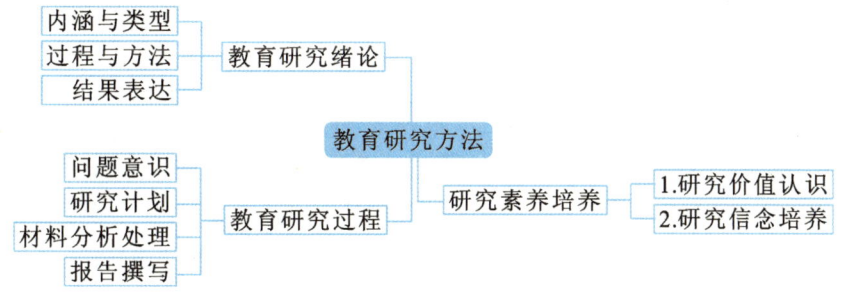

现代教育理念认为：教师是研究者。教师要持续提升自己的专业发展水平，就必须学会做研究，学会使用基本教育研究方法。

第六章 教育研究方法

对于中学教师而言,通过教育研究活动获得系统的教育研究方法学习和运用教育研究方法,可以使他们养成一定的研究素养,善于在教育生活中发现问题,并以理论的眼光审查自己的教育经验,进而将这些经验转化为研究资料,并予以分析和解释,最终形成自己的教育认识、理论甚或智慧。因此,教师从事教育研究活动可以提高教育实践和教育行为的自觉性与合理性,对于早日成长为经验型教师、专家型教师具有非常关键的作用。

第一节 教育研究的内涵、类型与意义

智慧起点

"学习故事"是一种用叙事的形式对儿童学习和发展进行评价的方式。它所关注的是儿童能做什么,而不是他们不能做什么,这样能够清楚地展现儿童的长处和兴趣。它主要分成三个部分:(1)写清楚事情(注意)——主要描述儿童的实际行为及情景,回答"是什么"的问题。(2)讲清楚道理(识别)——主要分析该情境中幼儿"什么样的学习有可能发生",回答"为什么"的问题。(3)"想清楚办法"(回应)——是教师计划"如何支持幼儿在这方面的学习",回答"怎么办"的问题,可以是环境的创设,可以是材料的支持,提供进一步机会和可能性。同时,一个学习故事还可以呈现家长和儿

童的声音(多重视角)。这是一种教师工作研究吗?为什么?

(资料来源　史鸿梅.相信儿童,聚焦学问——借鉴新西兰"学习故事",基于多重视角读懂儿童培训心得[EB/OL].(2016-09-30)[2022-1-2].http://www.sdchild.com/download/jysb/68641.html.)

一、教育研究的内涵

(一)研究

提到研究,人们往往首先联想到的是实验室里的试管、化学药品或各种精密仪器。毋庸置疑,这些都是科学研究必备的一些物品,但还不是科学研究本身。科学研究是运用科学的步骤寻求问题答案的过程。研究是科学研究的简称。

小知识

研究,汉语词语,读音为 yán jiū,一般作动词使用。研究一词有两个意思:第一个意思是指探求事物的真相、性质、规律等;第二个意思是考虑或商讨意见、问题。研究是主动寻求根本性原因与更高可靠性依据,从而为提高事业或功利的可靠性和稳健性而做的工作。"研究"一词常被用来描述关于一个特殊主题的资讯收集。

(资料来源　智慧百科[I/OL].[2022-2-8].http://www.sybmw.net/sizi/37344.html.)

学术界一般将科学分为自然科学、社会科学与人文学科,后两者也可统称为人文与社会科学。自然科学主要采用量化方法来研究自然世界,探索自然界运行的规则、定理或规律。例如,牛顿所发现的经典力学定理;人文学科主要采用哲学或质性方法来研究人文世界,并对生活的意义或价值做出解释;社会科学可以采用量化方法,也可以采用质性方法,对人类的行为、信仰、态度、人际互动、社会组织和制度等社会现象进行研究,归纳社会世界中所存在的机制。例如,经济学中的价值规律。

(二)教育研究

教育研究是研究者在一定理论的指导下,提出教育研究问题、采用科学的研究方法或程序收集、整理和分析研究资料,从而回答研究问题、建构教育理论的理性过程。

与一般的人文社会科学相比,教育研究最大的不同之处在于其研究主题。教育研究往往研究的是与教育相关的人、事、活动、组织和制度,这就促使研究者在研究过程中必须形成一种坚定的教育立场和教育学视角。

二、教育研究的类型

教育学既是一门人文学科亦是一门社会科学。而人文学科与社会科学在研究范式上存在很多方面的差异,即便是社会科学内部也存在不同类型的研究活动。教育研究可以根据不同的标准分为不同的类型,每一种类型具有不同的研究范式、路径和适用范围。

(一)价值研究与事实研究

根据是否做出价值判断这一标准,可以将教育研究分为事实研究与价值研究两种类型。

教育事实研究指的是研究者对客观存在的教育事实进行实然层面的分析和解释,不做价值判断。客观存在的教育事实可以包括活动型事实和观念型事实,前者表现为教育实践活动,后者则表现为人们对教育活动的认识。这类研究的提问方式一般为"是什么""受哪些因素影响""其结果是什么样的"等。

与教育事实研究不同,教育价值研究主要是在应然层面分析和讨论教育活动的价值问题,往往涉及研究者的价值判断。教育是培养人的社会实践活动,那么,教育应该培养什么样的人呢?研究者可以依据时代精神和个人的价值偏好给出不同的答案。譬如,柏拉图提出的"哲学王"、卢梭提出的"绅士",或者雅斯贝尔斯提出的"全人"等。这类研究的提问方式一般为"应该是什么""应该怎么办"或者"什么是好的教育""为什么它是好的教育""好的教育如何可能"等。

(二)基础研究与应用研究

根据研究活动的功能和目的,可以将教育研究分为基础研究与应用研究两种类型。

基础研究着眼于知识本身的演进,其主要目的在于建立和发展教育理论、扩展和完善教育科学体系。它既可以研究人类教育活动发生、发展的历史规律,亦可以从当前教育实践活动的新动向中归纳出新的理论,还可以运用不同学科的理论和方法分析和解释教育问题,得出新的结论。

应用研究着眼于知识的应用,其主要目的在于解决当前教育实践活动中的问题。这些问题既可以是宏观层面的国家教育发展规划与管理,亦可以是微观层面的课程与教学方式改革,还可以通过中外教育对比,为我国各个层面的教育改革提供借鉴。

当然,基础研究与应用研究的划分主要是根据其主要目的而言的,很多教育研究往往兼具基础研究和应用研究的特征。例如,近十余年来我国学者所开展的课程与教学改革研究,尽管着眼于基础教育的改革实践,但往往涉及教育理论重建的根本性问题。实践证明,越是基础的研究越具有应用价值,这一点在自然科学的研究中早已得到了检验。

(三)量化研究与质性研究

依据研究所采用的方法论范式,可以将教育研究分为量化研究与质性研究。在人文与社会科学的发展历程中,先后形成了三种方法论范式,分别为实证主义范式、解释主义范式和批判理论范式。

量化研究遵循实证主义的范式,采用实验、问卷和测量等标准化方法,将教育活动中的因素以数量化的关系表达出来,建立类似于自然科学的法则或机制。量化研究具有科学、精确、可验证、可重复的特点。它的基本过程为:选择研究问题,建立研究假设,收集、整理和分析数据,验证研究假设,得出研究结论。

质性研究遵循解释主义范式或批判理论范式,采用参与式观察、访谈等非标准化方法,将教育活动以讲故事的方式表达出来,从而对教育活动进行分析和解释。具体而言,质性研究是以研究者本人作为研究工具,在自然情境下采用多种资料收集方法,对社会现象进行整体性探究,使用归纳法分析资料和形成理论,通过与研究对象互动对其行为和意义建构获得解释性理解的一种活动。① 其实,质性研究是一个大家族,包括很多取向的研究方式,例如,人种志、叙事、生活史、个案研究、行动研究、话语分析,等等。与量化研究相比,质性研究不追求规律性的结论,而是特别强调研究对象的经历、意义体验以及教育事件发生、发展的过程。在实践中,由于每种研究方法本身都有优缺点,故单独使用定量研究或者定性研究无法充分理解、回答、应对研究问题的时候,研究者就需要采用混合方法研究。所谓混合研究方法,就是研究者在单个研究或者某个研究方案中同时使用了定性和定量两类研究方法来收集、分析数据资料,整合研究发现,进而做出推断与结论。该方法正在教育实践中被大量使用。

三、教育研究的意义

教育研究是对教育问题或教育事实进行的理性分析和解释活动。在知识层面,可以促进教育理论的建构、发展与完善;在现实层面,可以推动教育改革、促进教师发展、提高教育质量。

具体而言,教育研究的意义表现在以下四个方面:

(一)教育研究是推动教育改革、提高教育质量的需要

从教育发展本身的历史来看,人类教育发展的历史就是一部教育改革的历史。

---

① 陈向明.质的研究方法与社会科学研究[M].北京:教育科学出版社,2000:12.

尤其是进入现代社会以来,为了提高教育质量,世界上各个国家的教育改革层出不穷。然而,教育改革从来都离不开教育研究。只有通过科学的教育研究,借鉴国外先进的教育理念,总结我国教育改革的经验教训,才能提出更加合理的教育改革理念,并设计出科学有效的实施路径和策略。

(二)教育研究是推进教育教学科学化、创新教育教学实践的需要

教育教学既是一门艺术,也是一门科学,有着自身独特的实践逻辑和规律。在教育实践中,教师只有遵循这些逻辑和规律,才能取得较好的教育教学质量。然而,由于教育教学过程是一种非常复杂的心理和社会现象,我们到目前为止,对这些逻辑和规律还知之甚少。最关键的是,教育因不同国家、地区和时代的不同文化背景,呈现着不同的特质。教师身处教育教学第一线,拥有丰富、鲜活的教育实践经验。对于教育研究而言,这些经验是十分宝贵的一手资料。因此,作为教师,我们要利用这一优势创造性地开展教育教学改革和研究,不断发现新的逻辑和规律,并运用到自己的教育教学实践中去。

(三)教育研究是促进教师专业发展、培养卓越教师的需要

教师要实现有效的专业发展,一方面需要丰富的教育实践经验做支撑,另一方面则需要先进的教育理念和教育理论做引擎。中学教师在教育实践中积累了丰富的经验,这是新手教师难以比拟的。然而,教师如果仅仅停留在教育教学的经验水平,只能说是一位经验型教师。要成长为专家型教师甚或教育家,则需要学习新的教育理论,培养自身的理论思维品质,开展自己的教育研究,将教育行为提高到有意识的反思水平。只有这样教师才能不断提高教育行为的自觉性和合理性,形成自身独特的教育实践智慧,也只有这样,才能像陶行知先生那样,不但拥有宝贵的教育经验,而且建立了一套系统的教育理论,并不断地运用到实际的教育教学改革中去。

(四)教育研究是连接教育理论与实践、推动教育理论创新的需要

长期以来,我国教育界一直存在着理论与实践"两张皮"的现象,即大学专家开展理论研究,中学教师从事一线的教育教学活动。经验表明,这种现象不但阻碍了教育理论的创新和发展,而且对中学教师的专业发展不利。因此,近些年来,一些教育研究人员开始走进中小学开展教育研究,中学教师也在大学专家的指导下,或是独立或是与大学专家一起从事教育行动研究,取得了令人欣喜的成绩。从教育理论发展的角度来看,中学教师从事教育研究一方面可以学习新的教育理论,更新自己的教育理念,另一方面则可以在已有教育理论的基础之上,用理论的眼光观察、审视教育实践,并逐渐发展出基于真实教育实践的教育理论,从而消除教育理论与教育实践之间的鸿沟。

▶▶ 第二节　教育研究的主要过程

> **智慧起点**
>
> "研"字最能代表市场部人员的基本功。作为动词,"研"指的是研究、研磨,研究是细致审问的意思,研磨则有细磨使之粉碎或光滑的意思,如研磨药物。此外还有钻研、琢磨的意思。"研"字左石右开,说明研究需要磐石一样的精神,"精诚所至,金石为开",这也是研究的重要性。
>
> (资料来源　"带金"销售失势 医药人必备的四大基本功[E/OL].[2022-2-1].http://www.laneva.com.cn/news/340679.html.)

教育研究是发现研究问题并试图运用科学的方法解决问题的过程。纽曼曾用一张图表呈现了研究过程的七个步骤,如图6-1所示。教育研究的基本过程与此并无二致,主要包括以下几个部分:①研究问题的选择;②文献的检索与综述;③研究设计的论证;④研究资料的收集、分析与整理;⑤研究结论的表达。

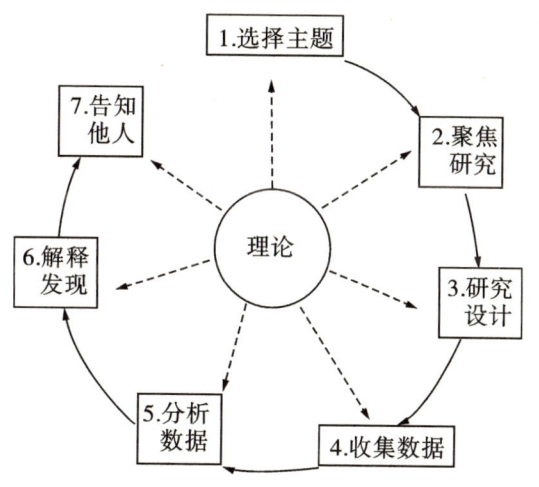

图6-1　研究过程的七个步骤①

一、教育研究问题的选择与叙写

任何一项科学研究都始于研究问题。研究问题可做两种解释:一是指出研究的

---

① 劳伦斯·纽曼.社会研究方法:定性和定量的取向[M].郝大海,译.北京:中国人民大学出版社,2007:19.

方向,二是指出研究问题的内容。① 只有明确了研究的方向和内容,研究者才能运用不同的研究方法,收集不同类型的研究资料,从而有效地开展研究活动。

在科学研究中,一个好的问题往往比正确的答案更加重要。这主要是因为,一个好问题可以激发研究者思考更多、更好的问题,而一个当时看来正确的答案,往往会被日后的研究所替代或更新。譬如,牛顿的经典力学理论后来被爱因斯坦的相对论所代替,仅成为后者的一个特例。因此,在教育教学实践中教师要做有心人,形成自己独特的问题意识,经常尝试用理论的眼光审视自己和身边的教育实践。那么,什么样的研究问题是好的问题?好的研究问题从哪里来?我们应该如何叙写研究问题?

(一)一个好问题的参考标准

1. 有意义

这是好的研究问题的首要标准。所谓研究意义,主要表现为理论意义与现实意义两个方面。就前者而言,研究问题要能推动教育理论的创新和发展,为建立系统的教育理论体系添砖加瓦;就后者而言,研究问题则需要直面教育事业发展中的问题,能够通过研究来解决教育教学实践中的难题,从而提高教育教学质量,促进学生的全面发展。

2. 具体、明确

研究问题是否具体、明确关系一项研究的质量。研究者只有将问题界定在一定的范围之内,聚焦于教育理论或教育实践中的某一个或一连串的点上,才能做出有深度的研究。笼统、空泛的问题往往使研究者无从入手。因此,在开始一项研究之前,研究者只有清楚自己研究的目的或意图,才能提出比较具体、明确的问题。

3. 新颖、独创

科学研究的目的在于通过研究那些前人或他人尚未解决的问题,补充、更新和完善人们对自然、社会和人本身的认识。因此,研究者需要选择新颖的研究问题,做出独创性的研究成果。所谓独创性不是说研究者仅能研究那些前人或他人没有触及的教育现象或问题,且不说这些现象或问题本身较为罕见,而且即便研究的是新现象,也可能得出一些老生常谈的结论。对于中学教师而言,独创性可以是对自己的学生、班级或学校特有的问题进行研究,也可以是运用新的教育理论或其他社会科学理论,分析和解释现实中的教育情境,从而得出以往没有的认识。即便是一些老的问题,如果采用新的方法得出新的认识,也是一种创新。

4. 可行性

可行性是指研究选题在实践中能够较好地被研究者实施并取得预期成果。具体

---

① 杨国枢,等.社会及行为科学研究法[M].重庆:重庆大学出版社,2006:36.

而言,可行性主要包括三个方面的条件:一是客观条件,除必要的文献资料、研究设备、时间、经费、技术、人力和理论准备外,还应该具有科学上的可能性;二是主观条件,即研究者本人的理论基础、知识储备和研究专长,所掌握的有关这个研究问题的文献资料,以及对此研究问题的兴趣;三是时机问题,即是否抓住了关键性时期,什么时候提出该研究问题要看有关理论、研究工具及条件的发展成熟程度。①

5. 伦理性

一个好的教育研究选题应该符合道德性、伦理性原则,即符合基本道义精神,符合社会道德规范,符合国家法律法规与社会规章的要求。因之,在选题时要教育研究者要考虑三个基本伦理原则——自愿参与,避免伤害和保护隐私运用,确遵循社会主义核心价值观,让研究活动服务业美好教育生活世界建构的目的。

(二)教育研究问题的叙写

在选择了一个好的研究问题之后,研究者还需要将之明确地表达并叙写出来。关于研究问题的叙写,不同的研究者有着不同的表达方式,这与研究者的语言习惯、研究经验以及理论取向有着密切的关联。不过,一般而言,研究问题的表达和叙写需要遵循以下几个标准:

1. 研究问题一般可以表达为疑问句的形式

陈向明教授提出的一个研究问题为"王小刚为什么不上学了?",吴康宁教授提出的一个研究问题为"学生仅仅是受教育者吗?",美国一位研究者则提出"学校是社会公平的均衡器吗?",这样的表达不但有助于研究者对问题予以清晰、明确的界定,而且有助于读者快速了解这项研究试图解决的问题。当然,研究问题亦可以表达为陈述句的形式。

2. 研究问题的描述要清晰、简洁

在学术论文写作中,这也是对所有标题、小标题的一个要求。研究问题是对一项研究课题的高度概括,如果表达拖泥带水,涉及的变量过多,或表达过于笼统,就会使同行或读者不知所云,难以了解该项研究的核心议题。例如"中学生心理健康标准及心理健康问题成因研究"这一表达,其实可以修改为"中学生心理健康问题的成因研究"。

3. 研究问题要表明关键词

关键词是一项研究中出现频率最高、表明研究对象和研究问题等核心研究要素的几个词,其所发挥的作用是其他词语无法替代的。好的研究问题往往涵盖最重要的一个或多个关键词。譬如"学校是社会公平的均衡器吗?"这个问题,其中最重要的

---

① 裴娣娜.教育研究方法导论[M].合肥:安徽教育出版社,1995:77.

两个词即是"学校"和"均衡器"。另外,在使用陈述句表达研究问题时,也可以出现研究方法,譬如,"中学生人际交往状况的调查研究"。

4. 实证研究的问题要陈述出研究的两个变量

这样可以明确研究的核心变量,例如,"班级规模与学业成绩的关系研究"。如果是疑问句,还要叙述出两个变量之间的关系,例如,"学困生是否受到了教师的歧视?"

除此之外,研究新手在叙写研究问题时,往往容易走入以下几个误区:一是常常采用教科书式的表达,例如,"教师技能训练的途径与方法""中学英语阅读教学的主要内容"等;二是倾向于使用宣传口号或新闻标题式的表达,例如,"改革课堂教学方法,提高教学质量"或"中学教育开启自助模式"等。

二、教育研究文献的检索与综述

不管是自然科学还是人文社会科学,任何一项学术研究都不可能横空出世,都必须建立在前人已有的研究基础之上。著名社会学家默顿曾指出,承认前人所留下的知识遗产使我们受益匪浅。[①] 对于研究者而言,对已有文献进行检索和综述的能力,对研究问题的选择、研究策略的运用和研究结论的形成等各方面,都具有重要的意义。

(一)教育研究文献检索

教育研究文献是记录教育或有关教育的信息、知识和理论的各种载体,主要包括手稿、书籍、报刊、文物、影片、录音录像、磁带、幻灯片以及各种新兴媒体等形式。

教育研究文献检索是围绕研究问题,迅速、准确地收集到与本研究密切相关的文献的过程。文献检索的方法多种多样,研究者需要根据选题内容、研究目的等选择合适的检索方法。在学术界,常用的检索方法有以下几种:

1. 顺查法

顺查法是按照文献出现的先后顺序,全面系统地对已有文献进行检索。研究者往往需要找出最早出现的文献,然后按照时间顺序依次检索。这样检索到的文献能够反映教育事件发展的来龙去脉,或研究者观点的变化和争论,适合于一些经典问题或是较为复杂的综合性研究项目。

2. 逆查法

与顺查法恰好相反,逆查法是按照由新到旧的顺序对文献进行检索。这一方法更适合那些以教育实践中出现的新现象、新问题为主题的研究项目。

3. 引文查找法

亦称跟踪查找法或滚雪球查找法。它是在已获得的文献所列的参考文献或注释

---

① 默顿.科学社会学:理论与经验研究[M].鲁旭东,林聚任,译.北京:商务印书馆,2004:410.

中查找与研究问题相关的文献。由于与所获文献是同一或类似研究主题,因此在其参考文献中能够获得一些较为重要的文献或原始资料,而这些文献或原始资料是研究者本人未能发现或忽视了的关键文献。然而,通过这种方法所获得的文献往往会受到原作者视野的局限,因此,研究者需要追溯原始资料,确保文献的可靠性。

4. 即时法

即时法指的是研究者在平时的阅读过程中,及时将一些重要的观点或资料以摘要、札记等形式记录下来,建立个人文献库,以备后用。否则,当我们想查找之前认为很有价值的观点时,可能很难再查找到。

5. 综合法

每一种检索方法都有各自的优缺点。因此,研究者需要根据研究问题的需要,综合运用不同的检索方法,从而获得尽可能多的、有价值的研究文献。

(二)教育研究文献综述

文献综述是对与研究问题有关的已有学术成果进行系统地梳理和批判性评论。学术创新的"创新"之处就是相对于已有研究而言。因此,如果不对已有研究有一个清晰、透彻的把握,就难以找到学术创新的突破口,更遑论能有真正的创新。可以说文献综述的质量是一项好的研究的重要根基。有学者就认为,文献综述其实就是一幅学术谱系图,是为了给自己的研究定位,以便在学术谱系中"认祖归宗"。①

文献综述是对已有研究成果的学术贡献和不足进行梳理和评论的过程,其意义在于:

第一,澄清已有研究的贡献,避免重复劳动。

第二,分析已有研究的不足,寻找新的研究空间和方向。

第三,比较不同的研究方法或路径,设计更为科学的研究方案。

第四,建立与重要理论的关联,为选题和观点提供理论支撑。

文献综述既然如此重要,那么,研究者需要如何进行文献综述呢?

第一,大致确定研究主题之后,检索与该主题相关的文献。

第二,按照已有文献涉及的因素或变量,对文献的观点进行分门别类的整理。

第三,澄清已有研究的贡献,分析它们的不足,总结综述结论,并形成自己的研究问题和路径。文献综述既可以是一篇独立的综述性文章,亦可以是研究设计或学术论文的一个部分,可以根据研究需要进行选择,没有统一的格式,但对已有观点进行分门别类的整理、分析和评论是所有文献综述的核心部分。

---

① 熊易寒. 文献综述与学术谱系[J]. 读书,2007(04):82-84.

三、教育研究设计的结构与核心

教育研究是一项系统性很强的认识、反思与探究活动。因此,在开始一项研究之前对欲开展的研究进行科学地设计就成为一项必不可少的环节。简而言之,研究设计是在提出研究问题之后,论证研究价值、提出研究假设、选择研究方法和构思研究步骤的方案,主要回答的是"为什么研究"与"如何研究"的问题。

(一)教育研究设计的结构

教育研究设计具有明确的结构,一般包括表6-1中的几个要素。

表6-1 教育研究设计的结构

构成要素	基本要求
研究问题	简要、概括、清晰地表达具体的研究问题,可以将总的研究问题拆解为几个小的研究问题
选题意义	主要从理论意义和现实意义两个方面进行陈述。其中前者主要指向于教育知识与理论的累积和发展,后者主要论述研究结论对教育实践的启示或改进作用
文献综述	主要是对已有研究成果的系统性梳理和批判性评论,有助于研究者把握研究现状,为自己的研究寻找空白点
研究内容与假设	研究内容主要是对研究问题的进一步分析和论证,研究假设是根据已有理论对研究结论的预期
研究方法和思路	根据研究问题的类型和研究目的,选择合适的研究方法,说明每一种方法在研究中的运用方式,提出整体性的研究思路
创新之处	在与已有研究成果比较的基础上,指出本研究在研究资料、观点或方法上的进步之处
主要参考文献	列出与研究密切相关的、具有权威代表性的学术成果

(二)教育研究设计的核心

一项好的研究设计就像一幅完整的施工图。它不但需要陈述如何完成一项研究,而且要向自己和同行论证为什么要这样或那样完成。这里仅对研究设计的核心部分——研究假设的形成、研究对象的确定、研究方法的选择等予以介绍。

1. 形成教育研究假设

研究假设是根据已有理论对研究结论的初步设想,是对变量间关系的暂时性逻辑推论,需要后续的研究予以证实或证伪。这一定义是针对量化研究,尤其是推断性的量化研究而言。在质性研究中,一般没有类似于此的假设,而且,质性研究要求研究者在从事一项研究之前,尽量摆脱个人的先见或成见,以保证研究结论的真实性。

(1) 研究假设的特征。

研究假设具有以下三个特征：

第一，任何一个研究假设都至少包含两个变量，且这两个变量之间是有关系的，或是相关关系，或是因果关系。

第二，任何一个研究假设都不是横空出世的，它往往与已有理论有着逻辑上的关联，因为它是从已有理论中演绎出来的。

第三，既然是一种暂时性的设想，那么，任何一个研究假设在经验上都是可以被证伪的。

例如，有学者在一项研究中提出的一个研究假设为"父母经常和孩子讨论学校相关事宜，则孩子学习成绩会更好"[①]。在这一假设中，包含两个变量，且陈述了二者之间的关系。之后，作者通过研究数据验证了这一假设。

(2) 研究假设中的变量。

由于研究假设是对变量间关系的设想，因此，在这里有必要对研究变量予以介绍。研究变量是指所有的研究对象的组成成分在性质、数量等属性上具有不同的观测值。例如，性别、年龄、成绩、年级和父母职业等，都可以是研究中的变量，它们在现实中都有不同的观测值。以年级为例，这一变量的取值在小学可以包括六个观测值。

在量化研究中，变量包括自变量、因变量和控制变量三种类型。自变量是研究者可以自主地控制其观测值，使其发生变化，从而引起其他变量变化的变量，后者即为因变量。例如，研究者可以变化教学方式这一自变量，研究其两个观测值（如讲授与小组讨论）对因变量（学习成绩）带来的变化（需要在研究中观察和测量），并确定二者之间的关系。控制变量亦称无关变量，是与研究目的无关，但有可能干扰研究结果的变量。例如，在研究教学方式对学习成绩的影响时，要保证讲授与小组讨论在类似甚至相同的媒体环境中分别实施，从而排除媒体环境这一变量对研究结论的干扰。

(3) 研究假设的作用。

为什么需要研究假设呢？

科林格尔曾指出："假设在科学研究中，比光是知道它们是什么以及它们是如何被建构起来的重要得多。可以这么说，它们具有将人的因素从中剥离开来的更为深

[①] 赵延东,洪岩璧.社会资本与教育获得：网络资源与社会闭合的视角[J].社会学研究,2012(05)：47-69,243-244.

层与重要的意义……假设是增进知识的有力工具,因为假设虽然是由人类做出的,但是它们可以不被人类价值与信仰所左右,而接受检验并被证明真伪。"①

由此可见,研究假设在研究中具有非常重要的地位。当然,科林格尔主要是从研究的客观性角度来论述的。除此之外,在具体的教育研究中,研究假设还有助于研究者明确研究的整体方向和重心,有针对性地收集研究资料,检验研究假设,从而发展教育理论。

2. 确定教育研究对象

任何一项研究都具有明确的研究对象。对于量化研究而言,选择研究对象的过程是在可能的研究对象的总体中抽取一定数量的个体组成样本的过程。量化研究的价值在于通过研究一部分样本,便可以将结论推论到总体。

总体即研究对象的全体。例如,要研究小学生的学习时间与学业成绩的关系时,所有的小学生都是理论上的研究对象。

样本是从总体中抽取的、能够代表总体的结构和特征的一部分个体。而样本的获得过程,即抽样。

量化研究一般使用的是概率抽样,即总体中的每一个个体在概率上被抽取的可能性是一样的,从而保证样本的代表性。调查研究的样本量一般不低于100。总体而言,样本的容量越大,其代表性就越大。但对于大规模的人群而言,研究者往往不可能也没有必要收集每一个个体的信息。

与量化研究不同,质性研究需要对某一教育事件的来龙去脉、影响因素等进行深入描述、分析和讨论,研究对象往往是某一个人、某一类人,或某一个小群体(例如班级),因此,在确定研究对象时,一般采用的是目的性抽样。

所谓目的性抽样,是抽取那些能够对研究问题提供最大信息量的人或事。例如,在研究"学困生"问题时,与一个仅仅因为智力问题而学习困难的学生相比,研究者就要选择一个由家庭、教师甚至还包括同学等多方面因素所造成的学困生。不过,在质性研究中,抽样不但包括被研究者,还包括时间、地点、事件和研究者收集的原始资料。②

3. 选择教育研究方法

根据研究范式的不同,教育研究方法可以分为量化研究方法与质性研究方法两大类。每一类里面包含着不同的研究方法和技术,分别适合于不同的研究目的与研究问题。研究方法本身不存在优劣之分,但研究方法的选择却存在着合适与否的

---

① 劳伦斯·纽曼. 社会研究方法:定性和定量的取向[M]. 郝大海,译. 北京:中国人民大学出版社,2007:151.

② 陈向明. 质的研究方法与社会科学研究[M]. 北京:教育科学出版社,2000:92.

问题。

那么,应该如何选择合适的研究方法呢?

第一,要根据研究目的选择研究方法。

第二,要根据研究问题本身的性质选择研究方法。例如,要研究中学教师对新课程改革的态度,就要选择调查法。

第三,研究方法各有利弊,在研究中要合理组合,从多层次、多角度回答所提出的问题,国内外近年来日趋增多的量化与质性研究相结合的混合研究代表了这一趋势。

在确定好研究方法之后,需要陈述每一种研究方法在研究中所发挥的作用以及具体的使用过程和思路。这在很大程度上影响甚至决定着正式的研究活动,尤其是研究资料的收集、整理和分析。

四、教育研究资料的收集、整理与分析

教育研究资料是教育研究活动的基础,是研究成果最主要、最核心的支撑材料。相应地,收集、整理与分析研究资料,是教育研究过程中最重要的阶段,往往要耗费研究者大量的时间和精力。因此,如果这一阶段做得不扎实,就很难有效地回答最初提出的研究问题,或是不能有力地论证研究的基本观点。反之,如果按照研究设计顺利完成了这一阶段的任务,就意味着我们的研究成功了一大半。

(一)教育研究资料的收集

与人文社会科学一样,教育研究资料主要包括量化研究资料与质性研究资料两类。对于量化研究资料,主要的收集方法有实验、问卷和测验等;对于质性研究资料,主要的收集方法有观察、访谈和实物收集等。

研究者在实际的资料收集过程中,往往也交叉使用这些方法,但是,在执行策略上有着不同的重心。例如,当研究者从事一项量化研究时,可以使用结构式观察和结构式访谈来收集研究资料,获得的数据可以用于较高级的量化分析。同样,当研究者从事一项质性研究时,也可以使用实验和问卷来收集研究资料,但这些资料或被用于描述研究对象(尤其是一个小群体时)的基本特征(更多使用的是问卷),或被用于不同情境的深度比较(如通过自然实验获得的资料)。

(二)教育研究资料的整理

教育研究资料整理是研究者根据研究问题和研究目的,对收集到的所有研究资料进行鉴别、分类和汇总的过程,其目的是使丰富、零散的研究资料成为有条理、系统化的资料库,从而成为回答研究问题的有力证据。教育研究的过程就是利用研究资料来回答研究问题、论证研究观点、推导研究结论的过程。因此,如果缺少这一步,研究资料越是丰富,研究者就越容易迷失在杂乱无章的一手资料之中,也就难以有力地回答所提出的研究问题。

量化研究资料与质性研究资料在性质上有着本质的差异,也有着各自独立的整理方式和技巧。尽管如此,以下在顾及二者差异的基础上,着重介绍一些共同的整理过程。

1. 第一阶段:鉴别与审核

这一阶段的主要任务是细致阅读、审核收集到的所有研究资料,鉴别资料的真实性和可靠性。研究资料的真实性是得出研究结论的前提。对于量化研究资料,譬如,所有的原始问卷需要剔除关键信息缺失的或前后信息矛盾的问卷;对于质性研究资料,需要核实研究对象提供的所有资料,并利用三角互证法进行验证。除此之外,研究者还应该检查所收集到的研究资料是否完备,如有缺失,还应再回到资料收集阶段。

2. 第二阶段:录入与分类

这一阶段的主要任务是对研究资料进行编码、录入和分类。编码是将杂乱的研究资料划分为最小的单元,便于将资料录入电脑或分析软件以及日后的提取。好的编码也可以使研究者快速建立分类标准,有利于形成简明的分类框架。对于量化资料而言,这一过程相对比较简单,主要是将数据录入分析软件的过程;对于质性资料而言,由于研究资料多且复杂,所以,需要研究者反复编码和归类,形成三级编码系统。

3. 第三阶段:汇总、再分类与再汇总

这一阶段的主要任务是把经过编码、分类的资料集中起来。如若建立的类别未能清晰地反映编码之间的内在关联,则需要进行再次分类,然后再进行汇总。在这一意义上,研究资料的整理是一个反复的过程,对质性资料的整理更是如此。

(三)教育研究资料的分析

相对于研究资料的收集与整理,研究资料的分析对于研究结论的形成更加关键。对研究资料的分析能力反映的是研究者的科学研究素养,譬如,理论基础、逻辑思维能力和创造力等。可以说,正是因为这一环节才能使我们的教育研究更像"研究"。教育研究资料的分析方法包括量化分析与质性分析两类。

量化分析是将研究资料予以数字化,运用统计方法进行整理和计算,对统计结果进行分析,验证研究假设,得出研究结论的过程。一般包括两个阶段:一是描述性统计,即通过计算平均值、中值、百分位数、标准差和相关系数等,或通过绘制扇形图、条形图等图形,来反映某类教育事实或与之相关的主体在某一特征上的集中趋势、离散趋势、相关程度与分布情况;二是推断性统计,主要是使用方差分析、回归分析等高级统计方法,用样本数据进行参数估计或统计检验,并将结论推论到总体。量化分析主要运用的是演绎法。

质性分析是对研究资料进行编码、分类和汇总之后,概括某类教育事实的发生、发展过程,或总结个体或群体的教育经历和体验,在理解性解释的基础之上归纳出教育理论的过程。质性分析主要使用的是归纳法。当然,一个优秀的质性研究者还应具备较好的演绎、比较、综合和抽象等思维品质。

▶▶ 第三节　教育研究的主要方法

> **智慧起点**
>
> 　　一位小学数学老师说要做一个课题不知怎么做。我就问他,学生在数学学习中哪里问题最大?他告诉我,好多孩子害怕应用题,看见应用题就迷了。我说,那我们就来做这样一个课题,经过协商,题目定为《运用画图策略解决小学数学问题的实践研究》,然后我让他把小学数学中遇到的所有数学问题归类,每一类问题采用线段图还是结构图或者集合图的策略分析清楚,结合学生写数学学习日记,办数学手抄报,数学小论文,开展数学小讲堂,一年后,厚厚一摞资料放在那里,我让他把研究过程整理一下,作为结题报告,那一年他的课题顺利结题。所有课题都是他在做,我不过是提了一些小建议,帮他做了一些规划。
>
> 　　(资料来源　老师如何做课题研究?[R/OL].[2022-2-2].https://zhuanlan.zhihu.com/p/165988637,2020-08-01.)

教育研究都有哪些常用方法?这些方法分别适用于什么场合,各适合于哪些种类的问题?实施这些方法的基本步骤是什么,应该注意哪些方面?本节内容主要来解决这些问题。

一、观察法

观察是人类认识周围世界的一个最基本、最普遍的方法,它是研究主体获得感性经验和事实的根本途径,也是检验和发展假说的实践基础。

(一)观察法的含义与特点

所谓观察法,即人们通过感觉器官或借助科学仪器,有目的、有计划地对自然发生的条件下出现的现象进行考察,以认识事物的本质和规律的一种方法。

科学观察具有两个明显的特征:

(1)科学观察是有目的、有计划、有系统的感知活动。

(2)科学观察包括从观察准备到获得观察结果的全过程的实施,它绝不是被动、消极的注视,而是人的大脑"积极思维的过程"①。

(二)观察法的类型

因研究的目的、内容、对象的不同,观察法的类型也不同,见表6-2。

表6-2 观察法的常见分类

分类标准	类型	特点
以是否通过中介物为标准	直接观察	通过感官在事发现场直接观察客体
	间接观察	其一,指以感官通过某些仪器来观察客体;其二,指对事发后留下的痕迹(如照片、录像)进行推测
以观察者是否参加被观察者的活动为标准	参与观察	观察者不同程度地参与被观察者的群体和组织中,共同生活并参与日常活动
	非参与观察	观察者不参与被观察者活动,不干预其发展变化,以局外人身份从外部观察记录
以观察对象是否受控制为标准	实验观察	观察者对观察变量做出一定的控制,采用标准化手段进行观察
	自然观察	对观察对象不加控制,在完全自然的条件下精心观察

此外,以观察是否有目的、有计划为标准,可以分为随机观察和系统观察;以观察的历时与频率为标准,又可以分为抽样观察和跟踪观察。

(三)观察法的优点与缺点

观察法是教育研究的基本方法,但不是唯一的方法。观察法既有其十分明显的优点又有其难以克服的局限性。

观察法的优点主要有:①直接性,观察者与被观察的客观事物直接接触,所获得的信息资料具有真实可靠性,是第一手资料;②情境性,观察一般是在自然状态下实施的,无外来因素的干扰,不会产生反应性副作用,能获得生动朴素的资料,具有一定的客观性;③及时性,观察及时,能捕捉到正在发生的现象,所获信息资料及时、新鲜;④纵贯性,对被观察对象可以进行较长时间的反复观察与跟踪观察,对被观察对象的行为动态演变可以进行分析;⑤普适性,观察适用范围较为普遍,不少方法(如调查法、实验法等)与观察法有密切关系。

观察法的局限性主要体现在以下方面:①受观察对象的限制,观察法适宜于对外部现象及事物的外部联系的研究,而不适宜于对内部核心问题及事物内部联系的研究。另外,对有些较为隐蔽的事物也不适宜用观察法;②受观察者本人的限制,人的

---

① 陈向明.质的研究方法与社会科学研究[M].北京:教育科学出版社,2000:227.

感觉器官本身有不精确性,人的观察可能受主观意识的影响,因此对同一事物的观察,往往带主观性,难以做到客观化;③受观察范围的限制,特别是在同一时期内观察的对象是不多的,这种小样本,不适用于大面积研究;④自然状态下的观察由于缺乏控制,因变量混杂在无关变量之中,没有纯化和凸现,从而使观察结果缺乏科学性。

（四）观察表的设计与记录

一个完整的观察研究必须进行观察并做记录,然后整理观察结果。观察记录表格设计要简明、科学、结构化和易于操作。设计的关键就是要根据研究的假说,把可能出现的结果内容条理化、结构化,形成一个层次不同的纲目,制成表格。

记录表格一般应包括以下基本项目:①观察内容（行为表现）;②时间取样;③场面取样;④对象编号;⑤行为、现象表现的等级。见表6-3。

表6-3　教师课堂言语行为(指向学生个体)登记表[①]

类别	提问			要求			评价			答复			其他
	方法	结论	事实	建议	模糊	指令	肯定	两可	否定	开放	中间	封闭	
1													
2													
……													

记录量表在观察前要认真检验其可能出现的误差。有了较为周密的量表,在观察时既可以做出详尽记录,又简单易行。有的只要填写数目或符号就行,这样让观察者有边观察边思考的余地。

（五）观察的实施

一次完整的观察,一般应包括以下主要步骤:①确定观察的目的和选定观察的对象;②做好观察前的准备工作,如准备观察工具,设计、印制观察记录表等;③进入观察场所,获得被观察对象的信赖;④进行观察并做记录;⑤整理观察结果;⑥分析资料并撰写观察报告。

二、调查法

在教育研究中,调查作为一种收集、处理信息的基本方法具有越来越重要的作用。调查法的目的可以是全面把握当前状况,也可以是为了揭示存在的问题,弄清前因后果,为进一步的研究或决策提供观点和论据。

[①] 吴康宁,程晓樵,吴永军,等.教师课堂角色类型研究[J].教育研究与实验,1994(04):1-8.

(一)调查法的含义、类型与特点

所谓调查法,是通过对教育事实的考察、现状的了解、材料的收集,来认识教育问题或探讨教育现象之间的联系,而采取的有目的、有计划、有系统的研究方法。[①]

根据调查目的、调查对象、调查内容的不同,调查可分为多种类型。每种类型的作用,见表6-4。

表6-4 调查法的种类与作用

分类方法	种类	作用
目的	常模调查	了解一般情况,寻找一般数据
	比较调查	比较两个群体、两个地区、两个时期的情况
内容	事实调查	掌握现有的事实与数据
	态度调查	了解对问题的看法、倾向性意见与态度
对象	全面调查	对调查对象的全部都加以考察
	抽样调查	在总体中抽取部分有代表性的单位加以考察
范围	综合调查	涉及多类问题或某个问题的各个方面
	专题调查	仅涉及某个方面的问题

按照调查对象的性质和调查工作的方式,调查又可以分为访谈调查、问卷调查、个案调查和文献调查等方法,见表6-5。

表6-5 调查法的分类

调查方法	调查对象	特点
访谈调查	社会成员中的个体或集体(如教师、学生)	调查者与调查对象进行面对面的谈话,收集口述材料
问卷调查	社会成员中的个体	调查者通过特别设计的问题表格,由调查对象做自填式回答,收集笔答资料
个案调查	与某项事物有关的文件、档案及其他已存材料	调查者对文件、档案及已存材料的考察和分析
文献调查	与某项课题有关的已记载的文献、情报资料	对已记载的文献、情报资料的内容进行鉴别、整理与归纳

同实验法等研究方法相比较,调查法有着明显的优点:

(1)适用性广,调查法是以间接的方式研究客观现象,而不是直接研究对象行为

---

① 陈向明.教育研究方法[M].北京:教育科学出版社,2013:78.

本身。

(2)效率高、范围广,调查法基本上可以不受时间、空间条件的限制,研究涉及范围广,收集资料速度快,效率高。

(3)形式灵活、手段多样,调查法既可通过访问、座谈、问卷等方式,向熟悉研究对象的第三者或当事人了解情况,又可通过测验、收集书面材料等途径来了解情况,从而掌握研究对象的现状和发展趋向。

(4)自然真实、简便易行,调查法在自然进程中收集资料,有利于了解研究对象的"本来面目"。同时,它主要是通过考察现状而不是通过实验来进行研究的,因而不需要像实验法那样控制实验的对象,比较简便易行。

调查法除有上述优点之外,还存在以下不足:

(1)调查法旨在考察现状,是在自然进程中收集材料,而不是通过实验主动操纵和改变现象与变量,因此,它不能确定现象之间的因果关系。

(2)调查结果的可靠性往往依赖于被调查者的合作态度与实事求是的精神,有时被调查者可能有意无意地加入自己的主观臆想或偏见,而调查者却难以了解这种主观臆想或偏见加入的程度,从而影响调查结果的可靠性。

(二)问卷的设计与实施

在收集资料时,最基本而又最常用的方法就是问卷调查法。问卷是根据研究课题的需要而编制成的一套问题表格,由调查对象自己填写回答的一种收集资料的工具。

根据研究课题性质和目的的不同,问卷可分为结构型问卷和无结构型问卷两大类:

(1)结构型问卷,又称为封闭式问卷,它的特点是问题的设置和安排具有结构化形式,问卷中提供有限量的答案,受试者只能选择作答。

(2)无结构型问卷,又称为开放式问卷,它的特点是在问题的设置和安排上,没有严格的结构形式,受试者可以依据本人的意愿做自由的回答。两类不同形式的问卷结合使用,可以获得较好的效果。

问卷设计的质量,直接影响到问卷调查的回收率、有效率以及被试者的回答质量,科学地设计问卷是问卷调查的关键环节。

问卷设计通常包括如下几个基本步骤:第一,确定调查研究课题和调查对象。第二,根据假设确立变量的数目和关系。第三,确定反映变量的变数项目。第四,设计表述问题的语句。第五,对问题进行排列组合。第六,试测与修订。

问卷通常包括前言、个人特征资料、事实性问题和态度性问题等四个基本部分。

问卷的提问与回答的方式,通常有自由记述式、填答式、二元选择式、多重选择式、分配式、排序式、评等式等几种类型,见表6-6。

表6-6 常用问卷的提问与回答方式举例

提问方式	回答方式
自由记述式	描述你心目中理想的教师形象
填答式	有____人,出现____次
二元选择式	正/误,是/非,有/没有
多重选择式	A____ B____ C____ D____
分配式	A____占( )％,B____占( )％,C____占( )％
排序式	( )____( )____( )____( )____
评等式	4____ 3____ 2____ 1____

在问卷调查的实施过程中,首先要注意对调查对象数量的控制,此时必须考虑两个因素,即问卷的回收率和问卷的有效率。其次是问卷的分发与回收,在教育研究中最常用的有集中填答式、邮政投递式、专门递送式、网络问卷、报刊问卷等方式。最后是对于回收的问卷必须进行认真审查,对一些回答不完整、不按要求回答和回答不正确的问卷都应作为无效问卷,无效问卷的数据不能算入最终的统计结果。

(三)访谈的设计与实施

访谈是一种研究性交谈,即由研究者一方通过引导来收集被研究者一方的言语资料,以此了解研究对象的情况,包括他们怎样解释和思考自己的内心世界和现实生活世界,最终达到研究的目的。

在质性研究中,由于涉及人的理念、意义建构和语言表达,访谈法成为一种收集资料的有效方法。当问卷调查、观察等方法无法真实、详细地了解研究对象的情况时,访谈法的灵活性、深入性、全面性就得以体现。访谈可以了解到研究对象的所思所想(包括价值观念、情感、态度、动机和行为规范),过去的经历和耳闻目睹的有关事件及自己的看法,可以就某个问题或事件的不同视角和侧面进行深入细致地描述。

访谈法可采取的形式是多样的:

(1)按照研究者对访谈结构的控制程度,分为封闭式(结构型)、开放式(无结构型)和半开放式(半结构型)访谈三种类型。

(2)根据正式程度,可以分为正规和非正规式访谈。

(3)根据双方接触方式,又可以将正规访谈分为直接和间接访谈两种。

(4)根据被访谈者的人数,分为个别访谈和团体访谈。研究者要根据研究的具体需要灵活地结合运用,做到发扬长处、弥补不足。

访谈法的运用过程:

(1)设计访谈提纲。无论是哪一种形式的访谈,在访谈之前都要设计一个访谈提纲,明确访谈的目的和所要获得的信息,列出所要访谈的内容和提问的主要问题。

(2)恰当进行提问。在表述上,要求简单、清楚、明了、准确,并尽可能地适合受访者;在类型上,可以有开放型与封闭型、具体型与抽象型、清晰型与含混型之分。另外,适时、适度的追问也十分重要。

(3)准确捕捉信息,及时收集资料。访谈法收集资料的主要形式是"倾听"。倾听可以在不同层面上进行:在态度上,访谈者应该是"积极关注地听",而不应该是"表面地或消极地听";在情感上,访谈者要"有感情地听"和"共情地听",避免"无感情地听";在认知层面上,要随时将受访者所说的话或信息迅速纳入自己的认知结构中加以理解和同化,必要时还要与对方进行对话,与对方进行平等交流,共同构建新的认识和意义。另外,倾听还需要特别遵循两个原则:不要轻易打断对方和容忍沉默。

(4)适当地做出回应。访谈者不只是提问和倾听,还需要将自己的态度、意向和想法及时传递给对方。回应的方式多种多样,可以是诸如"对""是吗""很好"等言语行为,也可以是点头、微笑等非言语行为,还可以是重复、重组和总结。

(5)及时做好访谈记录,一般还要录音或录像。

三、历史法

教育是历史的产物。教育历史研究作为教育研究的重要方法之一,是唯一一个主要关注过去的研究方法。[①]

(一)历史法的含义与特点

历史法就是以过去为中心的研究,它通过对已存在的资料的深入研究,寻找事实,然后利用这些信息描述、分析和解释过去的过程。历史法或揭示当前关注的问题,或预测未来,或者是从事物发生、发展和消亡的过程中探索其本质和规律性的研究方法。

历史研究既可以是质性研究,也可以利用量化资料。它本身并不创造数据或事实,而是力图发现正以某种形式存在的数据或事实。解释是历史研究过程的核心,它着重于解释具体背景中的行为所具有的意义。

历史法在一般课题研究中具有省时省力的优点,它可以扩大人们的视野,利于比较。历史法还可以研究不宜或不可能直接调查的对象,同时也可以避免来自现实的某些不良反应。运用历史法有时比观察法和访谈法等具有更高的可信度和有效度,

---

① 陈向明.教育研究方法[M].北京:教育科学出版社,2013:321.

所以它是一种说服力很强的研究方法。

但历史法也有一定的局限性:易受作者的偏见影响,文献资料不易全面搜集,调查中只能见到书面文字,不能见到具体环境中的人的行动和思想。历史法的发展趋势是使资料量化,实现定性分析与定量分析相结合。

(二)历史法的实施

在教育研究中运用历史法,一般包括史料的搜集、史料的鉴别和史料的运用等基本步骤。

1. 史料的搜集

教育史料是指能反映教育科学研究对象发生、发展过程及其规律性的一切文字和非文字的资料。它大致可以分为三类:

(1)史迹遗存,包括遗址,学校的设施、图片、录音、录像、文具、校徽、纪念章等。

(2)与研究对象有关的故事、传说、歌谣、礼仪、风俗等口耳相传的东西。

(3)文字记录或历史文献,这是史料的主要源泉,内容涉及政府有关教育的法令、制度、规章、政策、决议、指示、规则、调查、汇报、总结、报表、统计、会议记录,学校的章程、工作计划、条例、教学计划、课程标准、试题,私人的论著、手稿、传记、笔记、信札,教师的教案、讲稿、教学日记等。

教育史料搜集过程中应注意的问题:

(1)以第一手材料为基础,也不忽视第二手材料的价值。

(2)既要搜集正面材料,也要搜集反面材料,必须坚持客观性标准,不允许掺杂任何主观色彩。

(3)要采取多种途径搜集史料。

2. 史料的鉴别

史料搜集以后,必须进行鉴别,去粗取精、去伪存真,使下一步的分析研究建立在真实可靠的史料上。鉴别,即确定史料的真假和文献字句的正误。主要包括两个方面:鉴别史料的真伪和鉴别史料的价值。

对史料真伪的鉴别,主要是从寻找矛盾开始的。常用的方法、手段有:①从材料的文体、用词、形式等方面寻找矛盾;②从材料的内容同当时的社会形态比较;③从材料的思想上同当时思想发展水平相比较;④从史料本身寻找错误或自身矛盾之处;⑤两件史料相比较。

史料价值的鉴别方法有:①看史料中的记载是否违反客观规律,或当时已经具有的科学知识;②看史料的记载是否有与已经确知的史实相矛盾之处;③看史料的记载是否有与常情常理相矛盾之处;④看史料作者的观点、立场、品行、风格如何;等等。

3. 史料的运用

史料的运用是指在对确实反映真实历史情况的充分史料进行科学分析的基础上得出科学的结论。在史料运用的过程中要做到以下四点：

（1）要以历史唯物主义为指导，把历史上发生的教育现象放在具体的历史环境中做具体的历史分析。

（2）要善于抓主要事实材料，抓住反映事实各主要环节的材料和带有普遍意义的材料，这样才能把握对象的本质和必然性。

（3）科学研究不容许掺杂个人的主观色彩，也不要进行主观地臆想或推论。

（4）要认识到前人的历史局限性，不要将今天的意识形态强加于前人，不要按照自己的认识水平去衡量古人，不以单纯依据、孤证做出结论、臆断历史。

四、实验法

实验法是教育研究中最重要的实证性方法之一，教育实验的要义就在于考察实验变量（自变量、因变量及无关变量）之间的因果关系，并以教育实践加以检验，因而研究结论具有说服力。[1]

（一）实验法的含义、类型与特点

教育实验是运用科学实验的原理和具体方法来研究教育现象和问题，并试图揭示教育活动规律或某些教育内容、措施的有效性，是一种综合性研究活动。[2] 根据不同的实验目的，可以将实验法分为以下几种类型：

1. 判断性实验

判断性实验是指通过实验判断某一种现象是否存在，某一种关系是否成立，某个因素是否起作用，着重探讨研究对象具有怎样的性质和结构。

这种实验的做法是：以相同的自变量 X 分别作用在相同类型但不同个体的对象 $O_1, O_2 \cdots O_n$ 上，使对象产生 Y 的反应，即

自变量 X → 对象 O_1 → 行为反应 Y_1

自变量 X → 对象 O_2 → 行为反应 Y_2

……　　……　　……

自变量 X → 对象 O_n → 行为反应 Y_n

如果 $Y_1 = Y_2 = \cdots = Y_n$，则可认为 X 的作用将产生 Y 的效果；如果 $Y_1 \neq Y_2 \neq \cdots \neq Y_n$，则可认为 Y 与 X 无直接联系。这类实验在科学研究中占有十分重要的地位，是进一步研究的基础。

---

[1] 陈向明.教育研究方法[M].北京：教育科学出版社，2013：136.
[2] 陈向明.教育研究方法[M].北京：教育科学出版社，2013：137.

2. 对比性实验

对比性实验是指通过实验对两个不同群体、不同时间或不同条件进行差异性比较。这种实验有两个或两个以上的相似组群,一个是对照组,作为比较标准,另一个是实验组,以确定实验因素对实验组的影响。

通常的做法是:

自变量 $X \to$ 对象 O_1(实验组) $\to$ 行为反应 Y_1

自变量 $X \to$ 对象 O_2(对照组) $\to$ 行为反应 Y_2

通过实验比较 Y_1 和 Y_2 的差异性(相同或不同),便可知道 X 所起的作用。

3. 析因性实验

析因性实验是指通过实验探讨对某一事件的发生和变化过程起主要或决定性作用的因素。

通常的做法是:把自变量分解为几个因素(X_A、X_B、X_C 等),通过固定其中某些因素(如固定 X_A 和 X_B),然后依次变化其中某个因素(如改变 X_C 为 X_{C_1}、X_{C_2}、X_{C_3} 等),考察经作用反应变量 Y 的变化情况,即

$X_A\ X_B\ X_{C_1} \to$ 对象 $O \to$ 行为反应 Y_1

$X_A\ X_B\ X_{C_2} \to$ 对象 $O \to$ 行为反应 Y_2

$X_A\ X_B\ X_{C_3} \to$ 对象 $O \to$ 行为反应 Y_3

其中 Y_1、Y_2、Y_3 属同一类型的行为变化。然后再固定其他因素(如固定 X_A、X_C)改变 X_B,再次考察 Y 的变化,从而决定哪一个因素对这种行为变化起主要作用。这类实验可以通过多因素分析方法和逻辑分析中的因果联系判定法加以分析处理。

实验和观察是紧密联系在一起的。实验包括观察活动,但是科学的实验与简单的观察不同。实验可以人为地控制有关条件,具有以下特点:①它可以使人观察到在自然条件下所遇不到的情况,从而扩大研究的范围;②它可以把某种特定的因素分离出来,以便于分析某一特定因素的效果;③它便于测量,并从而获得比较可靠的研究成果;④它可以重复验证。

(二)教育实验的设计与实施

1. 教育实验设计

在进行教育实验设计时,经常需要考虑三个基本要素:

(1)变量。

包括三类变量:①实验变量,即自变量。它是由实验者设计安排的,人为操纵控制的,有计划地变化的实验情境或条件因素;②反应变量,即因变量。它是随着自变量的变化而变化的,是实验者需观察、测量、计算的变化因素;③无关变量,即干扰变

量。它是除实验者操纵控制而有计划地变化的实验变量之外,另外一些影响反应变量变化的其他干扰因素。它使实验者无法对所得结果做出正确的判断和解释。

实验的基本操作就是研究实验变量对实验对象施加作用之后,确定实验对象产生的反应变化,从而了解实验因素的作用。通常使用如下符号表示:

O——实验对象;

X——实验变量;

Y——反应变量的测量结果;

XO——实验因素 X 对实验对象 O 施加作用;

C——整个实验结果。

(2)事前测验与事后测验。

在实验因素未对实验对象施加作用之前,事先对因变量进行测量,即事前测验,其结果通常用 Y_0 表示。在实验因素对实验对象施加作用之后进行测量,即事后测验,其结果用 Y 表示。

(3)实验组与控制组。

利用随机取样或测量配对选择而形成的两个条件相等的样本组,其中一组接受实验因素的作用,即实验组,用 $O_{实}$ 表示。另外一组将不接受实验因素的作用,只作为比较标准,即控制组,用 $O_{控}$ 表示。

2. 教育实验实施

根据实验的目的要求不同,教育实验最常用的模式有三种,即单组实验模式、等组实验模式和循环实验(或称轮组实验)模式。

(1)单组实验是指同一实验因素 X,只对同一组(或一个)实验对象 O 施加作用,然后测定对象所产生的变化,以确定实验因素的效果如何。单组实验通常采用前测与后测比较的方法来研究实验因素的效果。

(2)等组实验,指以两个或两个以上条件相同的实验组(等组)为实验对象(O_1 和 O_2,$O_1 = O_2$),使之分别接受不同的实验因素的作用(X_1 和 X_2),然后将各个实验因素所产生的效果加以测量和比较。

(3)轮组实验,有时候因受到许多条件的限制,无法对实验对象进行随机抽样处理,也无法进行测量选择分派。在这种情况下,则可以采用轮组实验法,即把各个实验因素轮换作用于各个实验组,而各实验组条件并不均等,然后根据各个实验因素作用所引起的变化总和来决定实验结果。

在进行教育实验设计时,必须达到两个方面的要求:

第一,要能有效地控制实验情境,安排好实验变量,控制其他可能发生影响的干扰因素,保证反应变量的变化确实是由于实验变量变化所产生的。

第二,要考虑到实验研究的结果能否推广应用,能否对同类事物现象进行解析、预测和控制。因此,在实验设计时,必须考虑如何提高实验效度的问题。

实验研究很精确,但进行实验的环境过于理想化,要花费较多的人力、物力和时间去控制,而对教育研究而言,要对对象和环境进行有效控制,是很难的,因为教育实验的对象常常是人而非物,不可能进行严格的控制。同时,在实验中对研究者的要求也很高,让研究者和被研究者都感到有压力,而且还要受到受试单位、学校配合程度等因素的影响。基于上述的局限,实验这种研究方法在教育研究中的应用不如其他研究方法广泛,没有发挥出它的优势和作用。为了解决实验的这些不足之处,发挥实验研究应有的作用,我们可以采用原始的组在较为自然的环境下以类似实验的方法设计方案来进行研究,即准实验研究方法。

五、行动研究法

教师即研究者是近年来西方教育界颇为流行的看法。越来越多的人认识到,没有教师参与的教育研究,是无法使教育研究成果很好地在教育实际中加以运用的。[①] 行动研究是一种适合于广大教育实际工作者的研究方法。它既是一种方法技术,也是一种新的科研理念、研究类型。

(一)行动研究的含义与特点

行动研究是指行动者为了改进自己的实践而在自己的行动中亲自展开研究。根据对研究技术的依赖程度,行动研究一般被分为科学的行动研究、实践的行动研究和批判的行动研究三种类型。[②]

1. 行动研究的主要特征

行动研究有三个主要特征:

(1)为行动而研究,指出了行动研究的目的。研究的目的不是构建系统的学术理论,而是解决实践工作者在所处的情境中遇到的问题,研究目的具有实用性,问题的解决具有即时性。

(2)在行动中研究,指出了研究的情境和研究的方式。行动研究的环境就是实际工作者所在的工作情境,并非是经过特别安排或控制的场景。行动研究的研究过程,既是实际工作者解决问题的过程,是一种行动的表现,也是实际工作者学会反省、提升问题探究与问题解决能力的过程。

(3)由行动者研究,指出了行动研究的主体是实际工作者而不是外来的专家学

---

① 郑金洲.学校教育研究方法[M].北京:教育科学出版社,2003:237.
② 陈向明.教育研究方法[M].北京:教育科学出版社,2013:355.

者。专家学者参与研究,扮演的角色是提供意见与咨询,是协作者,而不是研究的主体。

2. 行动研究的模式

行动研究有多种模式,如勒温(K. Lewin)的螺旋循环模式、埃伯特(D. Ebbutt)行动研究模式、麦柯南(McKernan)行动研究模式、埃利奥特(Elliott)行动研究模式、德金(Deakin)行动研究模式等。

各种模式在实施的具体步骤上也有一些差异,但在总体上行动研究的过程是螺旋式加深的发展过程。每一个螺旋发展圈又都包括四个互相联系、互相依赖的环节,这四个环节分别是计划、行动、观察和反思。如图6-2所示。

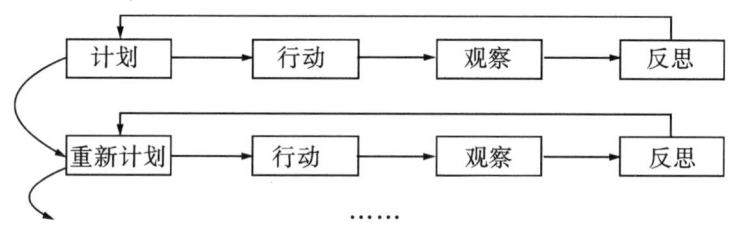

图6-2　行动研究的螺旋循环模式修正图

3. 行动研究的层次

根据参与者的不同,行动研究可分为不同的层次:

(1)个体的研究。这是指某教师单独对某学科的教学试行新方法,将自己的新想法转化为实践,研究者与实践者统一于一人。这样可以充分发挥教师教改的主动性、积极性和创造性,但由于规模小,研究面窄,难以深入。

(2)研究小组的研究。在学校范围内组织若干教师组成研究小组,开展研究,发挥集体的智慧和力量。这种研究的样本扩大了,但往往因没有理论工作者的指导,研究层次不高。

(3)学校组织的研究。是指由学校组成科研人员、教师、行政领导三结合的研究队伍,吸收多方面的力量参加,这是行动研究的典型层次。

(二)行动研究的实施

行动研究的具体操作步骤如下:

1. 拟定课题,明确目标。

2. 提出总体实施方案:包括试验对象、试验周期、实施环境、教学资源的选取和确定研究的人员组成及其所扮演的角色。

3. 设计第一次行动计划并进行行动。

4. 对第一次行动进行观察记录。

5. 对第一次行动观察结果进行内容分析。

6. 对第一次行动进行反思评价。

7. 制订第二次行动方案。根据第一次行动发现的问题,提出改进和修正意见,设计第二次行动方案。

8. 进行第二次行动(行动实践、观察分析、反思评价),通过若干次循环,逐步发现和总结出优化教学的措施和步骤。

行动研究的知识论是民主的,它使每个教师都成为知识的生产者,并使研究的过程透明化,打破了个人主义与孤立的障碍,沟通了理论与实际。行动研究是建构与解构的过程,每一次问题的解决都是新的出发与新问题的重新提出。行动研究从贬抑的规训到自觉的解放,是要建立一个批判的共同体,使教师经由系统地、批判地反省,改进自己的实际,实现教师专业能力的提高。

行动研究受具体情境的限制,研究样本缺乏代表性,因此,研究的结果不一定具有推广价值。它允许研究者在实践过程中根据实际情况边研究边修改方案,不强求控制的严密性,另外行动研究往往由于缺乏计划性、系统性和科学性,导致缺乏可靠性和说服力,因而,应不断提高行动研究水平。

> **小知识**
>
> 一位初中语文教师在看到介绍行动研究的资料后,认同这样的观点:行动研究始于教师对自己的教学经验、教学方案的反省思考,研究过程需要教师通过撰写研究日志定期记录:教学活动、教学心得、对教学过程的反省思考和观察,与同事的交流和参阅文献资料得到的领悟,等等。她借鉴这一研究模式,在自己所任教和担任班主任的班级——浙江省嘉兴市吉水中学初中班(1996 级 5 班)进行了为期三年的初中作文训练指导方法与技巧的探索,取得了较为明显的效果。
>
> 请问同学们,其内在科学性在哪里?
>
> (资料来源 行动研究报告案例[E/OL].[2022-3-9]. http://wxhhistory.blog.sohu.com/107515739.html.)

第四节 教育研究成果的表述

> **智慧起点**
>
> 教育科研成果是指教育科研人员(包括教师、校长、教育行政管理人员)对某一教育科研课题进行研究,通过观察、调查、实验、行动研究和思维等一系列研究活动,获得具有一定学术意义或实用价值的创造性成果。成果的基本表现形式为论文、科研报告、实验报告、经验总结等。
>
> (资料来源 百度百科[E/OL].[2022-8-9].https://baike.baidu.com/item/%E6%95%99%E7%A7%91%E7%A0%94%E6%88%90%E6%9E%9C/3094332.)

教育研究成果的表述是教育研究过程的最后一个阶段,也是至关重要的一个阶段。这主要是因为在学术界任何一位学者所做出的任何一项知识创新,都必须以文字的形式或在学术期刊上发表,或在同行之间传阅,经受学术共同体同行的认可,才能从私人知识转变为公共知识。[①]

教育研究成果的表述有多种形式,这里介绍四种常用的表述形式,即教育调查报告、教育实验报告、行动研究报告和学术论文。

一、教育调查报告

教育调查报告是对某一个或某一类教育事实进行调查后,在整理和分析研究资料的基础之上,陈述研究过程、呈现研究资料和结论的文本,一般由标题、引言、正文、结论与建议、附录和引文注释六部分组成。

(一)标题

标题是研究报告的名称,是对调查的核心议题进行简明、恰当地概括。

(二)引言

引言是正文前的一两段话,主要功能在于向读者简要说明本调查研究的背景、主题、目的、论证选题的价值和报告调查的主要内容,使读者能够快速识别本调查报告

---

① 张斌.仪式、象征权力与学术秩序:学术会议过程的社会学分析[J].高等教育研究,2012(01):21-26.

涉及的核心议题,从而引起进一步阅读的兴趣。

(三)正文

正文是调查报告的主体部分,在调查报告中占据着最大的篇幅。正文的主要功能在于呈现经过整理和分析的研究资料,分门别类地分析研究资料所揭示的结果。所有的分析需要环环相扣,有理有据,任何结论都要得到研究资料的支持,切忌过早推断和过度推论。

(四)结论与建议

这一部分的主要功能在于总结研究结论,归纳发现的问题,找出问题的症结,并尽量使用相关的理论对结论进行进一步地分析和解释,提出解决问题的方案或政策方向。当然,所有的建议都必须建立在研究结论的基础之上。

(五)附录

附录是正文的补充,但不是必需的一部分。研究者在必要时可以将调查工具或部分原始资料附在正文后面,便于读者或编辑审稿人员鉴定调查材料和调查方法的真实性、科学性,也可供其他研究人员参考。①

(六)引文注释或参考文献

由于与以下几种形式相同,因此,统一在第四种形式"学术论文"部分予以解释。

二、教育实验报告

教育实验报告是介绍实验设计、呈现实验过程、分析实验结论的文本。教育实验报告一般有统一的格式,主要由以下几部分组成:

(一)标题

与教育调查报告一样,教育实验报告的标题应该概括性地陈述教育实验的研究对象与研究议题,有时还要反映所使用的实验方法。例如,一项研究中学语文分层教学的实验,其报告题目应该表述为"中学语文分层教学的实验研究报告"。

(二)前言

教育实验报告的前言一般应向读者交代研究背景、研究问题、研究目的、研究意义、研究方法、理论框架、主要结论和建议。

(三)研究设计

这一部分主要说明该实验研究的实验对象、抽样方法、自变量、因变量、测量方法、研究假设和实验步骤。

---

① 陈向明.教育研究方法[M].北京:教育科学出版社,2013:48.

（四）结论

这一部分主要是按照从总体到具体的顺序，使用图表和表格的形式依次呈现研究数据，分析自变量与因变量的统计关系，检验研究假设，得出研究结论。因此，这一部分是教育实验报告的核心部分。

（五）讨论

这一部分主要是根据该实验研究的目的，将所得出的结论与已有的理论框架或他人的研究结论进行比较，阐明该研究的创新点和不足，提出后续研究的方向。如果可能，还可以有针对性地提出相关的教育建议或政策思路。

（六）附录

必要时将实验工具、量表或部分原始资料等附在文后。

（七）引文注释或参考文献

参见"学术论文"部分。

三、行动研究报告

教育行动研究是教师在实际工作情境中对自身的教育实践进行科学、系统、连续的认识、反思与行动过程。因此，教育行动研究报告既是陈述教师在理论指导下的行动过程，也是对行动的反思过程。

（一）标题

行动研究报告的标题除了简洁、概括之外，还应向读者呈现出所研究的具体教育情境中的问题。相对而言，语言可以更加生活、更加贴近教育的现实生活。

（二）研究问题

教育行动研究的问题一般非常具体，有很强的针对性，譬如教师自己的教学方式问题，某个学生的学习方法问题，或是班级的凝聚力问题等。教育行动研究报告的这一部分主要包括三方面的内容：一是描述问题发生的教育教学情境，二是归纳出具体的研究问题，三是呈现出问题的表现形式。

（三）研究过程

教育行动研究的实施既是研究的过程，亦是行动的过程。因此，这一部分的主要内容包括以下三个方面：第一，通过呈现具体的教育情境，分析问题的成因，找出问题形成的症结。第二，有针对性地提出并实施行动方案。第三，反思行动策略的合理性和实效性，发现尚未解决的问题，进一步设计行动方案并实施，循环往复，直到问题解决。

（四）结果与讨论

如果说，上一部分还在很大程度上停留在经验层面的话，那么，这一部分则要凸显教育行动的"研究"特性。这就需要教师能够将教育理论与教育实践有效地联系起来,运用教育理论分析、反思行动过程,总结教育行动的经验和教训,归纳特定教育问题形成的前因后果,发现教育活动的实践机制。与此同时,还应从经验层面出发,反观既有的教育理论,寻找既有教育理论的漏洞或不足,从而促进和完善教育理论体系。这样的双向联系有助于教师形成自己独有的思维品质和教育智慧。

(五)引文注释或参考文献

参见"学术论文"部分。

四、学术论文

什么是学术论文?这里需要做一个界定,否则很容易混淆。

在自然科学中,学术论文一般都具有统一的格式,因为大多数发表的自然科学成果都是实验报告。因此,学术论文就是实验报告,实验报告就是学术论文。我们可以像自然科学那样,将那些已发表或是格式规范、论证有力的教育调查报告、教育实验报告和行动研究报告等统称为学术论文。

然而,与自然科学不同,人文与社会科学(包括教育学)研究成果的表达可以有多种形式,譬如前面提到的三种形式。除此之外,在人文与社会科学中,还存在另一种特有的表达形式,即思辨性、理论推理性的论文。这类论文与前三种形式存在很大的差异,其形式受制于研究的主题、作者的理论背景和话语表达方式等因素的制约,往往没有一个统一的格式。在人文与社会科学中,研究者们往往将这类论文称为学术论文。

尽管没有一个统一的格式,但大多数学术论文一般包括以下几个部分,即标题、署名、摘要、关键词、序言、正文、结论与讨论、引文注释或参考文献等。

(一)标题

标题是对论文内容的提炼和概括,反映的是论文的研究议题或主要观点。它可以表述为不同的句型,可以是几个核心词,可以是陈述句,亦可以为疑问句,必要时还可以加副标题。这主要取决于研究问题的性质和研究者的偏好。一个好的学术论文标题应符合三方面要求:一是准确概括论文内容,能反映研究方向、范围和深度;二是文字简练,具有新颖性;三是便于分类,纳入学科范畴。[①]

(二)署名

署名应写明研究者的真实姓名和工作单位,学术论文一般不允许使用笔名。

(三)摘要

与标题相比,摘要是对研究内容和基本观点的进一步阐述。关于摘要的写法,国

---

① 裴娣娜.教育研究方法导论[M].合肥:安徽教育出版社,1995:366.

家标准 GB 6447—86《文摘编写规则》明确规定,应采用"对……进行了研究""报告了……现状""进行了……调查"等表达方式,不必使用"本文""作者"等作为主语。关于摘要的字数,不同的学术期刊有着不同的要求,一般 200 至 500 字为宜。

（四）关键词

关键词一般是一篇学术论文中出现频率最高、表明研究对象和研究问题等核心研究要素的三至五个词,所发挥的作用是其他词语无法替代的。

（五）序言

学术论文中的序言一般包括以下三个方面的内容:一是阐明研究的背景;二是在概述已有研究观点的基础上提出自己所要研究的问题,并分析其重要性或意义;三是说明论文的分析视角、思路和基本观点。

（六）正文

正文是学术论文的主体部分,其要素包括论点、论据和论证。如前所述,学术论文的形式受制于研究的主题、作者的理论背景和话语表达方式等因素的制约,往往没有一个统一的格式,这尤其表现在正文部分。不过,大多数论文的正文结构一般不是并列式就是递进式,抑或是二者的结合。正文的撰写需要注意以下两个问题:

第一,论据必须是可靠的事实材料,能够有力地论证观点,表现出严密的推理逻辑。

第二,在内容上要主旨突出,抓大放小;在形式上则要层次分明,条理清晰。

（七）结论

结论可以是对全文观点的总结,也可以是经过递进式推理后得出的最终结论。在此基础之上,可以进一步阐明该研究的理论价值与现实意义。

（八）引文注释或参考文献

引文注释与参考文献是列出论文引用过或对研究有参考价值的已有研究成果,一般应包括作者、篇名、书刊名、日期、卷（期）号、页码等要素。注释可以脚注或尾注的形式出现,参考文献一般只能出现在文末。目前,大多数的教育类学术期刊都要求注释或参考文献以编码的形式出现在文末,且必须与具体引文一一对应。

之所以需要注释或参考文献,主要有以下两个方面的原因:第一,从论证的角度而言,引用是为了运用他人的观点进一步论证自己的观点。第二,从学术道德的角度而言,引用表达的是对前人或他人学术成果的尊重。

> **小知识**
>
> 教育部关于印发《本科毕业论文(设计)抽检办法(试行)》的通知,其中明确指出:省级教育行政部门采取随机匹配方式组织同行专家对抽检论文进行评议,提出评议意见。每篇论文送3位同行专家,3位专家中有2位以上(含2位)专家评议意见为"不合格"的毕业论文,将认定为"存在问题毕业论文"。3位专家中有1位专家评议意见为"不合格",将再送2位同行专家进行复评。2位复评专家中有1位以上(含1位)专家评议意见为"不合格",将认定为"存在问题毕业论文"。对涉嫌存在抄袭、剽窃、伪造、篡改、买卖、代写等学术不端行为的毕业论文,高校应按照相关程序进行调查核实,对查实的应依法撤销已授予学位,并注销学位证书。
>
> (资料来源 教育部关于印发《本科毕业论文(设计)抽检办法(试行)》的通知[EB/OL].(2021-01-04)[2023-2-1].http://www.moe.gov.cn/srcsite/A11/s7057/202101/t20210107_509019.html.)

【同步练习】

(一) 单项选择题

1. 按照研究的目的和功能,教育研究可以分为(　　)。

   A. 定性研究和定量研究　　　　B. 基础研究和应用研究
   C. 实验研究和准实验研究　　　D. 价值研究和事实研究

【参考答案】B

【题目解析】本题考查对教育研究类型的认识。根据不同的标准,教育研究可以分为不同的类型。根据是否作出价值判断这一标准,可以将教育研究分为事实研究和价值研究两种类型;根据研究活动的功能和目的,可以将教育研究分为基础研究和应用研究两种类型;依据研究所采用的方法论范式,可以将教育研究分为量化研究和质性研究两种类型。

2. 研究问题与研究假设的关系是(　　)。

   A. 研究问题与研究假设没有直接关系
   B. 研究问题就是研究假设

C. 研究假设的叙述是直接从研究问题的叙述中产生的

D. 研究问题的叙述比研究假设的叙述更具有操作性

【题目解析】C

【参考答案】本题旨在考查对教育研究基本过程的把握,特别是研究问题与研究假设二者关系的认识。科学研究都起始于研究问题,在确定研究问题之后,研究者需要将之明确地表达并叙写出来。在开始一项研究之前,对欲开展的研究进行科学地设计是一项必不可少的环节。简而言之,研究设计是在提出研究问题之后,论证研究价值、提出研究假设、选择研究方法和构思研究步骤的方案。

3. 研究者通过查阅、鉴别、整理、分析有关资料,从而探索相关教育问题的教育研究方法是(　　)。

A. 观察法　　　　　　B. 问卷法

C. 实验法　　　　　　D. 文献研究法

【参考答案】D

【题目解析】本题旨在考查考生对几种常见的教育研究方法的把握,依据几种常见方法的特点,选项D正确。按照调查对象的性质和调查工作的方式,调查又可以分为访谈调查、问卷调查、个案调查和文献调查等方法。

(二)材料分析题

【材料】在某一学校三年级5个班中,用抽签的方法随机抽取1个班级,对该班每节课进行5分钟的口算练习,在实验之前对该班学生进行测验。持续两个月后,用与前次相同的试卷对该班学生进行测试,结果发现经过口算练习后该班学生的成绩明显优于没有口算练习前。因此,得出结论:口算练习提高了学生的思维敏捷性水平。

【问题】该研究方法可行吗?应该如何加以改进?试结合材料加以分析。

【参考答案】

该题目主要考查对于实验法的掌握:

(1)自变量:口算练习,因变量:思维敏捷性水平;

(2)单组前后测实验设计 $O_1 \times O_2$;

(3)实验不能很好地排除"历史""成熟""工具""选择与成熟的交互作用"等因素的干扰;

(4)研究设计的内部效度比较差,改进策略有三:随机分派控制组后测,随机分派控制组前后测和非随机分派控制组前后测。

【题目解析】本题目侧重考查实验法的应用能力,学习者应该通过实践开展教育实证研究,在该过程中真正学会如何做实证研究。

【阅读链接】

1. 裴娣娜. 教育研究方法导论[M]. 合肥:安徽教育出版社,2018.

2. 张屹,周平红. 教育研究中定量数据的统计与分析:基于 SPSS 的应用案例解析[M]. 北京:北京大学出版社,2015.

3. Mary Louise Holly 等著. 祝莉丽等译. 教师行动研究[M]. 北京:中国人民大学出版社,2014:3.

4. 王嘉毅,曹红丽. 新中国 70 年教育研究方法:变迁、反思与展望[J]. 中国教育科学,2020(01):28-37.

5. 王晶莹,弋草,尚巧巧. 中外教师教育研究方法的比较研究:基于国内外十本教师教育期刊的文本分析[J]. 外国中小学教育,2019(11):57-64.

【创意实践】

借助访谈调研身边一所中学中的一个教研组,抓住制约学校教育教学改革的一个热点或难点问题,据此制定行动研究方案,并请该教研组教师指导、点评。

第五编　教师语言

【学习目标】

1. 了解教师语言的内涵、性质、特征与类型。
2. 掌握教师语言的一般要求。
3. 理解教师教学语言的内容、特征、原则与类型。
4. 掌握教师教育语言的内涵、特征与使用原则。
5. 领会教师书面语言的文体与使用要求。
6. 能够在实践中根据教师语言要求开展教育教学活动。

【知识导航仪】

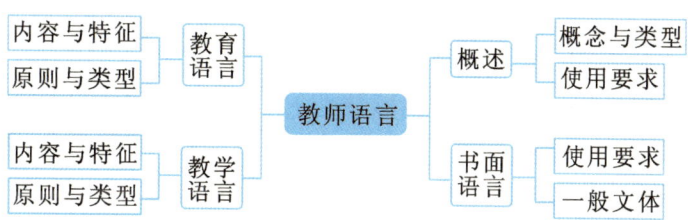

教师的语言修养在很大程度上决定着学生在课堂上的脑力劳动效率。精心设计、闪耀着智慧火花的教师语言,能把模糊的事理讲清楚,能把枯燥的道理讲生动,能把静态的现象讲得活起来,从而启发学生去探索,去追问,去挖掘,使学生的思维经常处于活跃状态,大大提高学习效率。

第七章　教师的语言

教师语言主要由教师口语、教师书面语与教师体态语等构成,它们是教师表达思想、传递信息、实现教学目标的物质依托。

第一节　教师语言的内涵与性质

智慧起点

爱因斯坦:"一个人的智力发展和他形成概念的方法在很大程度上是取决于语言的。"

苏霍姆林斯基:"教师讲的话带有审美色彩,这是一把最精致的钥匙。它不仅开发情绪记忆,而且深入到大脑最隐蔽的角落。"

马卡连柯:"没有教学语言的新艺术就没有新人。"

同学们,教师语言是教师言传身教之本,修炼语言艺术是成就完美教育人生的必经之途!

一、语言与教师语言

(一)语言

语言有狭义和广义之分。狭义的语言是以语音为物质外壳,由语法和词汇两部分组成的一套符号系统,包括口语和书面语两种形式。

所谓口语,就是通常所说的口头言语,它既指人们运用有声语言传递信息、交流感情的言语行为,即说话,也指这种言语行为最终取得的成果,即话语。由于它以语音为物质外壳,因此使用起来方便、快捷、经济、有效,一般以通俗自然、简洁生动为风格特点。

书面语是用文字写下来的语言,它在口语的基础上形成,或者说它经常要通过专门教学才能掌握。语句雅正、结构严谨是书面语的风格特点。

广义的语言,"包括人类用于交际的所有手段"或者"人类使用的一切符号"。① 从这个定义可以看出,语言的外延可小可大。

再按照使用意图来看,语言可以分为一般语言和行业语言两种类型。一般语言是指人们在社会交际中所使用的生活语言。行业语言是指人们在职业岗位上所使用的工作语言。教师语言就属于行业语言。

(二)言语

言语和语言不同。语言正如前述,它是人类最重要的交际工具、思维工具和信息工具。言语包含两个内容:一是说话(或写话)的行为,叫言语行为;一是说出来的话(或写出来的东西),叫言语作品。

语言和言语是一般和个别的关系,一般存在于个别之中,个别又是一般的具体体现,语言存在于言语之中,即存在于人们的交际过程中,存在于言语行为和言语作品中,语言不能脱离言语,言语也不能脱离语言而独立存在,言语是语言的具体体现。总之,语言和言语是不同的,又是不可分离的。

言语有两种形式:外部言语和内部言语。外部言语是说出来或写出来的话,内部言语是没有说出或写出的内心里的话。

(三)教师语言

教师语言是指教师职业的语言,是指教师在育人过程中所使用的语言的总称(the totality of language teachers use),包括教师所使用的口头语和书面语,堂上语言(in-class language,比如,课堂教学的组织、教学内容的呈现与讲解、课堂活动的组织与实施、师生双向交流、学生行为评价等过程中使用的语言)和堂下语言(out-of-class language,比如,课间师生之间、教师与教师之间的交流中所使用的语言),以及其他育人活动(比如,家长会、主题班会、作业批改、讲座、野营活动等)过程中使用的语言,可以说,教师语言是指教师对学生实施素质教育整个过程中所使用的语言的总称。② 简而言之,教师语言,特指教师在教育教学过程中所使用的符合教师职业规范的行业语言。教师职业工作的目的、对象、环境、方式的复杂性和特殊性,决定了教师传递语言信息方式的独特性。

二、教师语言的性质

(一)示范性

教师语言的示范性是由教师为人师表的社会角色所决定的,主要体现在以下几

---

① 李海涛. 教师语言行为研究[M]. 成都:四川大学出版社,2004:1.
② 汤燕瑜,刘绍忠. 教师语言的语用分析[J]. 外语与外语教学,2003(01):19-23.

个方面：

1. 语言文字标准的示范性

以北京语音为标准音，以规范汉字为标准文字，以北方话为基础方言，以典范的现代白话文著作为语法规范的现代汉语，既是汉民族的母语，又是我们这个幅员辽阔、方言众多的中华民族大家庭的通用语。"国家推广全国通用的普通话"，早在1982年就写进了宪法。从2001年1月1日起正式施行的《中华人民共和国国家通用语言文字法》，又以法律形式确立了普通话和规范汉字作为国家通用语言文字的地位。

学校是传播新文化的基地。我国的母语教育主要是通过学校语文教育的形式来进行和规范的，所以，教师语言自然应该具有国家通用语言文字的标准的示范性；不然必然影响学生和民众对规范语言的正确认识和把握，导致社会用语的混乱。

2. 语法规则的示范性

由于中华民族的通用语是通用的交际工具，通用工具就应该有统一的标准以及维护这个标准的规则，因而教师语言应该具有这个通用语的语法规则的示范性。这包括语法、语用规则和语言实践原则两个方面。教师语言要在语法、语用上，起到语词、语汇含义的确认及其相互关系的区分，以及语句组织、语词运用的方法、规律的示范作用；在语言实践上，起到语言实践方向和基本原则的示范作用。

3. 语言品质的示范性

一是必须在体现人类语言的工具性价值方面具有示范性。由于语言既是交际工具、思维工具，又是承传文化和匡正人本的工具，教师为人师表，其语言的品质必须是值得学生学习的，所以，教师语言既应该是民族通用语规范表达形式的榜样，又应该是正确体现语言服务人生、丰富文化、促进文明重要功用的典范。

二是必须在体现人类语言的人文性价值方面具有示范性。语言的运用，既制约着表达主体的行为，也体现着表达主体对其他社会成员的影响，而人世间的真善美，正是通过语言载体不断积淀、升华，不断传递给一代又一代的。由于教师语言的品质反映着教师人格和学识的品质，对学生的成长产生着深远影响，学生不仅向教师学习读书、学习说话，同时，也向教师学习做人，教师的德才学识、言谈举止、音容笑貌，都是学生学习和模仿的对象，所以，教师语言品质的示范性是教师语言行为的落脚点。

4. 语言风格的示范性

倡导文化时尚、影响公众、化民成俗一直是学校教育和学校教师的社会责任。祖国语言表达着人类尤其是中国人精微美妙的义理和感觉。母语既是一个民族、一个国家的交际工具，又是这个民族这个国家的思维系统和价值系统。有五千年优秀文化底蕴的现代汉语，不仅具有人类一切先进语言的表情达意功能，具有强烈的表现力和感染力,而且还因为使用人数最多、流通久远、形式灵活自由、风格多姿多彩而独具魅力。汉语和汉语所承载的文化是中华民族的宝贵财富,也是中华民族屹立于世界民族之林的外在形象和价值保证。在现今社会,面对祖国语言的"洋化""粗化""古化""奇化""浮化""虚化"等异化现象,为人师表的教师更应该做规范用语、文明用语、优美用语的模范,努力展示民族通用语的独特魅力。在不崇洋、不媚俗、不守旧、不跟风的前提下,每一位教师都应该结合自身特点,创新语言表达艺术,培养优良的语言风格,进而汇成学校师生学习和运用祖国语言的优良风尚,促进社会文明进步。这是教师语言行为趋于成熟的体现。

(二)独特性

教师语言的独特性是由教师教书育人的职业责任所决定的,主要体现在以下几个方面:

1. 语言对象的独特性

教师语言交际的对象主要是学生。学生对教师语言的需求是独特的。第一,学生对教师语言的内容要求是独特的。学生是学习和发展的主体,学生又是生理、心理和语言能力都处于发展状态的人,他们学习任务的完成以及对自己的认识和把握,必须借助学校、教师的正确引导和帮助,这就要求教师语言的内容,既必须符合教育的规范,又要能够满足学生学习和发展的要求。第二,学生对教师语言表达方式的要求是独特的。学生各方面情况不一,知识基础、兴趣爱好、学习条件、态度、习惯和性格差异很大,每位学生对教师语言的表达要求和接受方式都有所不同,教师的语言行为必须注意化解和克服这种情况。第三,学生对教师语言行为的反应是独特的。学生对生活的认识,对语言的领悟,对情感的体验,往往是多元的、变化的,教师的语言行为,必须充分体察和关注学生的这种反应,使之转化为生动的课程资源。

2. 语言环境的独特性

教师代表学校为学生提供教育服务,是学校教育的代言人。学校对教师语言的需求是独特的:一是教师的语言行为必须服从学校的办学目标,适应学校的办学条件;二是教师的教学活动,往往有相对固定的时间、空间安排,教师的语言行为必须服从和适应这种安排;三是教师的语言行为必须充分考虑校内外教育资源和文化背景,适当兼顾这些复杂因素。

3. 语言目的的独特性

从性质看,教师的语言既有教育性,又有导向性;既是预先确定的,又是现场产生的。从内容看,教师的语言既包括了教学目的,又包括了教养目的。从范围看,教师的语言既包括了个体目的、集体目的,又包括了学校目的、学生家庭目的和社会目的。从时间看,教师的语言既体现着现实目的、近期目的,又包括了长远目的。从空间看,教师的语言无论是在课堂内,还是课堂外,都影响着学生的学习和发展。

4. 语言内容的独特性

一方面,学校教育是计划性、规定性很强的分工协作的教育。教师分科授课,其教学工作必须根据教学目的,结合学生的学情,依"纲"(课程标准)据"本"(教材),有"格"(规格、原则)有"序"(计划、程序)进行。一般需要在规定的时间、空间内指导学生,按规范要求完成对特定教学内容的学习。这不仅需要对内容进行宏观控制,做到依"纲"施教,学不躐(liè)等。同时,在向学生具体讲解某一知识或者概念的时候,还要把握讲解的角度和程度。另一方面,教师的工作对象是一个个活生生的具有丰富思想感情和独特个性的人,教师教书育人的劳动不可能像从事物质生产那样,按一定的模式重复地进行,而是必须因材施教,灵活处理。在今天的教学活动中,必须建立教师、学生既同是课程的创造者和主体,又是教学的合作者和主体的新型师生关系和课程运行机制,必须"积极倡导自主、合作、探究的学习方式"。在这种情况下,教师语言的内容独特性就更加明显了。

5. 语言方式的独特性

语言是教师教育劳动的主要手段。为了适应教师语言对象、环境、目的、内容的独特性,教师工作的语言方式也具有与社会一般语言和其他行业语言明显不同的特性。从用得最多、最有代表性的教师课堂语言来看,其一,语言的表达形式是独特的。它既是教师口头语言、教师书面语言、教师态势语言等的综合运用,又是学生全程参与的教学对话。一段语言的表达,往往就是多种语言形式的混合体。其二,语言的表现色彩是独特的。它是带有书面语言色彩的口头语言,带有会话语言色彩的独白语言,带有无声语言色彩的有声语言,带有预设语言色彩的应变语言;还是带有感情色彩的庄重语言,带有典雅色彩的通俗语言,带有表演色彩的交际语言。

6. 语言效果的独特性

这种独特性主要表现为语言效果的长期性、集体性和深刻性。教师对学生的教导和人才的培养,不可能立竿见影似的收到明显成效,也不是只靠一个教师、一门课程的教学就能决定学生成长。学生的学习和成长是教师集体分工合作、辛勤耕耘,与学校、家庭、社会和个人因素等相互影响的结果。由于教师角色的独特性,教师语言行为对学生的影响是重要的、有决定性的,也是深刻的、长久的。教师对学生的教导、指点、批评、议论,或者不经意的一句话、一个动作,往往成为学生刻骨铭心的记忆,成为学生学习、发展的转折点,甚至成为改变学生命运的重要原因。如果教师语言行为失当,也会给学生的学习和成长带来负面影响,对学生身心造成伤害。这种情况,一直是社会舆论强烈谴责的对象。这一切都说明,教师语言对学生影响很大。[①]

---

① 李海涛.教师语言行为研究[M].成都:四川大学出版社,2004:44—49.

> **小知识**
>
> 2000年10月31日，第九届全国人民代表大会常务委员会第十八次会议修订通过了《中华人民共和国国家通用语言文字法》。该法是为推动国家通用语言文字的规范化、标准化及其健康发展，使国家通用语言文字在社会生活中更好地发挥作用，促进各民族、各地区经济文化交流，根据宪法制定的法规。该法确立了普通话和规范汉字的"国家通用语言文字"的法定地位。

三、教师语言的类型

语言按照不同的标准可以进行多种分类。如按照思维过程可分为内部语言和外部语言；按照信号接收形式，可分为口头语言和书面语言；按照表述方式，可分为叙述性语言、说明性语言、讨论性语言、抒情性语言；等等。

按照表现方式，教师语言主要可以分为六种类型：以语音为信号的教师口头语言，以文字为信号的教师书面语言，以动作为信号的教师态势语言，以教具为信号的教师演示语言，以图案为信号的教师绘画语言，以歌声为信号的教师音乐语言。后四种类型也被统称为教师辅助语言。在职业工作中，教师语言的几种类型常常是互为主辅、配合运用的。

按照声音的有无，教师语言可以分为有声语言和无声语言两种类型。有声语言，是指以语音为信号的口头语言，主要包括教学语言和教育语言。无声语言包括以文字为信号的书面语言和作为有声语言的辅助手段的准语言，主要包括态势语言、时空语言和物体语言。

（一）有声语言

1. 教学语言

教学语言指用于对学生进行专业知识教学的教师语言，一般是在课堂上使用。教学语言按照其在教学过程中的不同作用和不同方式，又可分为导语、阐释语、提问语、应变语和结语等几种。

2. 教育语言

教育语言指主要用于对学生进行思想品德教育的教师语言。教育语言多运用在课堂之外，也有不少是在课堂上使用的。教育语言可再分为劝导语、沟通语、启迪语、激励语和评价语等。

教育语言是教师职业口语的一部分，是教师在对学生进行思想品德和行为规范教育时所使用的语言。加强对学生的思想品德教育，帮助他们树立正确的世界观、人生观、价值观，是教育工作者不可推卸的职责。但对学生进行思想品德教育是一项长期而细致的工作，俗话说"十年树木，百年树人"，德育工作应该做到日常化、生活化，使其成为教育教学过程中的一个必不可少的环节而常抓不懈。

事实上，在我们的教师中有相当一部分人教学实践能力很强，思想教育的能力却较差，书卷气、学究气太浓，缺少教育的说服力，很难让学生心悦诚服，由此德育的结果可想而知。究其原因，最重要的一点就是，他们还不能正确地运用教育语言。对于语言在教育中所起的作用，苏霍姆林斯基在《给教师的建议》中曾经说过："在你拟定教育性谈话内容的时候，你时刻也不能忘记，你施加影响的主要手段是语言，你是通过语言去打动学生的理智与心灵的。"这就是说，要想使德育达到最佳效果，教育者仅靠广博的知识储备、灵敏的思维能力，是远远不够的，还需要有高超的语言表达艺术。唯有如此，教师才能把自己的思想外化出来，才能使师生之间的思想得到沟通，达成共识。①

3. 交际语言

交际语言这里特指教师在直接的教学、教育活动以外的场合中使用的与教师职业有关的语言。它的交际对象可以是学生，也可以是家长、同事、领导，以及社会上的其他人。

教师的交际语言同教师的教育语言、教学语言同等重要。教师在教学工作的同时要经常参加各种社会活动，如集会讲话、座谈发言、家庭访问、个别交谈等，都需要使用交际语言。成功的交际语言不仅可以为教师履行教师职责、完成教学任务奠定良好的基础，还可以为教师树立良好形象、扩大社会影响发挥重大作用，创造必要条件。但是，由于多种原因，教师的交际语言同教学语言、教育语言相比，不论在研究还是应用方面，都是一个薄弱环节。

（二）无声语言

1. 态势语言

教师态势语言是指教师为了提高有声语言的表达效果，在教学教育中有意识使用的表情、动作和姿态。根据语言信息的传递方式，教师态势语言可以分为教师体姿语言、教师手势语言、教师表情语言、教师礼仪语言、教师服饰语言、教师界域语言六种类型。

---

① 秦海燕.教师口语训练教程[M].济南：山东人民出版社，2008：270.

(1)教师体姿语言。

体姿语言是指身体在某一情境中以动态或静态姿势传递语言信息的态势语言。教师体姿语言主要有首语、站姿语、坐姿语、步姿语等几种。

首语是通过头部活动来传递语言信息的态势语言。站姿语是通过站立的姿态来传递语言信息的态势语言。教师比较正确的站立姿势有两种,即庄重型和谦恭型。坐姿语是通过坐姿来传递信息的态势语言。坐姿语有严肃坐式、随意坐式两种。步姿语是通过行走的姿势来传递信息的态势语言。

(2)教师手势语言。

手势语言是通过手(这里的"手"指整个上肢,包括手指、手掌、手腕、手臂)的动作变化来传递信息的一种态势语言。手势语言是一种使用频率很高的态势语言,是教师态势语言的重要类型。教师手势语言按照其表现形式,可分为单式手势和复式手势。所谓单式手势是指用一只手做的动作姿势。双手同时做的动作姿势则叫复式手势。教师手势语言按照其功用可分为情意手势、象形手势、象征手势、指示手势、习惯手势五类。

情意手势即常常用来表达教师对人的情感、态度、意向的手势。象形手势即主要用来模拟和比画事物的形状以引起听众联想和想象的手势。象征手势即主要用来表示较为复杂的感情和抽象的概念。指示手势即主要用来指明谈论的具体对象。习惯手势即在无意识情况下产生,含义不甚明确但似乎已经成为一种习惯的手势。

(3)教师表情语言。

教师表情语言是一种通过面部表情来传递语言信息的态势语言,主要有目光语和微笑语。

目光语是通过眼的动作和眼神来传递信息的。目光语主要由视线接触的部位、时间、向度,以及瞳孔的变化等几个方面组成。微笑的作用十分神奇。在言语交际中,微笑能增强有声言语的吸引力、表现力和感染力。它既能向对方表明自己充满善意,传达出愉悦、欢迎、赞同、欣赏、请求、领悟等信息;也可以表示道歉、拒绝、否定、暗示等含义;同时,也表现着轻松、自信、乐观、豁达的情绪。微笑还能配合其他态势语言,代替有声语言起到很好的人际沟通作用,是很有效的人际关系黏合剂。

(4)教师礼仪语言。

教师礼仪语言是一种通过礼貌、仪式等方式,来传递语言信息的态势语言。

教师礼仪语言是校园礼仪语言的一部分,需要结合校园礼仪语言的其他形式一起认识。教师礼仪语言可以分为学校礼仪中的教师礼仪语、课堂礼仪中的教师礼仪语以及校园礼仪中的教师礼仪语三种类型。

学校礼仪中的教师礼仪语,包括教师在开学典礼、升旗仪式、颁奖仪式、毕业典礼、师生集会等活动中所使用的礼仪语言。课堂礼仪中的教师礼仪语，包括上课仪式礼仪语、下课仪式礼仪语和教学组织手势语——如同意学生进、出教室的手势，同意学生当众发言的手势，请学生起立、坐下的手势，请学生暂停说话的手势，以及其他由师生共同约定的手势等。校园礼仪中的教师礼仪语，包括师生相遇礼貌语和师生约见礼貌语。

（5）教师服饰语言。

教师服饰语言是指通过服装、饰品和发式来传递信息的态势语言。教师服饰语言包括服装语、饰品语和发式语。服装语对交际的影响主要由色彩、款式和质地等因素构成。教师服装的色彩、款式和质地应该符合教师的职业、身份，反映教师的个性特征。

饰品是人身上佩戴的各种装饰品。教师上课如同战士上岗、医生临床、法官出庭一样，服饰就是身份、就是装备，就得服从教学工作中教师角色的需要和职业规范，就必须把教师在社会生活中所扮演的其他角色暂时放在一边，把可能会影响学生学习注意力，产生审美误导，或者有损师表形象的饰品暂时放在一边。发式是一个人外在形象的重要部分，表现着个性、欲望、社会归属和心理特征。教师的发式应该符合教师的职业身份，反映教师的个性特征。

（6）教师界域语言。

界域就是界限和范围。教师界域语言是通过教师人体动作的空间距离来传递信息的态势语言。根据对交际距离的认识，教师的界域语言可以分为亲密、友善、社交和授课四种界域语言类型。

亲密界域语言是指人际空间距离一般在45厘米之内。语义为：亲密，关爱。主要适合于教师与亲属和直接辅导的学生的语言交际。友善界域语言是指人际空间距离一般在45～120厘米。语义为平等，尊重。主要适合于教师与同事、同学、邻里、学生的语言交际。社交界域语言是指人际空间距离一般在120～360厘米。语义为平等，友善。主要适合于教师走访、咨询，或者接待来访者时的语言交际。授课界域语言是指教师与最近学生的距离一般应保持在150厘米以上，其语义为平等，合作。由于教师授课是以讲台为中心，兼顾所有学生的特殊活动，其活动范围包括整个教室，因而，教师授课界域语言的人际空间距离较为特殊，它是从教学目的出发，根据教育情境的需要而流动变化的。[①]

2. 时空语言

时空语言是指利用时间、空间因素传递信息的一种无声语言形式。时间、空间本

[①] 李海涛.教师语言行为研究[M].成都：四川大学出版社，2004：231—232.

身不能显示某种意义,起不到交际工具的作用,但是,人们却可以利用它们来表达某种含义。教师时空语言就是教师在教学教育中利用时间和空间因素表达一定意义的一种无声语言形式。

教师的时空语言分时间语言和空间语言两种,它们既有联系,也有区别。时间语言是指在没有有声语言和其他无声语言的情况下,完全利用时间因素来表达意义的一种无声语言形式,它主要包括时间反应、时间空白、时间利用等。空间语言是指利用空间距离、位置、领域等因素,表达意义的一种无声语言形式,它主要包括距离语言、位置语言、领域语言等。教师的空间语言主要有距离语言和位置语言两种形式。

3. 物体语言

物体语言是指具有强化、弥补作用的经常随身携带的小物品。教师物体语言是指教师在教育教学中经常使用的具有强化、弥补作用的随身携带的小物品。

物体语言主要分成三类:服装语言、饰物语言和字体语言。服装、字体与饰物相比比较特殊,是特殊的物体语言。服装语言是利用服装因素来显示身份、地位等的一种物体语言形式。教师的服装受职业的限制,有它特殊的要求,更强调服装的文化品位和职业特点。饰物语言是利用随身携带的小饰物来显示个人身份、性情、品位等的一种物体语言形式。饰物有多种,如耳环、戒指、手镯、帽子、围巾等,教师因受职业的影响,饰物主要有眼镜、教鞭、提包、戒指四种。字体语言是利用字体书写的特点来显示个人性情、性格等的一种物体语言形式。教师的字体同样受职业的限制,有它特殊的要求,与一般人写字相比,更强调字体的美观、工整。

小知识

人们通过做一些表情把内心感受表达给对方看,在人们做的不同表情之间,或是某个表情里,脸部会"泄露"出其他的信息。"微表情"通常甚至清醒的作表情的人和观察者都察觉不到这些面部表情变化。在实验里,只有10%的人察觉到这些面部表情变化。比起人们有意识做出的表情变化,"微表情"更能体现人们真实的感受和动机。虽然人们会忽略"微表情",但是人的大脑依然受其影响,改变对别人表情的理解。

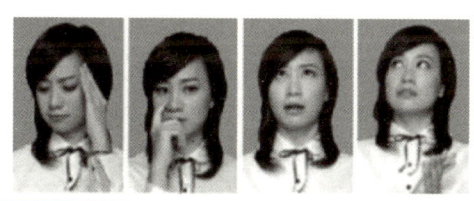

四、教师语言的特征

由于教师职业特定的交际目的、特定的交际对象和特定的交际环境,决定了教师语言主要有以下特征。

(一)规范性

教师是知识和智慧的化身,其一言一行都是可以效仿的。如果说教师的行动是无声的语言、有形的榜样,那么教师的语言就是有声的行为、无形的楷模。教师为人师表,口语的示范作用是为人师表的重要方面。因此教师语言必须具有规范性,以期产生语言的正面示范效应。越是面对年龄小的学生,教师的语言越是要具有规范性,因为儿童正处在语言习得阶段,他们的模仿能力很强,因此,特别要求教师在语音、词汇、语法等方面做到合乎规范,为儿童的语言学习创造一个良好的环境。

教师语言的规范性主要包括两个方面的含义:

第一,教师必须运用国家宪法规定的全国通用的普通话进行教学和教育活动。要用普通话教学,就要熟练掌握普通话在语音、词汇和语法等方面的知识和技能,能讲流畅、准确的普通话。第二,教师的语言在遣词、造句方面应符合现代汉语的语法习惯,尽量避免用词不当、语句不通、半截话、复义语、颠三倒四等语病。

(二)科学性

教学和教育本身就是科学,一是要以科学的规律指导教学和教育,二是讲述的内容一定要科学,即正确无误。这两个方面构成了教师职业口语的科学性,教师职业口语如果失去了科学性,就失去了根本。教师所讲的概念、原理、规则、结论等都必须符合各门学科的科学性要求,做到准确、无误、完整、周密,绝不允许出现知识性的错误。不同学科的教学都有各自不同的知识领域和知识系统。例如,符号"0",数学教师把它讲成一个数值,语文教师把它讲成一个拼音字母,化学教师把它讲成氧原子,音乐教师把它讲成休止符。各自有别,含糊不得。教授不同的学科就要使用不同学科所规定的不同术语、概念。例如,不能用"橘子皮"代替中药学里的"陈皮",不能用"钱"代替经济学里的"货币"。

进行教育要得法。方法得当、说话得体,就会使学生心服口服。如一个教师发现两个同学的作业字体一样,分明是出自一人之手,但又不明其中缘由,就在作业上写道:"你们两个人的字写得都挺好,要比较一下到底谁的好,再给成绩。"作业发下去后,其中一个同学找到老师,说:"老师,我承认错误来了,他病了,我怕他不交作业影响成绩,就帮他抄了一遍。"老师说:"你是出于好心,为别人做好事,可以理解,不过……"老师说到这儿停住了,学生说:"老师,不用说了,我知道,我错了。"

老师没有说一句批评的话,用幽默的方式很巧妙地使学生明白了老师要指出的错误在哪里。教师言语的形式,教学和教育方法的科学性给学生以潜移默化地影响,这就是教书与育人的结合。①

(三)教育性

教师的根本职责是教书育人,因此作为主要教育手段的教师职业口语,它的表达内容、表达形式,都必然受到教育教学的内容和目标的制约。教师的全部活动都贯穿着明确的教育目的,这就使教育教学过程中所有的语言信息都直接或间接地带有鲜明的教育性。

教师职业语言的教育性特征首先要求教师语言本身要健康、文明,禁绝粗俗、反动。有些教师为了增强语言的生动性,习惯运用一些难登大雅之堂的方言俚语,或讲些庸俗的笑话,这都是应当禁止的。

教师职业语言的教育性特征还要求教师在教育教学活动中,要注意对学生进行思想品德教育,即把德育渗透到全部语言实践当中去。有位教师被聘请到少年劳教所讲课,不料刚一进门就摔了一跤,少年犯们立即大笑起哄。这位教师不慌不忙地登上讲台说:"人生谁能不摔跤,摔跤不要紧,哪里跌倒哪里爬起。今天,我就来讲一讲'人生与社会'这一问题。"这位教师把一个突发事件顺手纳入教育过程中,迅速组织了精彩的教师语言,收到了良好的教育效果。再如,一位小学教师在教学生"打"字时,有学生说:"是打人的打。"老师立即纠正说:"应该说,是不打人的打,少先队员还能打人吗?"这些都是符合教育性原则的优秀的教师语言范例,值得学习和借鉴。

(四)审美性

教师职业口语有比一般人的语言更高的美学价值,它的审美性体现在以下几个方面:第一,应该是标准的普通话,声音洪亮而清晰,语言流畅而明快,做到语音美。第二,讲话形象生动、幽默风趣,能在遣词造句和修辞上显示出高超的艺术,做到形式美,思想深刻,富有哲理,充实而又含蓄,做到内容美。第三,教师应娴熟地运用精练的语言、完美的逻辑推导等,创设一种引人入胜的语境。第四,沟通融洽畅达,导入新鲜有趣,衔接天衣无缝,节奏抑扬顿挫和结语耐人回味,构成流程美。第五,以姿势助说话,巧妙配合态势语,字字含情,声声入耳,句句感人,做到声、情、意并茂。只有这样,才能既给学生以丰富的知识,又给学生以浓郁的审美感受。

---

① 张祖利.教师口语技艺[M].济南:山东人民出版社,2010:3-4.

（五）逻辑性

要使教育活动富有成效，一方面，教师的语言表达既要简单明了又要有理有据；既要符合认识逻辑，又要符合教育逻辑。另一方面，也只有逻辑严密的语言表达，才能具有启发性和说服力。因此，教师在语言表达过程中，既要遵循科学知识形成规律，又要遵循学生思维发展规律，从已知到未知，从旧知到新知，从感性到理性，举一反三，触类旁通，启发积极思维，使学生得到教益。

教师的语言表达要做到中心明确、条理清晰、一脉相承、流畅贯通，还要做到严谨周密，力求准确、简明、得体，使人一听就懂。教师的语言表达不能含混不清、模棱两可，更不能语无伦次、东拉西扯。教师语言表达不清，会把学生听得晕头转向，以其昏昏，难以使人昭昭。正如鲁迅先生所批评的那样："你不说我倒明白，你越说我越糊涂。"这种表达效果可以说是糟透了，教师的语言表达应以此为戒。

▶▶ 第二节 教师的教学语言

> **智慧起点**
>
> 在余（映潮）老师的教学语言中，课堂点评是一道异彩纷呈的风景线。它们或肯定，或建议；或直白，或诗意；或简洁，或详尽；或动情，或述理……淡妆浓抹，摇曳生姿，让课堂在机智美妙的生成中绽放光彩。您能达到这种教学语言境界吗？
>
> （资料来源 胡亚莉.余映潮教学语言艺术例谈[J].文学教育,2014(6):152-153.）

一、教学语言的特征

教学语言是教师在课堂上根据一定的教学目标和任务，针对特定的教学对象，依据规定的教学内容，按照一定的教学程序和教学方法，在有限的时间内为取得某种教学效果而使用的工作语言。

任何语言表达都必须服从其语境的要求，或者说要受到其话语情境的制约。就教学语言而言，首先，它要受到教学目的的制约。教师在课堂上的一切话语都应当为其完成教学任务、实现教学目标服务。其次，教学语言受其教学对象的制约。课堂教学是一个教师讲、学生听的互动过程，而从根本上来说，教师的讲是为了学生能够理解接受，因此，教学语言必须符合学生不同的年龄特征和接受能力，并且还应当在互动的进程中,不断调控和变化。再次,教学语言要受到教学手段和方法,以及教学时空的制约。不同的学科因其知识结构的不同,往往采用不同的教学手段和方法;即使同一学科,不同的教学内容也会对教学手段和方法提出不同的要求。教学语言服务于教学目标的实现,就必须与教学的具体手段和方法密切配合,相辅相成。就具体的一堂课而言,场地、对象和时间则是一定的,教学内容的有序讲述、重点难点的次第解析,都必须精心设计,甚至声音的强弱,都应充分考虑。教学语言的上述制约因素,决定了它应具有如下鲜明的特点。①

(一) 知识性

课堂教学的交际对象是学生,教学的交际内容是主管部门规定的教材。教材就是科学文化知识的结晶,教学就是教师要恰当地运用教学语言,把科学文化知识教给学生,因此,教学语言的最大特点就是包含了知识的信息。教学语言始终以通俗、准确、科学地讲授文化知识为宗旨,以培养人才为目的。中学开设的数、理、化、史、地、文、音、体、美,每一门学科都是各自独立的文化知识体系,这些独立的文化体系又构成了中学文化知识的整体。教师在运用带有不同学科特色的教师语言完成教学任务的同时,还要注意运用规范、生动、精湛的语言进行教学,使学生感受和认识语言这门科学的魅力及其社会价值。因此可以说,教师的教学语言,无论是形式还是内容,都是科学文化知识信息的载体。

(二) 学科性

教学语言所传递的是某个学科的教学信息,必须运用本学科的专门用语——术语来进行。每一学科都在自己的发展过程中积累了大量的知识素材,在此基础上总结出自己的理论、范畴,并通过它所构成的理论体系来揭示客观规律。各学科的特有概念、范畴,从语言的角度来说,就是专业术语。教师在课堂上传授学科专业知识,必须使用该学科的专业术语,一般不能用生活用语来代替。因为专业术语是一定学科范围内的共同语,运用它们进行教学,一说就懂,有利于交流。否则,不但语言不严密,甚至可能出现错误。因此,教师在工作中要注意:第一,准确使用名词术语。各学科的名词术语都有其确切的内涵和外延,运用不当就会引起知识性错误。第二,处理好通俗语言与学科术语的关系。有时为了使讲解生动有趣,需要采用比较通俗的语言,但是这种语言仍然应该是优美的、不失学科性特点的语言。

(三) 生动性

教学中生动的教学语言是学生学习兴趣的润滑剂。教学语言的生动性,首先

---

① 陈国安等. 新编教师口语:表达与训练[M]. 上海:华东师范大学出版社,2007:225.

表现为语句的形象直观。教师应根据教学内容,调动和运用一切合适的形象化的语言手段,尽量把抽象深奥的知识、事理寓于具体直观的情景之中。教学语言的生动性也表现为语句的通俗活泼,只有通俗活泼的言语,才符合学生的接受能力。因而,教师在运用教学语言时,要充分发挥语言的直观功能,借助比喻、拟人等修辞手法,以及谚语、歇后语、俗语等方式,来增强语言表达的趣味性,以唤起学生丰富的联想和想象,取得良好的教学效果。教学语言的生动性,还表现为具有幽默风趣的言语品格。幽默是以一种愉悦的方式让人获得精神上的快感。富于幽默的语言往往是形象生动的,它既能使人开心一笑,又能引人深思,而这恰恰是教学语言最需要的。

(四)启发性

新课程理念倡导学生自主、合作、探究的学习方式,要求学生的学习过程成为学生形成创新精神与实践能力的过程。这就要求教师的教学要富有启发性,通过教学语言的引导,启发学生的思考,培养其思维能力。教师在运用启发式教学时,要做到适时诱导,以提问、反问和设问等方式开启学生心智,给他们以思考的空间以获取新知。正如叶圣陶先生所说:"教师之为教,不在全盘授予,而在相机诱导。必令学生运其才智,勤其练习,领悟之源广开,纯熟之功弥深,乃为善教者也。"因此,教学语言不应当完全是对有关知识精到细致地讲解,而应该留有适当的空白。同时,能够根据不同的内容和对象运用恰当的、多样的话语方式,如通过比喻、类比、提问、反问、设问等来设置悬念、引疑求趣,引导学生积极思考。要使教学语言富有启发性,教师应认真备课,确保教学内容的充实和新鲜,并根据学生的心理特点全方位、多角度地设计启发语,以创设一种主动探求知识的情境和气氛。

(五)教育性

教书育人是教师的本职工作,体现在各学科教学的每个环节之中。任何学科都充满着教育性,教师应该是用自己的语言,向学生讲授教材中的科学知识和所包含的思想意义。既不脱离教材实际任意发挥,也不忽略意义而使教学纯知识化。教育家苏霍姆林斯基说:"你们在物理、化学、生物、数学课的讲座上讲授教材时,不要只是毫无感情地说明真理,而是要使青少年沿着科学的艰险道路作一次富有探索精神的、充满为真理而斗争的崇高的动机的旅行。"可见,教师的教学语言是将教育性自然地、潜移默化地寓于知识的传授之中的。[①]

[①] 陈国安等.新编教师口语:表达与训练[M].上海:华东师范大学出版社,2007:226—227.

> **小知识**
>
> 　　同样的一句话,以不同的方式说出来,产生的效果会截然不同。比如,教师每进行完一个环节,总要说"下面,我们来看……",这使得环节与环节间的衔接非常生硬。实际上,老师完全可以变换不同的句式,不同的语气,来表达相同的意思。比如"接下来我们该做什么了呢?""同学们已经学会了……我们可以用它来完成一个更大的任务了。"长句短句结合,陈述疑问交叉,会使课堂语言更富美感,会让教学过程自然流畅,也能吸引学生的注意力,活跃课堂氛围,调整教学节奏,使课堂体现生命的灵动。
>
> 　　(资料来源　教师语言的特殊性[EB/OL].[2022-8-2].http://amygreen.blog.sohu.com/199911165.html,2011-12-27.)

二、教学语言的内容

教学语言的主要形式是课堂教学语言。作为一种职业工作语言,课堂教学语言的显著特征是表述内容的确定性。根据在课堂教学活动中的作用不同,教学语言的内容可分为导入语、讲授语、提问语、过渡语、应答语和小结语等类型。

(一) 导入语

1. 导入语及其要求

导入语是教师在讲课之前,围绕教学目标而精心设计的一段简练的教学语言,是引入课程新内容的第一个重要的课堂教学环节用语。适宜的导入语在教学过程中起到铺垫、定向和启思的重要作用,既是师生情感共鸣的第一音符和心灵沟通的第一座桥梁,又是学生思维和求知的方向标,能激励他们去探求新知奥秘,点燃他们创新智慧的火种,从而为课堂教学的成功奠定良好的基础。

一般来说,导入语有如下的一些要求:

第一,目的明确,简洁精练。导入语是一堂课的引子,因此,要紧紧围绕教学内容和目的精心设计。导入语要简明扼要,切忌拖沓冗长,使用时更不可随心所欲、信口开河。

第二,新颖活泼,意趣巧妙。成功的导入语莫不求新、求活、求巧。新,就是角度新颖独特;活,就是话语要生动活泼;巧,就是要有巧妙的意趣。新颖的角度会使学生耳目为之一新,自然能够很快吸引学生的注意力;生动活泼的话语能使学生兴趣盎然,而巧妙的意趣则能进一步激发学生学习的欲望。

第三,亦庄亦谐,庄谐适度。导入语要活泼生动,但也不能过于轻松,失之随便,甚至以低级庸俗的东西挑逗学生。这样既会分散学生的注意力,又有损教师的形象。因此,好的导入语活泼而不失庄重,生动而又有雅趣。

2. 导入语的类型

(1)温习性导入。

温习性导入,即通过联系已有的知识过渡到新的学习内容,这是遵循认知规律、循序渐进的方法。因为通过新旧知识对比,有助于整合知识结构,在原有知识结构与新的知识之间架起一座桥梁,有效提高学生的学习能力。它可以采用问答方式作为技巧,通过回顾、对比等形式,帮助学生复习旧知识,引入新知识。这种导入要求语言准确、简洁。

(2)解题性导入。

题目是文眼,是了解一篇文章的窗口,透过它,可以了解文章的思想内容,继而发掘文章的中心。在对题目进行分析时,要抓住重点词语。这种方法要求开宗明义,单刀直入,用简洁、生动的语言表达丰富的内容。

(3)描述性导入。

描述性导入,即通过教师介绍与课文内容有关的知识或案例等导入教学内容。这种恰当、简略的介绍,能使教学的导入立体化。这种导入要求准备充分,介绍准确、科学,语言流畅自然,整个导入语要有明确的导向。

(4)情境性导入。

情境性导入,即教师运用富于感染力的语言描摹一幅图景或营造一种与教学内容相协调的意境,从而让学生置身于特定的情境之中,想象优美的意境,体验美好的情感,感受心灵的震撼。这不仅有利于学生领会作者情意和文章主旨,更有助于学生心灵与人格的塑造与发展。这种导入方法要求语言优美,感情充沛,节奏抑扬顿挫。[①]

(5)沟通性导入。

沟通性导入,即教师根据学生的心理状态,及时排除学生的心理障碍。在教学中,学生的心理障碍主要来自对某些学习内容的畏难心理,甚至抵触情绪。在这种情况下,就需要教师通过必要而巧妙的导语予以缓解、排除,引导学生顺利地进入新课的学习。

---

① 许迅.教师语言实践教程[M].南京:南京师范大学出版社,2010:278.

（二）讲授语

1. 讲授语及其要求

在课堂教学中,教师通过口头语言系统连贯地向学生传授科学知识的方法,通常称之为讲授法。所谓讲授语,就是讲授法的语言体现。讲授法是课堂教学中应用最为广泛的教学方法。因此,讲授语也可以说是教师教学活动的中心用语,是教学语言最主要的表现形式。讲授语的基本特点与要求如下:

第一,语义畅达,严谨缜密。语义畅达,表现为话语组织的层次性和连贯性;严谨缜密,则表现为语句选择的规范性与准确性。清晰明确地表现讲授内容,是讲授语的第一要求,而有序的语言、缜密的语句,才是清晰的、明确的。

第二,主次有别,详略分明。任何一堂课的讲授内容都有重有轻,有主有次。抓住重点,突破难点,是讲授成功的关键。这就要求讲授语的设计不应当详略一贯,而应该主次有别,详略分明,以充分体现讲授的重点和难点。

第三,通俗形象,明白易懂。讲授语应尽量口语化,讲述形象生动。讲授语的真正作用在于化抽象为具体,化深奥为浅显,化枯燥为风趣。只有这样,才有利于学生接受和理解。

2. 讲授语的类型

讲授语因语用目的的不同,可分为讲述语、讲解语、归纳语和评点语等几种类型。

（1）讲述语。

讲述就是教师运用叙述、描述的方式,向学生说明事物的特征、事物发展变化的过程等（如生物课中对植物外部特征的描述,历史课中对历史事件的叙述,语文课中对人物性格的描述）。讲述语的基本要求是叙述、描写应遵循一定的顺序,符合事物内在的逻辑性,并详略得当,通俗简练。

（2）讲解语。

讲解就是教师以阐释和解说的方式向学生传授知识。教学中,有关概念的解说、事理的阐释、规律的揭示、公式的推导都是讲解。讲解语的设计应灵活多样,既要深入浅出,通俗晓畅,又要严谨缜密,富有启发。

（3）归纳语。

归纳是从一系列具体的事实概括出一般原理。从思维的进程来看,讲解是由整体到局部,由抽象到具体,由深奥到浅显的分析、解疑;归纳则是由局部到整体,由具体到抽象,由感性到理性的综合、总结。在知识的讲授中,讲解是必要的,而及时地归纳也不可少。精要简洁的归纳,能够在详尽分析的基础上,使学生的思维发生质的飞跃,从整体上掌握事物的本质、知识的要领。

(4)评点语。

评点即画龙点睛式的点评分析。讲授过程中,在重要概念、关键词语或句段处,教师往往需要集中一点进行点评分析,来引导学生展开联想,积极思考,挖掘其内在的更加深刻的东西,或理解其与整体内容之间的深层联系,以期收到更好的讲授效果。

(三)提问语

1. 提问语及其要求

提问是教师教学过程中必不可少的手段。引导之法,贵在善问。善用提问语,几乎是所有优秀教师教学艺术的普遍特征。恰当巧妙的提问,不仅能够激发学生对学习内容的兴奋点,而且能推动学生积极思考。一般来说,好的提问语具备以下特点:

第一,启发想象,激发思维。课堂提问最大的价值就在于它具有启发性。它能够将教师对学生智能的考查和训练紧密地结合,既引导学生对知识进行深入理解,又启发他们想象与联想,使他们在学习知识的同时得到思维能力的锻炼。

第二,准确设计,集中注意。这里所说的准确包含两个方面的意思:一是,选"点"要准。课堂提问不可随意发问,必须紧紧围绕教学目的,选好要"点",有准备、有顺序地认真设计。而提问的要点,往往就是教学的重点和难点。二是,提问的话语不能含混不清,更不能似是而非。清楚明白准确的提问,可以使学生在一段时间内把注意力集中到该问题上,使教学收到良好的效果。

第三,注意适宜,恰到好处。这里的适宜性有三方面的具体要求,即适时、适度、适量。适时指提问的时机不可过早也不可过晚。适度是针对问题的难易程度而言的,过难或者过易均不利于学生提高。提问适度的关键在于提问角度的把握,一般来说,提问的角度不宜太大,而应尽量从细小处着眼。适量,则是指提问的量不可过多,也不可过少。总之,教师的提问要想方设法做到恰到好处。

2. 提问语的类型

提问语的类型是多种多样的。根据提问的总体特点,可分为以下几种:

(1)正向提问。

正向提问,即教师根据教学内容从正面提出问题,让学生顺藤摸瓜,在探求问题答案的过程中获取知识,发展智能。这种提问语要求问题简洁明了,紧扣教学内容。

(2)逆向提问。

逆向提问,即教师为了促使学生进行深层次地思考,不直接问为什么,而是从相反的角度提出假设,让学生通过对照分析,做出正确判断。这种提问语要求所提问题具有思辨性。

(3)递进式提问。

递进式提问,即指一组提问语由教师由易到难依次提出,层层递进,逐步深化,把学生的思维一步一步地引向求知的新天地,借以强化学生对教学内容的理解。要求所提问题要环环相扣,逐步深入,形成梯形结构。

(4)追踪式提问。

追踪式提问,即根据学生的回答进行追问,一直达到理想的结果,得到满意的回答为止。这种提问语可以打开学生的思路,更好地去分析书本内容。要求教师对所教内容有精熟的研究。

(5)研究式提问。

研究式提问,即教师在课堂教学中,按既定程序连续地引导学生对某个问题进行思考、研究的提问语。这种提问要求紧扣研究内容,对所教的问题精心准备,最后应进行归纳。

(6)选择式提问。

选择式提问即教师同时提出几个意义相近、相关或相反的问题,以供学生选择取舍。这种提问适宜于学生易于混淆、弄错的那些地方。运用此法,可提高学生辨别判断的能力。

(7)比较式提问。

用比较的方式提问时,比较的对象可以是概念、词语,也可以是段落篇章,还可以是观点、方法、风格。这种提问不是从正面入手,而往往是从相反的方向做出假设提问。它不仅有助于培养学生的发散思维能力,而且可以扩大学生的知识面,开阔学生的视野。

(8)递进式提问。

递进式提问即对提问语做整体设计,由易到难,由浅入深,层层铺垫,连续发问,最后水到渠成,自然解决问题。这种提问有助于学生把握问题的方向,深化对教学内容的思考,培养他们的逻辑思维能力。

(9)扩展式提问。

教师根据教学的需要,把问题引向不同的侧面,引导学生把已学和未学的知识联系起来,用已学的一个问题铺垫,由易及难,由此及彼,互相勾连,最终达到融会贯通。

(10)引疑式提问。

引疑式提问即于学生无疑处设疑,引导学生对问题思考得更加深入。巧置矛盾,激疑设问,是引疑式提问的关键。这种提问,往往可起到举一反三、触类旁通的奇效。

> **小知识**
>
> **教师课堂提问语列举**
>
> 1. 看到这个题你想到了什么？你想提出来哪些问题？
> 2. 预习后,你了解什么？有什么疑问？
> 3. 谁敢试一试？你自己可以解决吗？
> 4. 仔细听,你同意他的想法吗？你觉得他说得怎么样？
> 5. 从这段话中,你可以看出什么？你获取了哪些信息？
> 6. 你说的办法很好,还有其他办法(解法)吗？能不能想出更好的解法？你能想出几种？
> 7. 请把你的想法与同伴交流一下,好吗？……
>
> (资料来源　小红书[E/OL].(2023-3-12)[2023-3-12]. https://www.xiaohongshu.com/explore/628a387a000000000102d87b.)

(四)过渡语

1.过渡语及其要求

过渡语也称衔接语、转换语,是指教学过程中不同的知识点、不同的教学环节、不同的教学问题之间的连接转换用语。过渡语的主要作用在于,使不同的教学内容和环节自然连接,上下贯通;还可提示和引导学生从某方面知识的学习,顺利地转入下一个方面知识的学习。过渡语还可把一堂课的内容组合成一个整体,使教学内容具有系统性、层次性。

2.过渡语的类型

过渡语常见的类型有:直叙事实的某一点来过渡;评说和抒情;提出某一问题;提示表示时间或地点的词和句子。过渡语可用句子也可用段落,但不宜长,应精练简洁。根据过渡的不同方法,可把过渡语分为直入式、顺承式、提示式等三种类型。

(1)直入式。

这是最简单而普通的方式,即直接由上面的内容转入下面讲授的内容。直入式过渡简洁明了,不拖泥带水,同时也为课堂教学节省了宝贵的时间。但是,如果经常运用这种方式,变成习惯性套话,则易使学生生厌。

(2)顺承式。

顺承式又称顺流式或承接式,即上面的一个问题自然地为下一个问题做铺垫和预备,连接顺水推舟,自然顺畅。往往是教师在对前一个问题做了必要地总结和梳理之后,自然引起下一个问题。

(3)提示式。

提示式即指出上下内容和问题之间的关系,以提示的语言加以过渡。这种情况下,教师往往运用前一个问题推导出的结果,制造一种悬念效应,巧妙地引出下文的过渡。提示式过渡语必须对上面所讲的内容加以归纳总结,从而指出与下文之间的关系,以使上下内容衔接紧密。

(五)应答语

1. 应答语及其要求

应答语是教师在教学过程中针对学生就教材内容、教师讲解提出疑问所做的答话。应答语的品质直接影响着教学的效率和进程。由于应答语一般都是即时即兴的表达,所以要求教师具有丰富的学识、机敏的应变能力和良好的语言水准。就应答语的要求而言,主要有以下几点:

第一,要有欢迎学生提问的强烈意识和包容学生问倒自己的雅量。

第二,要有扎实的基本功和充分的准备。

第三,要从容、坦诚。如果一遇到棘手问题就面红耳赤,紧张得满头大汗,那么即使有再深厚的功底,也调动不起来。相反,不妨坦诚地告诉学生。

第四,信任学生的聪明智慧,保护学生的探究精神。不论学生提出的问题质量如何,都应给予肯定,以保护学生的积极性。切忌指责学生,迁怒于学生。教学相长,学无止境。任何人都不可能穷尽真理。遇到学生智慧闪耀,何不借此相互学习,相互促进呢?

第五,选择恰当的应答方式。教师应答时,应针对不同的情况,采取不同的应答方式。

2. 应答语的类型

常见的应答语有常规性应答语、应变性应答语两种。

(1)常规性应答语。

常规性应答语主要包括简单应答语、讲解应答语和反问应答语。

简单应答语用以回答学生提出的比较简单而结论很肯定的问题,常用"是""不是"或"是这样""不是那样"之类的短语作答。讲解应答语用以回答学生提出的有一定理解难度,需要解释、分析的问题。常常运用比喻、类比等修辞手法和逻辑推理来作答。反问应答语用以激励、启发和引导学生开动脑筋自求其解地找到问题的答案。

(2)应变性应答语。

课堂教学是师生的双边活动,而这种双边活动往往处于错综复杂的状态,常常会出现一些意想不到的情况,如学生提出了出乎意料的问题。这些问题,有的是学生认真学习、积极思考的结果;有的是顽皮学生的恶作剧,故意刁难老师;有的有一定的难度,非常棘手;有的是一些无聊的与理解教学内容无关的问题。这就要求教师既要有扎实的基本功,又要有敏锐、机智的应变能力,还要有一颗宽容的心。

(六)小结语

1. 小结语及其要求

小结语又称结尾语、断课语,指教师讲完一部分内容或课堂教学结束时的总结用语。断课同样是课堂教学艺术不可缺少的一道程序。一堂成功的课,不仅要有引人入胜的导入语和环环相扣的讲授语,还应有精致的结尾语。成功的小结语,应如撞击洪钟,给学生留下不绝于耳的清音和长久思索的余地。正因为如此,要求教师在设计小结语时必须注意以下几点:

第一,简洁。小结语往往是课堂教学内容的自然结束,因此,既不能故弄玄虚,也不可小题大做,拖沓冗长。狗尾续貂和画蛇添足都是要不得的。烦琐、杂乱,甚至啰唆的小结语,不但浪费宝贵的教学时间,而且极易引起学生的厌烦,损害课堂教学效果。因此,小结语必须简洁明确。

第二,完整。小结语既不可拖沓冗长,也不可急促匆忙。如果教师在临下课时慌里慌张地讲几句,既不能起到巩固强化知识的作用,还有敷衍塞责之嫌。小结语要对学习的主要内容进行总结,具有帮助学生理解、巩固和记忆的作用,因此必须完整而深刻。

第三,灵活。小结语同样忌讳模式化、公式化。小结语若平平淡淡、缺乏生气,难以给学生留下深刻印象。若常用一个模式,久而久之,会令学生生厌。因此,小结语要根据教学内容精心设计,变换方式,力求巧妙有趣,余味无穷。

2. 小结语的类型

常见的小结语有总括式、拓展式、启下式、联系式、悬念式和对话式等几种类型。

(1)总括式。

总括式即总结概括教学内容。一堂课讲授完毕,教师针对前面所讲的内容进行梳理和概括,简明扼要地归纳出提纲和要点,以使学生有一个总的印象,这是最常见的小结方式。

(2)拓展式。

拓展式即教师除了做常规的内容总结外,还在此基础上加以拓展、延伸,或强化某方面的内容,或开阔学生的视野,指导学生进行更深入地探索和研究。教师通过总结提出新的课题,从而给学生留下一个有待探索的"未知数"。

(3)启下式。

启下式这种小结语往往是在前后内容有紧密联系时所采用的。通过总结本节课或前面的内容,引出下节课或后面的内容,并诱导学生将具有某种内在联系的知识进行比较,在新旧知识之间架起联系的桥梁。在这里,总结只是铺垫,启下才是关键。

(4)联系式。

联系式这种小结语从课堂教学内容出发,常常以联系性的思想教育或对社会热点的关注等方面的话语作为总结。要求联系的内容与课堂所学知识联系紧密,过渡自然,能引起学生的兴趣,切忌生拉硬扯。

(5)悬念式。

悬念式即教师在讲授完本节课的内容后,设置悬念,以引起学生的注意和思考,同时,又为下节课内容做了巧妙地铺垫。这种总结往往是通过艺术化、风格化的语言,着意增添浓郁的色彩,使学生课后展开想象。

(6)对话式。

对话式这种小结语是以教师提问、学生回答的方式来总结教学内容,结束课堂教学的。既可以由教师的一个问题作为引子,引出教师最后的总结,也可以以练习后问答的形式归纳教学内容,还可以通过问题引导学生互问互答,教师最后评述,进行总结并结束授课。这种方式要求注意方法的灵活性。

三、教学语言的使用原则

教学语言要求清晰、流畅、准确,它们构成了教师教学语言的基本使用原则。

(一)清晰

所谓清晰,就是一定要说得清楚,让人听得懂。要达到这个要求,必须做到以下两点:一是音量要适中。教师要讲究语言的合理响度,把音调和音强控制在适当程度。因此教师要科学把握教学语言的响度,根据教室大小、人数多少、室内外噪音大小设定音量,把每句话清楚地送到学生的耳中。要让他们听起来舒服,音量上应以最后排的学生能听清楚为标准。二是语速要适度。语速过快,发送信息的频率过高,会使学生没有思考反应的时间,收取信息不能及时处理,造成课堂信息的遗漏或积压,减弱信息的吸收。语速过慢,单位时间语言所包含的信息量少,跟不上学生大脑信息处理的速度,会导致学生精神涣散,产生厌倦和疲惫心理。语速快慢应据教学对象和教学内容来确定,以适应学生对语言信息的反馈能力。一般而言,教师吐字速度以每分钟250个字左右为宜。

(二)流畅

所谓流畅,就是流利动听。应做到以下两点:一是节奏要富有变化。节奏变化指语言中字调与句调的高低配合,语句间的停顿等。明晰流畅的语言能为拨动学生心弦创造良好条件,富有变化的节奏有利于更好地为表情达意服务。教师在设计教学语言节奏流程时,要做到疏密得当、疾徐有致,在节奏上创造跌宕起伏的动态变化。二是语调要抑扬顿挫。语调一般分四类:平直调、上扬调、曲折调、下降调。不同的语调所表达的意思完全不一样。平直调多表现平静、闲适、忍耐、犹豫等感情或心理,下降调多表现坚决、自信、肯定、夸奖、悲痛、沉重等心情或情绪,上扬调多表达激昂、亢奋、惊异、愤怒等情绪,曲折调多表现惊讶、怀疑、嘲讽、轻蔑等心绪。在实际应用中,四类语调不是孤立的,教师应当根据不同教学内容和教育情境,调节自己的语调类型,形成语流中的千差万别的变化,这样才有助于增强教学效果。

(三)准确

准确是指清晰恰当地传情达意。高尔基曾说:"作为一种感人的力量,语言的美产生于言辞的准确、明晰和动听。"准确、生动、具体形象的教学语言可以使知识信息真切而形象地映入学生的感知中,使学生的形象思维进一步活跃起来,从而引发学生的学习兴趣。所以,教师要注意用生动的描述、精巧的比喻、谐趣的诱导,来进行知识信息的传授。要把握好词语的感情色彩和语体色彩,要运用规范、准确而生动的语言进行表达。要针对不同年龄阶段学生的理解能力,合理而精当地选择词语,正确地表达。①

四、教学语言的类型

根据教学内容、教学目的、教学方法的变化,在教学过程中,要选择使用不同类型的教学语言。教学语言大致包括四种基本类型,即复述、描述、解说和评述。

(一)复述

复述就是重复叙述,即教师用自己的语言重复叙述教材的基本内容。复述的基本要求是:

第一,准确而完整地体现原材料的中心和重点。

第二,条理要清楚,语言清晰流畅,反映各部分内容的内在联系。

第三,尽量把书面语转化为口头语,以利于学生理解和接受。

在教学时要灵活采用复述的形式。复述主要有详细复述、概要复述和扩展复述三种形式。

详细复述是把原材料的内容原原本本地重述出来。这种复述必须将书面语言转

---

① 许迅.教师语言实践教程[M].南京:南京师范大学出版社,2010:277.

化为口头语言。通过详细复述可促进学生语言表达条理化,促进书面语向口头语的迁移。

概要复述类似作文练习中的"缩写",就是对原文加以浓缩和选择的概括复述。概要复述要注意把握原文整体结构,理清线索,反映原貌,舍枝去叶,防止取舍不当,偏离中心。

扩展复述是对原文的内容做某些改变和扩充。这类复述,一是根据原材料做合理的想象,但不背离原意和基本结构;二是根据原材料的主题确定扩展的重点内容,不面面俱到,要扩之有理,展之有度,一切为中心和主题的表达服务;三是扩展可以根据表达的需要,运用比喻、对比、描述、论证等多种表达形式。

(二)描述

描述是显现事物的形状、再现某种场景的表达方式。教师要通过丰富的想象,运用传神的描述,塑造栩栩如生的听觉形象,既增强了教学语言的生动性和审美性,又使学生从中获得欣赏与领悟。描述要求真实准确,优美生动,形象鲜明。描述主要有观察描述和想象描述两种。

观察描述是面对实物或场景所做的描述,一般用于操作性比较强的体育、美术、实验等课程。想象描述即创造性描述,是根据一定的线索或情节,把想象中的情境描述出来。一般用于文学作品的欣赏或史实的再现等。

(三)解说

解说是把不明白的事物、事理做分解性说明。解说是课堂教学中讲授科学文化知识,尤其是讲解难点和疑点最常用的表达方法。解说与日常生活也有着密切的联系,如产品介绍、使用说明、烹饪介绍等。练习解说可以培养教师细致的观察能力和准确的语言表达能力。

解说的要求是:内容确切,有根有据,尊重客观事实;解说词通俗、简练,简明扼要,切忌拖泥带水;吐字清楚,字正腔圆,把握好语速,注意用重音、重点、顿连等表示强调、区分和提示,以增强表达能力。

(四)评述

评述是对客观事物发表自己的见解和评价意见。以"评"为主,"述"为"评"提供材料,提供基础,评述结合。课堂教学中,教师恰当的评述既可以加强学生的理解,同时,又可以提高学生的分析能力和判断能力,既开拓学生思维,又开阔学生的知识视野。评述必须做到:实事求是,持论公允,有理有据;观点鲜明,语言精当,不能模棱两可,要有分析、有判断,阐述观点;评是目的,述是手段。[①]

[①] 张明仙.教师语言艺术实训[M].昆明:云南大学出版社,2009:97—98.

第三节　教师的教育语言

> **智慧起点**
>
> 魏书生的教育语言颇值得我们学习。
> "生活中若没有朋友,就像生活中没有阳光一样。"
> "生气是拿别人做错的事来惩罚自己。"
> "有希望在的地方,痛苦也成欢乐。"
> "所有的失败,与失去自己的失败比起来,更是微不足道。"
> 让我们细细品读后进入学习!

一、教育语言的特征

教育语言是教师根据国家的教育方针,对学生实施思想品德教育、行为规范教育过程中所使用的具有说服力、感染力的工作用语。因其贯穿于教育过程的始终,它同教学语言一样,是教师完成教育教学工作不可或缺的工具,是教师必备的基本功。

(一)情感性

教育语言的情感性是指教师通过自己的言谈和态势语,把某种情感传于学生以引起相同的情绪体验。在教育过程中,师生间的沟通既有文化的授受,又有心灵的接触、情感的交流。教育者的情感投入在思想教育活动中显得格外重要。但问题是如何投入情感?如何驾驭情感?怎样使之引起被教育者的共鸣从而达到教育的目的?要解决这一系列问题,就要求教师应做到以下几点:

第一,情感要真诚,要动之以情。在学生的潜意识中,老师与自己谈话肯定是自己做了什么不好的事情,心里自然会设一道防线。因此,教师在谈话之初就要表现出自己的诚意,不能让人感觉虚情假意,从而引导学生消除戒备,敞开心扉与你交谈。

第二,教师的情感与学生的情感要基本一致。当学生情绪低落时,老师的话语要表现得低沉;当学生情绪欢快时,老师的话语要表现得轻快。不管是快乐还是伤悲,教师都要与学生共同分享或分担,而且要在语言上表现出来。这样,学生才能真正体会到老师的关爱。

第三,寻找学生情感的燃点,用话语拨动心弦。每个人的内心深处都有着一个浩瀚无边的情感世界。在这个世界里,每个人时刻都在以不同的方式审视自己、修正自己、塑造自己、完善自己，并使自己最终成为一个独立的、与众不同的人。而教育所要做的，就是深入学生的情感世界之中，体察学生内心的情感波动，并在"爱"的基点上进行适当地话语点拨，使学生与教师之间产生情感共鸣。

（二）针对性

教育语言的针对性主要体现在三个方面：

第一，了解背景，客观评价。学生性格的形成往往与家庭教育有很大关系。教育者在评价学生之前，一定要了解其性格形成的背景，再进行客观评价，并由此考虑如何运用教育语言。

第二，把握个性，因人施言。当代学生个性都较为突出，教育者在施教的时候，要注意针对不同学生的性格特点采取不同的教育语言。

第三，把握时机，适时出击。当代学生对老师有一种自然的抗拒心理，并不是随时随地都能接受老师的意见或建议。作为学校教育者来说，找准教育的契机很重要。一般来说，要寻求与学生谈话的最佳时机，比如：当学生知错认错，试图改变，需要帮助时；当学生犯了错误，内疚自责，需要谅解时；当学生遭遇不幸，悲痛万分时；当学生内心压抑，愁绪满怀，需要排遣时。过早，时机不成熟，话不投机半句多；过迟，时过境迁，于事无补。

（三）含蓄性

当代学生有很强的自我保护意识，当他们的自尊心受到伤害时，就容易产生与老师对着干的思想，所以，教育者在教育学生的时候，要坚持做到语言含蓄。不管学生在别人的心目中有多么不成器，学生都是教师的学生，教师有保护他自尊的义务，教师的话语不能在学生的心中留下阴影。同时，教育者话语的委婉、含蓄对个人人格魅力的塑造也起着很大的作用。巧用委婉用语，一方面，容易使学生接受，另一方面，教师给学生以文明、儒雅的印象，使教师更受学生尊敬、爱戴。比如，一个学生干部工作能力很强，但性格非常倔强、固执，不愿意接受别人意见。老师在找他谈话的时候，表示非常欣赏他做事的冲劲，觉得他是一个非常执着、坚持的人，但在做人、做事的过程中，过于坚持有可能会事与愿违，特别是当没有人跟自己站在同一战线上的时候，就要考虑自己坚持的方向是否正确。这位学生听了以后，很有知遇之感地点头，说："老师，其实，以前也有同学向我提过类似的意见，不过，他们都很直接地说我固执、没有团队合作精神，越是这样说，我就越不想跟他们合作，但是，您今天把我的缺点'固执'说成是优点'执着'，我明白您的良苦用心，我想，我也知道以后该怎么做了。"事后经过观察，该生的个性的确是有了很大的改变，有了困惑也能主动找老师、同学交流，在同学当中也有了较好的口碑。

(四)新颖性

当代学生的信息渠道非常广,接受新鲜事物的能力也很强,教育者的语言也要跟上学生的步伐,不断地更新,少说老话、空话、套话,多说学生乐于接受的新鲜话,甚至偶尔可以使用学生间流行的词或句子,拉近老师与学生的心理差距。

今天谈吐自如、出口成章的语言艺术已成为衡量教育者工作能力和自身素质的一个重要标志。所以,德育工作要非常重视语言艺术的运用。当然,教育语言艺术并不止于这几点,语言艺术的创造性是无穷的,它随着时代的变化不断更新,熟练掌握语言运用艺术,会使得教育教学工作事半功倍。

二、教育语言的内容

教育语言基本技能的训练,旨在针对不同的教育目的、对象和场合,选择恰当的教育语言,自如地运用不同的教育方式,对学生进行有效的思想品德教育。在各种类型的教育性谈话中,经常用到的教育语言有劝导语、沟通语、启迪语、激励语、评价语等。

(一)劝导语

劝导语不仅要动之以情、晓之以理,还需因势利导,使劝导如和风细雨滋润学生心田。可惜,在现实的教育实践中,这样的劝导却很少能见到,普遍存在的是"规章""制度"式的劝导(如"禁止……""不准……""严禁……"等)。这些禁令式的劝导反射出一种生硬的态度,透着某种紧张的关系。这样的劝导语不仅不能使人感受到应有的尊重和身心舒畅,还会产生距离感、压抑感,甚至让学生产生逆反、抵触的情绪。而入情入理、富有人情味的劝导语,不仅能令人耳目一新、倍感亲切,而且有春风化雨润物无声的功效。但要实现成功的劝导,必须满足两个方面的条件。

首先,要把握一个"情"字。多数学生对教师会有不同程度的胆怯、畏惧、隔阂,老师应通过语言传达出对学生的关心、爱护、体贴之情,缩短双方距离。只有在感情上感染学生,学生才会产生情感及求同意识,谈话才可能会被接受。其次,是把握一个"理"字,使学生明理、达理、服理。这个"理"可以是道理、事理、理想,也可以是见解、认识。围绕谈话宗旨向学生提供可接受的理,促使他们通过思维与自己达成共识。在劝导中,情和理是相辅相成的,情能载理、理寄于情。而要做好这一点,在劝导之前,必须摸准学生的情绪状态和思想波动,在劝导时充分调动学生的积极思维,启发他们主动地,而不是被动地认识问题。①

（二）沟通语

沟通是教育的前提和基础,教育中的沟通是一种师生之间双向的、互动性的活动。在沟通学中,常常对这个原理用"双手击掌"的例子来说明。也就是说,成功的沟通就像是我们双手在击掌:在一只手上,我们想要陈述我们自己的观点,在另一只手上,我们需要倾听别人的观点。这种双向互动,表明沟通语所承载的是师生双方人格与思想的相遇、感染、碰撞和交流。这也决定了教师在使用沟通语时,应当以理解为前提,在倾听中表达。教师传递给学生有说服力信息的同时,还应及时收集学生的反馈信息,这是成功运用沟通语的关键。

（三）启迪语

启迪,就是开导、启发。启迪语就是教师针对学生思想上存在的问题所使用的开导、启发性的话语。启迪语形式多样,比如,报告、发言、谈心、讲话等。学生由年龄特点所决定,思想认识能力还不强,难免对一些问题有模糊认识,甚至有时犯错误,这些并不奇怪。教师要善于启发学生,使他们明白事理,激励他们按照道德和纪律的规范约束自己,健康向上。启迪语运用得好,能够启发学生积极地思考,促进学生对某一问题的认识,并可能产生理性的升华。

（四）激励语

激励语是指教师运用赞美、表扬、激将、鼓励等方式,来激励学生奋发向上的教育语言。激励要针对学生的动情点给予刺激,把教师或社会的期望变成被激励者的动机或兴趣,从而增强荣誉感、责任心和奋发精神。正如著名教育学家周弘说的那样:不是好孩子被赏识,而是赏识使孩子变得越来越好;不是坏孩子被抱怨,而是抱怨使孩子变得越来越糟。

（五）评价语

评价语是对学生的思想行为做评估的话语。教育需要赏识,要发现孩子身上的闪光点,肯定孩子的优点。通常我们多采取赞赏、激励性的评价,这有助于保护学生的自尊心,激发上进心。但同样一个"好"字,可以说得平平淡淡,让人有勉强之嫌,也可以说得满怀激情,让人感受到是发自内心的赞赏。教师要用真诚的语言、亲切的语调、鼓励的言辞、友善的微笑,营造一个充满关爱的课堂氛围,让学生品尝到被人尊重的喜悦,感受到期待的幸福。也只有这样发自肺腑的评价,才能触动学生的心,才能唤起他们积极向上的人生态度。因此,评价呼唤自然真诚。

---

① 秦海燕.教师口语训练教程[M].济南:山东人民出版社,2008:275.

> **小知识**
>
> 请欣赏两则教师评语：
>
> 1. 活泼乐观、自信心强、尊敬老师是你的最大优点，作业能按时完成，有强烈的好奇心，可惜的是你上课管不住自己，不守纪律，老师提出问题不经过深思熟虑，只想发表自己的见解，也不爱听同学的发言，因此问题回答不全面，希望你扬长避短，做个人见人爱的好学生。
>
> 2. 勤奋是一把金钥匙，它会帮你打开知识殿堂的大门；勤奋是艘巨舰，它会载你搏击知识海洋的风浪！希望你能牢牢握住这把钥匙，努力学习，不懈追求，希望的大门一定会向你敞开！

三、教育语言的使用原则

教育语言使用的言语策略决定了它区别于教学语言，在语言特征上也有不同的表现。这里的策略可以从两个方面分析：一方面，利用语言进行教育是一种特殊的言语交际活动，因而教育语言也必须遵守一些一般的言语交际原则；另一方面，这种言语教育的形式要求教师遵守思想教育的一些基本原则。这两个方面结合起来，使得教育语言具备这样几个原则：

（一）针对性

针对性要求教师在实施教育的过程中，必须做到因人施言、因事施言、因时施言、因地施言。

因人施言。不同的学生个体有不同的性格特征，不同的学生集体也往往在兴趣、爱好、行为习惯上有不同的风格色彩。在教育过程中，教师应针对不同对象采取不同的言语策略，做到因人施言。

因事施言。教师的教育活动总是针对学生中出现的某种倾向、发生的事件或矛盾而进行的，因此，教育语言绝不能无的放矢，而应当在对事情进行细致分析的基础上，找准问题的症结所在，选择恰当的话语，对症下药。

因时施言。教师的教育语言不在于多或少，重要的是，话要说得切合时机。为此，教师应该在日常工作中细致地观察学生，了解学生，善于抓住学生思想转变的契机，因势利导。

因地施言。人的情感具有不同的情境性，环境往往会对人的心理产生影响，尤其是自尊、敏感的青少年,情绪更易受环境左右。因此,教师在实施教育的过程中,必须注意区分不同的谈话场合,采用或严肃或平和或诙谐的谈话方式,以使学生坦然释怀、心悦诚服。

(二)诱导性

诱导即诱发、引导。帮助学生获得正确的思想认识并将其转化为具体的行动,是教育活动的根本目的。因此,教育过程中,教师仅仅将事理明白地告诉学生是不够的,还必须根据学生的思维习惯,采用灵活多样的语言,在思想上给以点拨、引导,促使其思考,鼓励其行动。

要使教育语言具有诱导性,首先,应注意表达的渐进性,要由表及里,由浅入深,循序而进,不可急于求成;其次,要注意表达方式的灵活性,或简洁直陈,或含蓄委婉,或风趣幽默,以利于学生接受思考;再次,要注意话语情感的多样性,要在充分尊重信任学生的前提下,对学生报以极大的热情和诚挚的爱心,时而轻声细语,如春风拂面,时而语重心长,句句动心。切忌以盛气凌人的态度训斥、辱骂或恐吓学生,也不应以尖酸刻薄的语言讽刺、挖苦学生。

(三)说理性

教育语言的核心在于一个"理"字。在教育中,对学生的说服、劝导或者批评都要以理服人,启迪暗示或者褒扬激励也要以理为据。要富有说理性,首先,必须实事求是,对客观事实要进行细致地解剖分析,把握要害,明辨是非;其次,论说要有充分的依据,以新鲜丰富的知识吸引学生,不仅使学生明理,还应使学生开阔视野,增长知识;再次,用词要准确,判断要得当,推理要严密,能够以强大的逻辑力量感染学生。此外,还要讲究方式方法,或刚柔相济,或事理结合,根据学生的接受能力区别对待,力求明晰通俗,让不同的对象都能有所收获。

(四)感染性

所谓感染性,指教师在教育学生的过程中,既晓之以理,又动之以情,也即"以情育人"。在与学生的谈话中,教师饱满的热情和精彩的言辞,往往能给学生以直接的影响。这种影响一方面,可唤起学生深刻的理性感悟,另一方面,可造成学生强烈的情感体验。这种师生之间的情感共鸣,正是教育语言感染性的具体体现。当然,要想真正感染和打动学生,首先,教师应当有真挚的感情。我们常说,要想感动别人,先要打动自己。如果教师的感情是虚假的,不真实的,那何以感动别人、期望共鸣呢?教师要深入到学生的内心世界,以心与心的交换完成情与情的沟通。其次,教师要用积极健康的情绪感染学生,要善于创设温馨和谐的情境,努力营造关心体贴、互助互谅、真诚友好、奋发向上的良好氛围,把学生的情感引向正确的轨道。再次,教师的语言表达必须力求形象生动、真实可感。最后,教师要随时观察和了解学生情绪变化,针对学生情感变化的差异,施以相应的感染方式,以期达到更好的教育效果。

四、教育语言的实施方法

教育语言可以分为说服和评价两大类,具体可细分为说服法、报告法、讨论法、辩论法、表扬法、批评法、评比法等。说服法、报告法、讨论法和辩论法,重在让学生明白事理、树立正确的道德行为标准,表扬法、批评法、评比法,重在对学生的思想道德品质行为进行评价和鉴定。

由于思想品德教育过程的复杂性,教育内容的多样性,教育任务的多重性,学生个体的差异性,所以,教育语言使用的方法也是多种多样的。但是这些方法各有其适用条件,需要灵活运用,不能不分具体情况随便使用。

第四节　教师的书面语

> **智慧起点**
>
> "老师"与"教师"的差别:老师是口语,教师是书面语。我们遇到某一个从事教育行业的人,见面的时候我们都会说出这三个字——"老师好",而不是"教师好"。如果路上遇到某一位教育工作者我们说"教师好",则给我们相当别扭的感觉。为什么会出现这样的感觉呢?这是因为在我们的思维定式中,老师是口语化的称呼,而教师一般是书面化的对从事教书育人这一行业之人的称呼。
>
> (资料来源　老师和教师这两个称呼,到底有什么区别?[E/OL].(2022-1-25)[2022-1-27]. https://new.qq.com/omn/20200125/20200125A0ES2600.html.)

一、教师书面语的使用要求

在教育教学工作中,教师口头语言和教师书面语言各司其职,又相辅相成,共同承担着教书育人的职责。教师书面语言是指教师通过书面文字,把自己在教育教学中的主要内容或者科学研究成果、经验体会等表现出来,使之条理化、科学化,或使之产生社会效益的教育教学技能。

在教师书面语言中,最重要的记录符号是汉字,此外,还有外文字母、阿拉伯数字、数学运算符号、图形表格等。从视觉形象来看,教师书面语言就是由这些符号排列组合而成的。教师书面语言的文字与符号的基本特征是规范、工整、美观。

(一)使用规范的汉字

教师书面语言中使用的汉字是规范汉字。所谓规范汉字,体现在国家语言文字行政主管部门等国家机构颁发的字表当中。所谓使用规范汉字,就是在书面语言中必须使用这些字表中确定的汉字,不使用不规范的汉字。不规范的汉字包括错别字、繁体字、异体字、不规范的简化字等。

(二)使用规范的汉语拼音

《汉语拼音方案》的制定和推广普及为提高广大人民群众的语言文化水平创造了条件和便利,同时也为在全国范围内推广普通话发挥了不可替代的作用。《汉语拼音方案》的正式颁布施行基本结束了400年以来中国人名和地名在外文拼写中的混乱局面,成为在中外文化交流过程中的一个历史性的转折。教师在使用书面语的过程中,必须使用规范的汉语拼音。

(三)使用规范的书面符号

书面语中的视觉符号同语言中的听觉符号一样,都是用于传递信息的。教师书面语言中的书面符号应使用工整的汉字与各种符号图表。工整的书面符号自身应有足够的清晰度,符号与符号之间有足够的区分度,以便于学生准确快捷地接受教师书面语言传递的信息。

二、教师书面语的文体

(一)教案

教案是教师为顺利而有效地开展教学活动,根据课程标准和教科书要求及学生的实际情况,以课时或课题为单位,对教学内容、教学步骤、教学方法等进行的具体设计和安排的一种实用性教学文书。教案包括教材简析和学生分析、教学目的、重难点、教学准备、教学过程及练习设计等。

(二)板书

板书是教师在教学过程中,配合语言、媒体等,运用文字、符号、图表,向学生传播信息的书面语文体。

(三)习题

习题,又称为题目,是教师用于巩固学生学习成果、检测学生学习状况的语文体式。用于日常教学中巩固学生所学知识的是练习题,用于某个学习阶段结束时检测学生学习状况的是考试题。练习题与考试题只是学生完成的环境不同,实质上并无明显差异。习题通常表现为一个词组或一个语句,也有的用一连串的相关语句构成一个小语段。材料分析题看似一个复杂的语段或篇章,但其中大部分语句表述的内容是相关材料,习题仍然是词组或语句。习题语句有三种主要类型,一种是祈使性习题,一种是提问性习题,还有一种是陈述性习题。

(四)评语

评语是教师对学生学业和品行进行评价的语文体式。评语主要有两种类型,一种是作业试卷上的批改语言,一种是成绩单等档案表格中的评价语言。

(五)条规

条规是教师在教育教学管理工作中使用的语文体式之一。制订条规,是为了使学校的各项活动有章可循、照章办事、违章必纠,维持学校正常的教学秩序和工作秩序。有些条规是标语口号式的,如"说普通话,写规范字""禁止在校门口摆摊设点"。成篇的条规一般由四个部分组成:第一部分是条规的标题,标题多为名词性偏正词组,其中的定语表示条规的适用对象范围,常由"关于……"之类的介词结构充当。例如,《班级卫生公约》《学习班委工作职责》《关于学校游泳池暑假期间对外开放的若干规定》等。第二部分是一两个说明制订条规的目的、依据的语段,常用的表达方式是"为了……/根据……/特制订本条规"。第三部分是条规的正文。第四部分是条规制订发布的部门单位及发布日期。

(六)教研论文

一个优秀的教师,既要能做教育教学工作,也要能做教研工作。研究工作并不神秘,总结自己或同事的教育教学工作实践,从中找出带有普遍、规律性的东西,这就是研究。根据某种理论,对教育教学现象进行分析解释,或提出某种新的设想,也是一种研究。教学上研究的问题分为"教什么"和"怎样教"两大类,前一类问题属于课程论、教材论的范畴,后一个问题属于教法论的范畴。在现今这种课程、教材由主管部门统一规定的情况下,教师的教学研究集中在教法研究上。

【同步练习】

单项选择题

1.(　　)是指教师职业的语言,是指教师在育人过程中所使用的语言的总称。

A.口头语言　　B.教师语言　　C.教育语言　　D.交际语言

【参考答案】B

【题目解析】教师语言是指教师职业的语言,是指教师在育人过程中所使用的语言的总称,熟练的教师职业语言是教师职业的需要。

2.如果说口语是书面语的基础,书面语则是口语的(　　)。

A. 表现形式　　B. 丰富内涵　　C. 写作体现　　D. 教师语言

【参考答案】A

【题目解析】如果说口语是书面语的基础,书面语则是口语的表现形式,二者互为表里关系。

3.(　　)指教师在直接的教学、教育活动以外的场合中使用的与教师职业有关的语言。

A. 口头语言　　B. 教师语言　　C. 教育语言　　D. 交际语言

【参考答案】D

【题目解析】交际语言是指教师在直接的教学、教育活动以外的场合中使用的与教师职业有关的语言,娴熟的交际语言能够提高教师驾驭课堂教学与教育活动的能力。

【阅读链接】

1. 颜红菊. 教师语言技能训练教程[M]. 武汉:华中科技大学出版社,2020.
2. 鄢月钿. 教师的语言艺术[M]. 长春:吉林大学出版社,2010.
3. 李振村. 教师的体态语言[M]. 北京:教育科学出版社,2011.
4. 龙宝新. 从教学的"三术性"看教学语言的特性[J]. 新课程评论,2018(05):28-34.
5. 郑艳. 基于课堂审美的教学语言艺术化研究[J]. 教育理论与实践,2018(36):47-49.

【创意实践】

录制一段自己创作的教师语言小视频。要求:能够代表自己目前一段时间的最佳水平,符合教师语言的相关规范,能够说明该段语言中的亮点与可改进之处。

参考文献

一、著作

[1] 李晓燕. 教育法学[M]. 2版. 北京:高等教育出版社,2006.

[2] 默顿. 科学社会学:理论与经验研究:下[M]. 鲁旭东,林聚任,译. 北京:商务印书馆,2004.

[3] 艾尔·巴比. 社会研究方法[M]. 邱泽奇,译. 11版. 北京:华夏出版社,2009.

[4] 劳伦斯·纽曼. 社会研究方法:定性和定量的取向[M]. 郝大海,译. 5版. 北京:中国人民大学出版社,2007.

[5] 本书编写组. 教师职业道德[M]. 西安:西北大学出版社,2011.

[6] 张凌洋,谢欧. 新时代教师职业道德概论[M]. 北京:科学出版社,2021.

[7] 陈国安,王海燕,朱全明,等. 新编教师口语:表达与训练[M]. 上海:华东师范大学出版社,2007.

[8] 陈金芳. 素质教育基本理论研究[M]. 北京:中国科学技术出版社,2011.

[9] 陈向明. 教育研究方法[M]. 北京:教育科学出版社,2013.

[10] 陈向明. 质的研究方法与社会科学研究[M]. 北京:教育科学出版社,2000.

[11] 龙宝新. 中国教师教育综合化研究[M]. 北京:中国社会科学出版社,2022.

[12] 龙宝新. 当代国际教师教育研究[M]. 北京:科学出版社,2018

[13] 郭翔. 中华人民共和国预防未成年人犯罪法释义[M]. 北京:中国法制出版社,1999.

[14] 韩绍祥. 中华人民共和国教师法学习与实施指导[M]. 北京:科学普及出版社,1994.

[15] 洪全. 信息检索与利用教程[M]. 北京:清华大学出版社,2009.

[16] 黄光扬. 教育统计与测量评价新编教程[M]. 上海:华东师范大学出版社,2013.

[17] 教育部政策研究与法制建设司,国务院法制办公室教科文卫法制司. 中华人民共和国义务教育法释义[M]. 北京:高等教育出版社,2006.

[18] 许映建,陈玉祥. 教师职业道德与教育法规教程(慕课版)[M]. 南京:南京大学出版社,2021.

[19]李海涛.教师语言行为研究[M].成都:四川大学出版社,2004.

[20]李振村.教师的体态语言[M].北京:教育科学出版社,2011.

[21]陆道坤.教师专业发展[M].2版.南京:南京大学出版社,2021.

[22]潘世钦,刘小干,颜三忠.教育法学[M].2版.武汉:武汉大学出版社,2010.

[23]裴娣娜.教育研究方法导论[M].合肥:安徽教育出版社,1995.

[24]杨思帆,刘建银,艾诗根.教育政策法规与师德规范[M].重庆:西南大学出版社,2020.

[25]秦海燕.教师口语训练教程[M].济南:山东人民出版社,2008.

[26]饶从满,杨秀玉,邓涛.教师专业发展[M].长春:东北师范大学出版社,2005.

[27]孙菊如.新时期教师职业道德与专业化发展[M].北京:北京大学出版社,2006.

[28]王孝玲.教育统计学[M].4版.上海:华东师范大学出版社,2007.

[29]许迅.教师语言实践教程[M].南京:南京师范大学出版社,2010.

[30]鄢月钿.教师的语言艺术[M].长春:吉林大学出版社,2010.

[31]杨春茂.师德典型案例评析:师德修养与师德建设典型案例评析[M].北京:首都师范大学出版社,2014.

[32]杨国枢,文崇一,吴聪贤,等.社会及行为科学研究法[M].重庆:重庆大学出版社,2006.

[33]何兰芝,韩宏莉,苟增强 等.教师专业发展与成长规划[M].北京:北京师范大学出版社,2017.

[34]叶澜,施良方.教育研究方法[M].北京:人民教育出版社,1988.

[35]余文森,连榕,等.教师专业发展[M].福州:福建教育出版社,2007.

[36]余雅风.新编教育法[M].上海:华东师范大学出版社,2008.

[37]张乐天.教育政策法规的理论与实践[M].上海:华东师范大学出版社,2002.

[38]张明仙.教师语言艺术实训教程[M].昆明:云南大学出版社,2009.

[39]张祖利.教师口语技艺[M].济南:山东人民出版社,2010.

[40]赵宏义,于秀华.新时期教师职业道德修养[M].长春:东北师范大学出版社,2005.

[41]赵明仁.教学反思与教师专业发展[M].北京:北京师范大学出版社,2009.

[42]郑金洲.学校教育研究方法[M].北京:教育科学出版社,2003.

[43]申屠待旦.教育新概念:教师成长的密码[M].北京:教育科学出版社,2011.

二、期刊

[1]张艳红.学生伤害事故中学校民事责任的归责原则[J].郑州大学学报(哲学社会科学版),2007,40(1):51-54.

[2]余中根.学生人格权的法律保护[J].教育理论与实践,2002,22(2):32-35.

[3]吴岳军.论主体间性视角下的师生关系及其教师角色[J].教师教育研究,

2010,22(2):40-43.

[4]李如密.我国特级教师的教学艺术观[J].教学与管理,1992(3):15-16.

[5]尹德华.漫谈教师的课堂教学语言[J].教育科学论坛,2008(7):31-32.

[6]李连宁.我国教育法规体系刍议[J].中国法学,1988(1):77-82.

[7]檀传宝.论教师"职业道德"向"专业道德"的观念转移[J].教育研究,2005(1):48-51.

[8]傅维利,朱宁波.试论我国教师职业道德规范的基本体系和内容[J].中国教育学刊,2003(2):52-56.

[9]熊易寒.文献综述与学术谱系[J].读书,2007(4):82-84.

[10]朱忠明.教师专业发展视野:定位演变与拓宽路径[J].教育理论与实践,2023,43(14):29-32.

[11]冯强.在学科教学转型中引领教师专业发展的校本实践[J].上海教育科研,2023(05):40-43.

[12]胡瑞峰.中学教师专业发展阶段的调查研究:以上海市8所学校为例[J].教育参考,2023(01):107-112.

[13]李莎,曹巍.教师成长共同体:教师专业发展的重要路径[J].基础教育研究,2022(19):19-21.

[14]宋萑,胡馨.为未来而教:教师专业发展的时代命题[J].中小学管理,2022(09):10-14.

[15]朱旭东.论教师专业发展的理论模型建构[J].教育研究,2014,35(06):81-90.

[16]朱旭东,周钧.教师专业发展研究述评[J].中国教育学刊,2007(01):68-73.

[17]朱忠明.教师专业发展视野:定位演变与拓宽路径[J].教育理论与实践,2023,43(14):29-32.

[18]钱晓敏.教师职业道德研究的70年(1949—2019):历程、成就与展望[J].中国人民大学教育学刊,2020(02):109-121.

[18]朱旭东.论教师专业发展的理论模型建构[J].教育研究,2014,35(06):81-90.

[20]李国庆,赵国金.西方教师职业道德发展研究及借鉴[J].高校教育管理,2011,5(05):51-55,60.

[21]李敏."教师道德"与"教师职业道德"辨析[J].当代教育科学,2009(04):12-13,38.

[22]申继亮,赵景欣.中小学教师职业道德的现实思考[J].北京师范大学学报(社会科学版),2006(01):48-55.

[23]傅维利,朱宁波.试论我国教师职业道德规范的基本体系和内容[J].中国教育学刊,2003(02):55-59.

[24]张桂春.国外教师职业道德建设的经验及启示[J].教育科学,2001(01):33-36.

[25]傅维利,张东娇.论教师职业道德形成与发展的基本规律[J].教育科学,

1999(04):9-11,57.

[26]陈诗涵,王伟.未成年人个人信息保护的困境及其应对:基于《个人信息保护法》第31条的展开[J].山东青年政治学院学报,2023,39(03):54-63.

[27]江子丹.教育法法典化的正当性基础、逻辑进路与立法路径[J].江汉论坛,2023(04):116-124.

[28]杜毓倩,赵婕.新《未成年人保护法》中的学校性教育立法:基于多源流理论的分析[J].法制博览,2022(30):26-28.

[29]劳凯声.教育法的部门法定位与教育法法典化[J].教育研究,2022,43(07):17-30.

[30]王朝夷.我国未成年人网络保护的发展、问题与对策:基于《未成年人保护法》的分析[J].少年儿童研究,2022(05):5-12.

[31]周颖,杨天池,贾男.《义务教育法》与教育代际流动性:基于断点回归的实证检验[J].教育学报,2021,17(06):160-171.

[32]刀睿.新时代"学生"的独特性与发展性内涵:基于瑞典教育政策法规的探究[J].中小学德育,2020(12):28-32.

[33]张利洪.改革开放40年我国学前教育政策法规的历程、成就与反思[J].陕西师范大学学报(哲学社会科学版),2019,48(01):54-60.

[34]王锦雁,祁占勇.我国义务教育法研究热点的领域构成及其展望[J].教育导刊,2018(10):15-20.

[35]许江晖.进私塾、读国学,《义务教育法》管不管?[J].上海教育,2017(13):63.

[36]田俊欣.教育政策与教育法律法规关系辨析[J].中国成人教育,2008(11):32-33.

[37]张笑梅.深入宣传义务教育法促进基础教育走上法制轨道[J].人民教育,1991(04):6-8.

[38]管华,张鑫.教师法修改应明示:体罚适用治安处罚[J].湖南师范大学教育科学学报,2022,21(03):19-35.

[39]朱旭东.论中国教师队伍建设的法律支撑:基于《教师法》修订的分析[J].中国教育学刊,2022(05):23-28,55.

[40]肖登辉.关于《教师法》中教师权利义务条款的几点修订建议[J].湖北教育(政务宣传),2021(10):30-31.

[41]管培俊.关于修改《教师法》的若干问题[J].教师发展研究,2021,5(01):49-53.

[42]张鸿巍,朱洪源.未成年人违法犯罪防治视阈下的"父母参与责任":兼议《家庭教育促进法》第49条的实施[J].中国青年社会科学,2022,41(06):115-125.

[43]边玉芳,田微微,梁丽婵.家庭教育指导离《家庭教育促进法》的要求有多远[J].教育发展研究,2022,42(20):26-32.

三、政策文献

[1]中华人民共和国教育部 中国教科文卫体工会全国委员会.教育部 中国教科文卫体工会全国委员会关于重新修订和印发《中小学教师职业道德规范》的通知[EB/OL].(2008-09-01)[2022-2-8].http://www.moe.gov.cn/publicfiles/business/htmlfiles/moe/moe_2391/201212/xxgk_145824.html.

[2]中华人民共和国教育部.教育部关于印发《中小学班主任工作规定》的通知[EB/OL].(2009-08-12)[2022-2-8].http://www.moe.gov.cn/publicfiles/business/htmlfiles/moe/see25/201001/xxgk_81878.html.

[3]国家中长期教育改革和发展规划纲要工作小组办公室.国家中长期教育改革和发展规划纲要(2010—2020年)[EB/OL].(2010-07-29)[2022-2-8].http://www.moe.gov.cn/publicfiles/business/htmlfiles/moe/s4668/201407/xxgk_171904.html.

[4]中华人民共和国教育部.教育部关于印发《幼儿园教师专业标准(试行)》《小学教师专业标准(试行)》和《中学教师专业标准(试行)》的通知.[EB/OL].(2012-09-13)[2022-9-2].http://www.moe.gov.cn/publicfiles/business/htmlfiles/moe/s6991/201212/xxgk_145603.html.

[5]教育部办公厅关于印发《中学教育专业师范生教师职业能力标准(试行)》等五个文件的通知[EB/OL].(2021-5-6)[2023-1-1].http://www.moe.gov.cn/srcsite/A10/s6991/202104/t20210412_525943.html.

[6]教育部关于印发《普通高等学校师范类专业认证实施办法(暂行)》的通知[EB/OL].(2017-11-8)[2022-9-2].http://www.moe.gov.cn/srcsite/A10/s7011/201711/t20171106_318535.html.

[7]教育部等八部门关于印发《新时代基础教育强师计划》的通知[EB/OL].(2022-4-14)[2022-9-9].http://www.moe.gov.cn/srcsite/A10/s7034/202204/t20220413_616644.html.

[8]教育部关于实施卓越教师培养计划2.0的意见[EB/OL].(2018-10-10)[2022-1-1].http://www.moe.gov.cn/srcsite/A10/s7011/201810/t20181010_350998.html.

[9]教育部等五部门关于印发《教师教育振兴行动计划(2018—2022年)》的通知[EB/OL].(2018-3-23)[2022-9-9].http://www.moe.gov.cn/srcsite/A10/s7034/201803/t20180323_331063.html.

[10]教育部办公厅关于进一步做好"优师计划"师范生培养工作的通知[EB/OL].(2022-9-30)[2023-1-9].http://www.moe.gov.cn/srcsite/A10/s7011/202209/t20220930_666329.html.